가족치료의 이론과 실제

가족치료의 이론과 실제

오규영

국학자료원

책머리에

한국의 가정은 날로 변화하고 있다. 2020년도를 향하는 한국의 가정은 가족의 형태, 가족 간의 관계가 유교적인 사회가 가지고 있던 모습에서 변화하고 있다. 가족의 형태도 다문화가정, 이혼한 편부모 가정, 미혼가정, 독신가정, 노인 가정이 폭발적으로 증가하고 있다. 특히 1인 가구가 급격히 등장하여 새로운 트렌드로 자리 잡게 되었고, 결혼이 꼭 필요하지 않다는 의견이 젊은 층에서 많아지는 현상으로 드러나고 있다. 출산율이 1%의 하위에 머물고 있어서 저 출산의 문제가 심각해지고 아동수당의 증설이 당언시 되고, 출산율 증가를 위한 다양한 대책마련에 분주한 현상이 되고 있다. 소득의 향상과 의학의 발달에 따라 고령사회를 지나 초고령화 사회로 급격히 진입해가고 있는 한국사회와 가족은 다양한 사회적 고통과 아픔을 겪고 있다. 특히 산업발전의 시대를 거치면서 수고하였던 60대~70대의 노인들과 가정에서 홀로 자란 어린 세대와의 갈등은 첨예화하고 있다.

특히 한국의 가정은 격변하는 환경과 함께 형성된 다양한 가치관 때문에 가족 간의 관계와 가족 간의 역동이 급격하게 달라지고 있다. 가문과 전통을 중요시하던 세대에서 핵가족화로 인한 부부중심의 가족 역동을 중요시하는 세대로 변화하였다. 더 나아가 가정을 꾸리지 않고 개인의 자아실현과 삶의 행복을 찾아 개인이 우선되는 시대로 변화하였다. 특히 오늘날 IT산업의 발달과 인터넷, 모바일, 인공지능의 발달로 인하여 개인화가 더 촉진 되고 있는 상황이다. 한국사회는 이혼율이 증가하고, 결혼을 하지 않는 독신주의자가 늘어나며 개인의 이익과 성장, 자기실현을 중시한다. 그 결과 가족의 형태가 다양해지고, 가족 간의 갈등도 날로 증가하고 있다.

본 가족치료의 이론과 실제는 가족치료 전문가들의 이론과 실제를 간략히 정리하였다. 특히 필자가 관심을 가지고 있는 체계론적 가족치료와 가족세우기를 중심하여 가족상담에 대한 접근을 하도록 하고자 하였다.

학부와 대학원에서의 가족상담이나 가족치료의 강좌는 이론 중심으로 전개되기가 쉽다. 시험을 보기 위한 공부를 하다보면 임상에서 사용할 수 있는 치료기법을 익히기 어렵다. 본고는 쉽게 치료기법을 익히는데 도움이 될 수 있는 관점에서 기술하고자 한다.

제1장은 가족상담가가 되려는 것에 대한 이해를 다루었다. 가족상담가가 되려면 자기 가족 안에서 자기 자신에 대한 성찰과 가족 역동에 대한 이해가 전제 되어야 한다. 가족체계와 가족치료, 가족생활주기에 따른 발전이론, 역기능가족과 순기능 가족의 특징을 살펴본다.

2~5장은 가족의 주요 기능과 변화에 대해 살펴보고, 가족생활주기의 각 단계에 따른 가족의 변화와 갈등, 문제의 요인을 살펴본다. 5장에서는 가족 상담의 원리 및 체계이론에 대해 가족치료를 살펴본다. 특히 가족 간의 갈등의 원인과 유형, 남녀차이와 부부갈등 유형을 살펴본다.

6~8장에서는 정신역동적 가족치료의 치료목표와 기법, 다세대가족치료의 이론과 치료기법, 구조적 가족치료의 이론과 치료기법, 경험적 가족치료의 치료기법에 대해서 간략히 살펴보고자 한다. 특히 보웬의 가족치료에서는 임상에서 상담한 사례를 중심으로 설명하였다. 각 가족치료의 이론과 치료기법은 가족간의 관계를 개선하여 가족의 순기능을 증진시키기 위한 방법으로 발전시켜온 것을 살펴본다.

9장 해결중심가족치료는 짧은 시간에 내담자의 변화를 시도할 수 있는 상담기법이다. 내담자의 강점에 기반을 두고, 문제의 원인보다는 해결책의 마련에 중점을 두는 단기가족치료기법으로 포스트모던 시대에 각광을 받고 있다. 특히 질문기법을 통해 내담자의 변화를 이끌어내고, 작은 변화부터 시작하여 기적을 찾아낼 수 있는 치료기법이다. 특징은 손쉽게 배우고 익힐 수 있으며 짧은 시간에 효과를 낼 수 있다는 장점이 있다.

10장은 버트헬링거가 시작한 가족세우기에서 본 가족 사랑의 질서는 가족 간의 관계에 대한 현상학적 이해에서 드러난 것이다. 부모와 자녀와의 관계, 부부간의 관계에 질서가 있다는 입장에서 살펴보고 그 질서를 이해하도록 하였다. 그 터 위에서 진행되는 가족치료, 부부치료가 효과적이었음을 임상사례에서 제기된 내용을 소개하였다.

11장의 가족상남의 과정과 실제는 가족 상담을 히려는 사람들이 가져야할 기본적인 내용을 이해하도록 하기 위하여 기술하였다. 가족상담을 위한 과정과 기본기법, 상담자의 준비와 역할, 상담방법을 이해하고 현장에서 상담을 할 수 있도록 하였다.

이상의 가족치료의 이론과 실제는 가족 간의 관계가 악화되고, 역기능이 늘어나는 현상에 대한 고찰에서 시작된 것이다. 아직 여러 면에서 부족하지만 가족 간의 관계를 변화시키고, 긍정적 인 역동이 이루어져서 행복한 가정을 이루려는 사람들을 돕는데 조금이라도 도움이 되기를 바란다. 또한 가족상담과 치료자로서 가족 간의 관계를 변화시킬 수 있는 전문가들이 되기를 바라 는 마음을 가지고 기술하였다.

2018년 8월
오규영 배

목차

제11장 가족상담의 과정과 실제

제1장
가족치료의 이론

1. 가족체계와 가족치료

가족치료전문가 및 사회학자들은 가정생활을 '체계'이라는 관점에서 본다. 가성을 체세란 관점으로 본다는 것은 무엇인가? 가족구성원 한 사람, 한사람의 모임으로 보는 것이 아니라 기본적으로 가정생활의 모든 부분을 '전체로서의 가정'으로 보는 것이다. 전체로서의 가정은 각 가족원 개인과 개인의 합이 아니라 가정이란 새로운 조직이라는 것이다. 그래서 가정은 또 다른 하나의 조직이므로 그 조직의 경계가 있고, 그 조직의 특성이 있으며 그 조직은 마치 생물체처럼 또 다른 생명력을 가지게 된다.

가족치료에서는 일차적으로 가족을 하나의 체계로서 간주하고 그 체계내의 어느 개인이 가족체계나 부부관계 또는 부모 자녀관계를 방해하는 상황을 치유하도록 계획한다. 즉 가족치료는 개인과 가족의 상호작용에 기반을 두고 있으며, 가족의 병리나 역기능에 대한 사정이나 치료는 가족체계이론의 원리에 따라 이루어진다.

가족치료의 기본전제는 모든 체계에 적용되는 규칙과 원칙에 따라 작용하는 관계체계로서 가족을 보는 데 있다. 가족체계란 관계된 개인들의 집단으로서 규정된다. 그러므로 어떤 한 사람의 변화가 전체로서의 집단과 모든 다른 사람에게 영향을 주게 된다. 또한 한 사람의 변화는 전체에게 영향을 주게 되고 결과적으로 처음 변화한 사람도 영향을 받게 된다.

　아이들이 있는 가정에서는 부모하위체계와 자녀하위체계의 두 개의 조직이 있다. 가족은 상호의존적 하위체계, 또는 커다란 체계 내에서 상호작용하는 조그만 체계들의 복합체로 구성되어 있다. 하위체계는 전체로서의 하나의 체계 안에서 특정한 기능 및 과정을 수행하도록 배당된 부분들이다. 하위체계들은 부부 하위체계, 부모 하위체계, 형제 하위체계 및 개인 하위체계를 포함한다. 부모 하위체계는 어머니와 아버지로 이루어지고 있고 자녀 하위체계는 자녀들로 구성되어 있다. 이러한 하위체계들 사이에는 위계질서에 대한 규정들이 있다. 가정에서 가장 주요한 규정은 부모 하위체계가 자녀 하위체계에 우선한다는 것이다. 하위체계들은 다른 하위체계 그리고 하나의 전체로서 보다 큰 체계와 구분되는 경계를 가지고 있다. 즉 경계선이란 누가, 무엇을, 어디서, 언제 할 것인가를 결정하는 하위체계의 규칙들이다. 경계가 지나치게 경직된 경우는 보다 큰 체계와 의사소통이 이루어지지 않아 고립될 수 있고 반면, 경계가 지나치게 산만한 경우는 너무 밀착되어 서로를 분리하기 어려워진다. 가족이 적절한 기능을 유지하기 위해서는 하위체계의 경계선이 명확할 뿐 아니라 융통성이 있어야 한다. 한 하위체계 속에는 순환 작용의 네 가지 주요 단계들이 있다.

1) 단순순환(simple feedback)

단순순환은 인과론적 모델(cause—and—effect model)과 완전히 일치한다. 가족 구성원들이 원인과 결과의 단순 순환을 한다. 변화의 원인이 있고, 그 원인에 따른 결과를 얻어낸다. 그 결과에 따라 대응방식이 달라진다. 예를 들어 아이에게 대소변 가리는 훈련을 하면서 그것을 혼자서 잘했을 경우 사탕을 주는 일을 들 수 있다. 이런 방법으로 변화를 위한 자극으로 많이 사용한다. 행동주의에서는 단순순환의 원리에 따라 부모가 시키는 일을 잘 하면 용돈을 주고, 잘하지 않으면 벌을 받는 것이다. 이와 같은 단순 순환은 조직과 환경 환경사이의 단순한 교류지만 가정에서 계속 일어난다.

2) 자동제어(cybernetic control) :
가정의 안정을 유지하려는 속성 = 항상성

가족은 규칙에 의해 지배되는 체계이다. 가족원은 상호작용을 통해서 자신에게 허용된 것 또는 기대되는 것을 배울 수 있다. 가족의 규칙은 말로 진술되지 않은 것들이 많지만 가족이 하나의 단위로 어떻게 기능하는 가를 특징짓고 규정한다.

Satir(1967)는 역기능적인 가족은 역기능적인 규칙을 따른다고 하였다. 역기능적 규칙이란 대부분 은밀한 규칙들로써 그것들은 대부분 감정의 교환과 관계되어 가족에게 고통을 야기시키고 성장과 성숙을 둔화시키게 되는 것이다. 가정에는 구성원 각자의 행동을 규정하는 규칙이나 표준이 있다. 이 규칙들 하나 하나에는 '허용 한도'라는 것이 있다. 누구든지 이 한도를 넘어서면, 조직적으로서의 가정은 이에 대해 어떤 대응 조치를 취한다. 가정이 허용한도를 정할 때는 다소간 융통성이 필요하다. 왜냐하면 허용한도가 너무 엄격하게 설정되면, 그 한도를 넘어갈 때마다 계속해서 바로 잡아야 하는 번거로움이 있고, 결국 정상적인 가정생활이 불가능하기 때문이다. 또 이 한도에 너무 미치지 못하면 가정은 대응조치를 한다. 예를 들어 중학생 딸의 귀가 시간을 오후 8시로 정하였을 때, 8시 이내에 돌아오면 문제가 없다. 그런데 미리 연락도 없이 10시에 귀가하면 부모는 혼을 낸다. 혹은 중학생 딸이 학교가 5시에 끝나는데 4시에 집에 온다면 또 부모님은 걱정하게 된다. 왜냐하면 학교생활을 제대로 안했을 것이기 때문이다. 딸이 5시에 끝나고 오는 시간, 노는 시간을 배려해서 8시까지 귀가 시간을 정했다면 그 내용을 지킬 수 있도록 가족원들은 자동제어시스템을 가동한 것이다. 모든 가정에는 각각의 구성원들이 전체의 유익을 위해 지켜야 하는 규칙이 있다. 이러한 규칙에 대한 위반 행위는 그 조직에 의해 탐지된다. 자동제어는 한 조직이 규칙이나 현재 상태를 유지하기 위해 취하는 조치이다. 이것이 바로 조직이론에서 '항상성'이라고 불리는 것이다. 자동온도조절기의 감시 장치와 같은 것이 가정에는 있어서 항상성을 유지하기 위해서 가족끼리 움직이게 된다. 예) 전화를 길게 하면 "전화 끊어"로 항상성을 유지하려 한다.

3) 형태 형성 (morphogenesis)

가족들은 자동제어의 단계를 자주 넘어선다. 그 이유는 가족구성원들은 환경과 여건의 변화에 따라 계속적으로 그들의 규칙과 제재 조항 그리고 절차들을 새롭게 규정하거나 바꾸기를 원하기 때문이다. 새로운 대처 방안은 기존의 방법들이 효과가 없거나 현재 처한 상황이 전혀 생소

할 경우에 언제든지 만들어질 수 있다. 정상적 기능의 가정조직들이 기능장애가 있는 가정 조직들과 다른 것은 변화가 무쌍한 기능장애의 상황에도 효과적으로 대처할 수 있는 능력이 있다는 것이다. 이것을 '융통성'이라고 한다. 가족이 변화하는 상황이나 가족원의 변화에 따라 대처를 유연하게 할 수 있으면 융통성이 있다고 한다. 지나치게 엄격한 가정은 융통성이 없기 때문에 새로운 형태를 형성하는 반응을 보일 수 없다.

이와 반대로 규칙이나 경계선이 거의 없는 혼란한 구조의 가정도 융통성을 보이면서 제대로 대처하기에 어렵다. 왜냐하면 그러한 가정에는 가족원들이 서로 교류하면서 통일된 행동을 취할 수 있는 응집력이 없기 때문이다. 전혀 예기치 않았던 위기 상황들(입원, 죽음, 사고, 병)이 발생할 때나 가족생활주기에서 예측 가능한 변화들(결혼, 아기탄생, 사춘기)이 발생할 때 가정은 새로운 대처방식을 산출해야 한다. 그런데 역기능적인 가정에서는 융통성 있게 대처를 하지 못한다. 대부분의 가정에서는 오래 되고 친숙한 방법으로 새로운 상황에 대처하려는 항상성을 가지고 있다. 역기능적 가정은 위기상황이나 큰 변화들 속에서 가족이 항상성에 의해 습관화된 방법으로 대처를 하려고만 해서 부적절하기 쉽다. 그러나 정상적으로 기능하는 가정은 새로운 형태 형성 수준(morphogenetic level)을 만들면서 기능하기 위해서 융통성과 응집력을 발휘한다. 예를 들어 자녀가 고등학교를 졸업하고 다른 지역의 대학으로 들어가면 부모의 대응이 달라진다. 자녀도 매일 집에 올 수 없다. 그럴때 엄마, 아빠, 자녀가 어떻게 할 것인지는 새롭게 형태를 형성해야 한다. 자녀의 교육이라는 목표는 고등학교 때와는 같지만 자녀나 부모의 매일 생활을 새롭게 하게 된다.

4) 재설정(reorientation)

체계로서 가족은 익숙하고 안정된 상태로 돌아가려는 경향이 있다. 가족들은 똑같은 상호작용유형을 되풀이하고 같은 일상을 유지하며 '고착된' 상태에 머무르려 한다. 가족의 이상한 행동 증후는 역기능적 가족체계에서 안정성을 회복시켜주는 일종의 항상성 기제로 기능하는 것이다. 징후를 띠고 있는 사람은 가족의 상호작용상황에서 사정되어야 하는데 이는 그러한 증후가 가족체계에 대해 어떤 기능을 갖는지 이해하도록 해준다.

가족이 증후를 깨닫게 되고 새로운 대응방법들이 산출하면 가족들의 역할과 기능은 새롭게 재설정된다. 새로운 형태를 계속해야 되면 재설정되는데 그러면 목표 자체가 바뀌게 된다. 재설정에는 전체 조직이 새로운 사고와 행동 방식으로 전환되는 가정생활의 극적인 변화가 포함된다. 예로는 아버지가 새로운 종교를 믿게 되면 엄마와 자녀도 그 종교에 동참할지를 결정해야 한다. 그때 온 가족이 새로운 종교를 믿는 것으로 결정했다면 가족도 새로운 형태로 활동하는 것이 변화하고, 가족의 목표를 새롭게 설정한다. 사실 이러한 형태로 목표가 변화하는 조직적 변화는 매우 드물고 오히려 형태 형성이나 항상성에 따른 가정들이 많다. 그러나 가정의 기존 행동 양식들이 전혀 효과가 없는 것으로 드러날 때에는 재설정이라는 처방이 내려지게 된다.

2. 가족생활주기에 따른 가정발전이론

가정은 정적이지 않고 역동적이다. 각각의 단계 속에는 가정이 다음 단계로 발전하기 위해 반드시 이루어야 하는 핵심 발전 과제들이 있다.

이와 마찬가지로 가족 구성원 개개인들이 어떤 나이가 되면 반드시 수행해야 하는 발전과제들도 있다. 단일체로서의 가정과 구성원 개개인 각자의 과제를 완수하면, 그 가정은 다음 단계로 옮길 준비가 된 것이다. [표1]은 기본적 발전 단계들, 각각의 단계 및 이와 관련된 주요한 과제, 그리고 각 단계를 시작하는 사건들이 무엇인지 보여준다.

[표1] 가정 발전 단계

단계	주요과제	개시사건
결혼전	본래 가정으로부터 분화	약혼
결혼(dyad)	결혼 역할들에 적용 (새 세대의 구성)	결혼
삼인(triad)	새로 생긴 아이에게 적용	출생/첫아이 입양
완성가족	새로운 가족구성원들에게 적용	막내의 출생
청소년이 있는 가정	가정조직에서의 융통성 증가	가정으로부터 자녀 독립
떠나보냄	가족 구성원들의 이탈적용	자녀들의 직업 및 배우자 선택
떠나보낸 후	외로움과 노령화 과정의 적용	막내가 집을 떠남

가족생활주기(family life cycle)란 가족들이 기능적인 방법으로 들어오고, 나가고, 발달하는 것을 지원하기 위한 관계체계의 확장, 수축, 재조정의 과정이라고 하였다.(Betty Carter & Monica McGoldrick(1999)

첫째, 가족을 떠나는 단계이다. 주요과업은 가족들로부터 독립하는 것이다. 그러나 가족들과 정서적으로 단절하거나 다른 정서적 도피처를 찾지 않고 독립하는 것이다. 두 사람이 짝을 이루어 새 가족을 형성하기 전에 "자주적인 자아"를 발달시켜야 할 때이다. 한 사람이 본래 가정으로부터 독립하는 것이 매우 중요한 의미를 갖는다. 이 발전 과제는 결혼 전에 완수되어야 한다. 개인이 정신적, 육체적, 영적으로 독립된 인간이 되는 것이 중요하다. 현대사회에서는 고등학교나 대학을 졸업하여 일정한 학력을 갖추고, 직장을 가져서 경제력을 가지는 것이 매우 중요하다. 사회적인 인간관계의 능력이나 경제력을 갖추어야 결혼을 할 준비가 되는 것이다. 그러기 위해서는 부모로부터 독립하여 새롭게 자신의 삶을 살 수 있어야 한다. 경제력이 없는 상태나 미성년일 때 아기를 가지는 것은 매우 힘든 결혼생활을 야기한다. 특히 미성년인데 원치 않는 임신을 하고 유산을 하거나 임신 때문에 결혼한 가정의 이혼율은 아주 높다.

둘째, 결혼을 통해 가족을 형성하는 단계이다. 이 단계의 가장 중요한 발전과제는 결혼한 사람으로서 새로운 역할들을 잘 수행하는 것이다. 혼자 살던 입장에서 같이 살게 되었기에 서로의 개성과 가족문화가 다른 상대방과 상호이해와 관계를 잘 정립하는 것이다. 또한 주요과업은 새로운 배우자에게 충실한 것이다. 결혼이란 단순히 두 사람의 결합이 아니라 두 가족 전체의 체계를 변화시키는 것이다. 이 기간의 문제는 배우자간의 문제 같이 보이지만 실제로는 각자 자라난 가족으로부터의 독립실패나 두 사람에게 압박감을 심어주는 단절을 반영한다.

가족생활주기에 있어서 가장 중요한 변화는 결혼이다. 이 단계에서는 집안 일 분담, 직장 얻기 등 성취해야 할 과제가 많다. 이러한 과제들을 성취하기 위해서는 상당한 열정과 협동이 요구된다. 서로 다르기에 참기만 하는 것은 좋지 않다. 서로 자신의 입장을 충분히 설명하고, 상대를 존중하면서 서로 양보하면서 일치시켜가는 것이 중요하다.

셋째 삼인시대이다. 첫아이의 출산이나 입양으로 어린 자녀를 둔 가정 단계이다.

이때의 주요과업은 자녀를 위한 공간을 마련하고, 자녀를 양육하는데 협동하고, 자녀양육만이 아니라 부부관계에도 관심을 기울이며, 확대가족과의 관계도 재조정해야 한다. 부부는 하나가 되어 부모로서 자녀에 대한 양육과 통제를 책임져야 하고, 두 사람이 "팀"을 이루어 수행해야 한다. 이때 젊은 엄마에게 스트레스가 심한단계이다. 가족생활주기에서 이혼율이 제일 높은 시기이다.

가정에 아기가 태어나거나 입양되면 이 새 구성원을 받아들이기 위해 기존 조직에 변화가 일어난다. 자녀양육을 잘 하는 것이 핵심과제이다. 부부만이 있던 공간에 아이가 존재하고, 아이를 돌보는 일이 많아서 힘들게 된다. 관심도 부부에서 아이에게로 변화하기 때문에 적응이 힘들다. 산후우울증은 아이를 혼자 돌보아야 하는 엄마에게서 많이 생긴다. 남편은 아내가 아이에게만 신경을 쓰느라 자신에 대한 돌봄이 멀어지기에 힘들게 된다. 그러므로 삼인시대가 되면 새로운 경계선을 세워야 한다. 또 아이를 위한 새로운 공간을 마련하고, 부부관계, 부모자녀관계를 새롭게 정해야 한다. 자녀를 둘 이상 낳게 되면 관계의 수가 더 많아진다. 4인가족의 경우 64개의 관계의 수가 이루어진다. 그러므로 남편과 아내, 자녀들은 서로 관계를 통해서 서로 존중하고 협력하는 사랑의 관계를 맺도록 해야 한다. 막내의 출산으로 부모를 중심한 가족구성원은 완성한다.

넷째, 청소년기 자녀를 둔 가정단계이다. 주요과업은 자주적이고 독립적이 되길 원하는 자녀에게 점차 통제를 풀어주는 훈련을 해야 한다. 청년기가 되면 더 이상 부모와 같이 되기를 원하지 않는다. 자주적인 개인이 되고, 가족경계를 개방하기 위해 투쟁한다. 자신의 삶에 만족하는 부모는 이를 환영하고 자녀를 잘 보내준다. 십대의 자녀를 여전히 어린아이처럼 통제하려는 부모는 청소년의 정상적인 반항심을 더욱 불러일으킨다. 자녀가 청소년으로 성장하면, 자녀들은 주장을 강하게 하게 되어 가정 조직은 점점 더 심한 압력을 받는다. 부모는 자녀의 성장을 도와야 하는 핵심과제를 가지고 있다. 그런 자녀들의 변화하고자 하는 욕구에 부모가 융통성을 발휘하여 스스로를 순응시켜야 한다. 점차 자녀들은 자신들의 의견을 내고 자신들이 하고 싶은 것이 부모의 요구와 다르다는 것을 표현한다. 이때 부모는 점차 자신들의 욕구를 내려놓고, 자녀들과 대화로 타협해야 한다. 많은 부모와 자녀의 충돌은 부모는 자녀의 성장을 인정하지 않고, 자녀는 자신의 변화를 강하게 드러내기 때문에 생긴다. 효과적인 방법은 부모가 점차 자녀의 이야기를 더 듣고, 자녀의 욕구, 바램에 따라 자녀가 실천하도록 융통성을 발휘하는 것이다. 자녀가 청소년기에 있을 때 부모가 사추기에 들어간다고 한다. 인생의 절반을 산 입장에서 부모가 폐경기가 되면 부모도 우울해지거나 삶의 의미를 새롭게 찾게 된다. 자녀의 변화요구와 부모의 변화의 필요성이 만나면서 둘 다 힘들 수 있기에 가족이 서로의 입장을 대화하고 협력하여 관계를 새롭게 정립할 필요가 있다.

다섯째, 자녀가 가족을 떠나는 단계이다. 주요과업은 자녀가 떠나도록 허용하고 자신의 삶을 살아야 한다. 이 단계는 자녀들이 대학, 군대, 취직 등으로 부모 곁을 떠나면서 시작된다. 이때 부모들은 자녀들이 분화하여 새로운 가정을 꾸미게 하는 것이 과제이다. 그러므로 자녀들이 본래 가정을 떠나는 것을 기꺼이 허락해야 한다. 결혼연령에 자녀들이 이르면 자녀의 배우자 선택을 최대한 존중해야 한다. 부모는 자신의 자녀가 귀하다고 생각하기에 자녀가 선택한 배우자가 마음에 들지 않을 수 있다. 또한 자녀의 배우자와 사돈가정이 다름을 인정하고 잘 받아들여야 한다. 그래서 자녀들이 결혼하여 따로 살림을 나고 독립된 가정을 이룰 수 있게 협력해야 한다.

이때 부모는 성취를 맛보는 자유의 시기이기도 하지만 "중년의 위기"를 경험하는 시기이다(Nichols, 1986). 부부는 자녀나 자신의 삶에서 일어나는 변화에 대처해야 하고, 더 많은 도움이 필요한 자신의 부모(아이들로 보아서는 조부모)와의 관계에서 일어나는 변화에도 대처해야 한다. 자녀들은 분화하여 가정을 떠난다.

여섯째, 중년이후 가족의 단계이다. 주요과업은 은퇴에 대한 적응과 건강의 악화, 질병, 사별에 대한 대비가 필요하다. 직업의 상실에 대한 충격과 늘어나는 시간에 대한 적응이 필요하다. 남편과 아내가 하루 종일 집에 있다 보면 갑자기 집안이 작아 보이기도 한다.

노년기를 맞이하게 된다. 이때의 과업은 건강을 살피면서 노후의 삶을 즐기는 것이다. 자녀들은 모두 떠나고 부모는 단 둘만이 남게 된다. 이때의 부부는 노년기를 잘 보내는 것이 핵심과제이다. 자녀와 북적거리던 곳에 부부만이 남게 되므로 시간, 공간, 모든 것이 새롭게 변화한다. 정년퇴직을 하거나 연금을 가지고 생활하게 된다. 이때의 부부는 건강에 힘을 써야 한다. 젊었을 때의 자신과 노년기의 자신이 다르다는 것을 있는 그대로 받아들여야 한다. 과거에 잘나갔던 기억에서 벗어나 새로운 것을 배우고, 부부가 함께 하는 시간을 자주 가지는 것이 좋다. 남편과 아내는 서로에게 주의를 기울이고, 독립적이면서도 상호적인 자신들의 존재 의미에 다시 주목해야 한다. 그리하여 신혼을 다시 맞는 것처럼 둘 사이에 새로운 친근감이 생길 수 있도록 같은 취미나 봉사, 역할 등을 하면 좋다. 이상과 같은 가족생활주기에 따른 변화와 과제들을 잘 수행하면 한 가족이 새로운 세대로 변화하게 된다. 그렇지 못하면 이혼을 하게 된다.

일곱째, 이혼한 부부가 있다. 이혼한 부부의 주요과업은 부부관계로서의 관계는 끝났지만 부모로서의 역할은 계속해야 하는 사실에 잘 적응하는 것이다. 가족생활주기에서 가장 큰 변화는 이혼이다. 일부 이혼한 가정은 한 부모가 가정을 이끈다. 어머니와 자녀만 있는 가정은 경제적인 어려움을 겪는 가정이 많고, 아버지와 자녀가 사는 가정은 정서적인 어려움을 겪는 가정이 많다.

이혼 후에 재혼을 하게 되면 혼합가정을 이룬다. 혼합가정의 주요과업은 새로운 가족관계에 따른 적응을 새롭게 해나가는 것이다. 재혼으로 인하여 고독한 것은 사라지지만 과거의 상처와 자녀들의 관계, 가족관계를 새롭게 재구성해야하는 과정에서 부부갈등 및 가족관계의 갈등이 심해질 수 있다.

3. 조직의 통합과 발전 조직

가정을 발전적 조직(developing system)으로서 새로운 구성원의 유입과 유출에 대해 열려 있어야 한다. 많은 가정 외적 조직들—직장, 교육체계, 교회모임들, 친교모임, 다양한 클럽 활동 등은 가족 구성원들에게 더 많은 시간의 할애와 헌신을 요구한다.

가정의 문제는 가족원 내부에서도 생기지만 현대인의 생활, 도시사회, 인간관계, 사회생활, 자연환경에서 생긴다. 이렇게 주변의 많은 요소들이 가정에 영향을 주고 있기 때문에 가정들이 문제를 해결하기에 쉽지 않다. 오직 강한 가정들만이 현대 사회의 간섭 속에서 살아남을 수 있다. 그러면 어떻게 하면 강한 가정(기능적가정)을 만들 수 있는지의 문제는 강한 가정과 약한 가정(역기능적 가정)의 다양한 특징을 요약해서 보여준다. 가정 분석에는 네 가지 주요한 영역이 있다. [표2]

[표2] 강한 가정(기능적가정)과 약한 가정(역기능적가정)의 특징

	강한 가정(기능적가정)	약한 가정(역기능적가정)
응집력(Cohesion)	개체화 상호 관계성	그물화 이탈
적응성 (adaptability)	융통성 안정성	엄격성 혼란
대화 (communication)	분명한 개념 분명한 대화	불분명한 개념 불분명한 대화
역할 구조 (role structure)	역할들에 대한 합의 분명한 세대 경계들	역할들에 대한 투쟁 산만한 경계들

여기에서 강한가정은 기능적 가정, 약한 가정을 역기능적 가정이라고도 표현할 수 있다. 가정의 행복과 서로에게 힘을 주기 위해 기능을 잘 할 때 강한 가정이라 하고, 서로에게 힘을 준다고 하는데 역기능이 생길 때 약한 가정으로 표현한다.

1) 응집력(Cohesion)

응집력은 가정 안에 존재하는 친근감이나 일치를 말한다. 강한 가정에서는 구성원들이 개체화된다. 여기에는 다음과 같은 생각이 공유된다. '나도 한 개인이고 당신도 한 개인이다. 즉 우리는 이 조직 속에서

분리된 개인들이다. 그러나 이처럼 분명하게 구분되지만 우리는 여전히 한 가정의 구성원들이다'

그물화(enmeshment)는 가족 구성원들이 지나치게 응집력이 강할 때, 그들은 지나치게 밀착되어 개별성이 없어지고 된 상태를 말한다. 이러한 경우 가족 구성원들은 자신을 다른 구성원들과 구분하는 정체성이나 개성에 관한 의식이 없어진다. 그래서 각 구성원들은 자신들의 정체성이 별도로 존재하지 않고, 가정의 특성에 지나칠 정도로 의존하게 된다.

이탈(disengagement)은 매우 낮은 단계의 응집력이 있다. 이탈 가정에서는 가족의 행사에 가족들의 참여가 없고, 서로를 위해 애쓰지도 않고, 서로 돕지도 않는다. 그래서 가족들이 각기 따로 떨어져 분리되어 있는 모습이다.

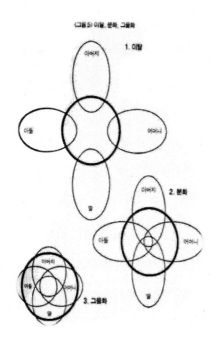

〈그림 5〉 이탈, 분화, 그물화

1. 이탈
아버지
아들
어머니
딸

2. 분화
아버지
아들
어머니
딸

3. 그물화
아버지
아들
어머니
딸

분화(differentiation)된 가정은 각 구성원들이 서로 적극적이고 의미심장하게 맞물려 있다. 분화는 분리와는 다르다. 서로 각자가 자기로서의 독립적이고 개성화가 되어 있지만 서로 적극적으로 관계를 맺는다. 분리된 가정은 서로 관계가 전혀 없이 떨어져 있으므로 가족원으로 온전한 독립과 개성화도 힘들다. 밀착되어 그물화된 가정에서는 모든 사람들의 생활이 아무런 희망도 없이 뒤얽혀 있다. 가족 구성원 개개인의 가정이라는 경계 밖에서는 거의 아무런 독자성도 갖지 못한다. 심지어 이들은 가정 내에서도 다른 구성원들로부터 독립된 자신들만의 공간을 거의 갖지 못한다.

이와는 대조적으로 강한 가정 즉 기능적 가정은 다른 구성원들을 지지해 주지만 간섭하지 않는 범위 내에서 서로에 대해 경계선을 가지지만 서로 친밀한 관계를 맺고 상호간에 관심을 가진다. 강한 가정은 한 연속체의 중앙에 위치한다. 그것은 강한 가정들이 적절한 정도의 응집력을 보이기 때문이다. [그림5]는 이탈, 분화, 그물화에 대한 설명이다.

그림에서 굵은 선은 가정 주위의 경계선들을 상징한다. 그리고 가는 선들은 가족 구성원 각자의 주변에 있는 경계선들을 나타낸다. 이탈가 정에서는 구성원 각자의 삶이 다른 구성원들에게 거의 영향을 미치지 않는다. 각 개인은 심리적 고립 상태에서 산다. 현대인들이 핵가족화 되고, 점차 개인화되면서 이러한 구조를 가지기에 우울, 자살 등 각종 정신적인 질환에 걸리기 쉽다.

기능으로 강한 가정을 만들기 위해서는 서로 어느정도 응집이 되어 있으면서도 개인의 정체성의 형성과 독립을 존중하는 가족관계가 되어야 한다. 그러면 어느 정도의 응집력이 필요한지 정도는 가정의 상황과 가정생활의 주기에 따라 달라야 한다. 어린아이를 둔 가정에서는 보다 응집력이 강해야 하고, 다 자녀들이 성장하여 독립해 나가게 되었으면 적절한 분화가 가능하도록 응집력이 덜 강해야 한다.

2) 적응성(適應性)

적응성(Adaptability)이 극단적으로 높은 가정들에는 가족 구성원들에게 안정감과 안전을 제공하는 데 필요한 구조와 미리 예상할 수 있는 일에 대한 가능성이 결여되어 있다. 이와는 정반대로, 적응성이 극단적으로 낮은 가정들은 가족구성원들에게 안정감이나 안전을 제공하지 못하는 기능장애를 가지며 경직된 가정을 형성한다. 여기에는 융통성이나 유연성은 없다. 기능적으로 강한 가정의 생활은 적절한 적응성을 가진다는 것이 그 특징이다. 융통성도 있고, 안정성도 있어야 한다. 이 두 가지가 적절하면 강한 가정, 기능적인 가정이 된다.

데이빗 올슨, 더글라스 스프렝클, 그리고스 럿셀은 응집력과 적응성을 결합시켜 주변 복합 모델이라는 것을 만들었다. [그림6]에서 가운데 작은 원 안의 네 가정들은 질서 있게 분화된 가정들이다. 네 모퉁이에는 기능장애 가정들의 네 가지 형태가 위치한다.

무질서하게 그물화 된 가정은 응집력과 적응성이 너무 높아서 상호간의 경계선이 허물어진다. 엄격하게 그물화 된 가정은 응집력은 강하지만 적응성은 낮다. 그리고 무질서하게 이탈된 가정은 응집력은 약하지만 적

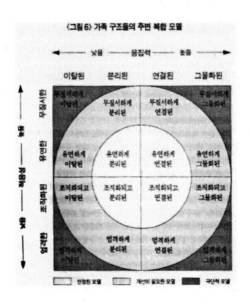

〈그림 6〉 가족 구조들의 주변 복합 모델

응성은 높다 그러므로 각자 독립적이지만 상호관계가 없다. 여기에서 중요한 것은 가정 형태의 다양성은 기능성과 건강성이라는데 주목해야 한다는 것이다. 심각한 문제들은 극단에 위치한 가정들에서 발생한다.

3) 대화(communication)

가족 간의 대화는 다른 어떤 주제들보다 더 중심적으로 보아야 할 내용이다. 그것은 아마도 대화가 가정생활 강화에 아주 중요한 방법이기 때문이다. 부모는 자녀가 어렸을 때는 대화가 곧 잘하게 된다. 하지만 자녀가 성장과정에서 부모의 요구처럼 대하지 못하였을 때 잔소리를 하게 되어 부모와 자녀의 대화가 막혀버리기 쉽다. 부부의 관계에서도 남편과 아내가 서로를 존중하지 못하는 사건이나 상황에서 갈등을 겪게 되고 상처가 되면 부부의 대화가 어렵게 되기 쉽다. 같은 공간에 살면서도 대화가 이루어지지 않아서 고통스러워하는 가족이 많이 있다. 그것은 대화에서 먼저 다른 가족의 말을 듣지 않고, 내 요구를 먼저 말하기 때문에 생기는 것이다. 그리고 대화에서 서로 멀어지거나 원수 되는 대화를 하면 가족 간의 관계가 더 단절된다. 서로 다가가는 대화를 하면서 상대방의 말을 경청하고 공감하는 입장이 되면 가족 간의 관계가 긴밀해질 수 있다. 가족의 변화에 적응하거나 응집을 하기 위해서는 대화를 통한 깊은 이해를 하고 있어야 한다. 대화를 하는 사람과 듣는 사람이 동등한 입장에서 사랑을 가지고 각각 표현의 명료성, 개념의 명료성을 유의한다면, 효과적인 대화에 훨씬 더 효과적인 대화를 할 수 있을 것이다.

4) 역할 구조(Role Structure)

"세상은 무대요 우리는 그 무대에서 공연하는 배우에 지나지 않는다." 셰익스피어의 이 말은 가족관계에도 적용된다. 역할구도의 첫 번째 차원은 각자의 역할이 있다는 것이다. 각각의 가족 구성원들에게는 가정에서 공연해야 할 각자의 역할이 있다. 아버지는 아버지로서의 역할을 해야 하고, 어머니는 어머니로서의 역할을 해야 한다. 현대에는 직업이 다양해지면서 역할이 고정되는 것이 아니라 상황에 따라 서로 역할을 바꾸기도 하면서 적응해야 한다. 자녀는 자녀로서의 역할을 해야 하고, 부모는 부모의 역할을 할 때 기능적인 강한 가정이 된다. 하지만 역할은 대개가 전체로서의 가정에 의해 규정된다. 여기에서 중요한 것은 누가 어떤 역할을 하느냐가 아니라, 가족들 서로 간에 역할 하는 것에 대한 합의가 이루어졌느냐가 중요하다.

역할 구조의 두 번째 차원은 가정 내의 세대 경계들과 관계가 있다. 정상 기능 가정의 경계선들은 명확하지만 허용적이다. 가족 구성원들이 다른 역할도 가질 수 있음을 인정한다. 예를 들면, 아이들이 가끔씩 부모에게 행동하기도 하고, 부모도 때로는 장난을 치거나 아이들처럼 행동할 수 있다. 이따금씩 아이가 고정된 역할을 탈피할 수 있었다면 이것은 이 가정이 융통성이 있음을 보여주는 상징이다.

비록 역할이 융통성이 있고 그 경계선이 허용적인 것이 중요하기는 하지만 세대 간의 경계선들이 지나치게 불분명해질 위험도 무시할 수 없다. 부부 중 한 사람이 다른 사람에게 자기의 부모나 아이의 역할을 기대하거나 아이가 다른 형제의 부모에게 부모 역할을 하려 한다면 상황은 매우 혼란스러워진다. 그것은 세대 간의 경계선이 서로 겹치고, 이런 일이 반복되어 어떤 형태들로 굳어지면, 결국 가족관계에서 기능이 잘못되거나 기능장애를 만들게 된다.

5) 가족치료의 원리

가족치료는 내담자의 문제가 가족원 한 사람의 문제가 아니라 전체 가족과의 관계에서 나타난 것으로 본다. 개인치료는 내담자의 문제를 개인의 심리내적인 것에서 찾는다. 그러므로 의식과 무의식의 깊은 상처나 억압을 찾아서 치료하는데 중점을 둔다. 하지만 가족치료는 개인의 문제가 아니라 가족원간의 관계의 문제로 본다. 그래서 한사람에 대한 정신병리학적 관점에서 보다는 다른 가족들과의 관계에서 이해되고 다루어진다. 하나의 가족원이 가지고 있는 문제를 이해하기 위해서는 가족체계 전체의 심리적 특성을 염두에 두어야 한다. 즉 가족관계가 식구들의 내면적인 심리의 산물이 아니다. 그보다는 가족관계의 산물이 개인의 내면적 심리과정이다. 한 자녀의 행동이 문제가 있다면 그 자녀는 가족의 희생양이 되기 쉽다. 그 자녀의 그러한 행동은 부모간의 갈등의 희생물이라기보다 희생양이 되어 부모의 비정상적 관계를 유지시키는데 기여하는 경우가 많다. 따라서 상담자는 비정상적인 상호작용이 반복되는 과정이나 패턴을 파악하고 적절하게 새로운 패턴이나 과정을 갖도록 돕는다.

가족치료자는 현재의 상황에 집중하여 관계를 해결하고자 한다. 만약 현재의 상황을 이해할 수 없거나 과거의 맥락을 알아야 상담이 진행될 수 있다고 생각될 경우에만 과거의 사건이나 경험을 묻고 듣는다. 그때는 과거의 경험에 대하여 묻고 살펴서 현재의 상황을 정리하는데 도움이 되도록 한다.

치료자는 가족상담에 대한 각 식구들의 기대를 알아보고 현재의 가장 큰 관심사를 이해하고 수용한다. 처음부터 가족문제에 대한 자세한 진단과 평가를 내리려고 하는 것은 바람직하지 않다. 또한 바람직하지 못한 행동과 심리에 대하여 통찰을 하고, 긍정적인 방향으로 이해와 표현할 수 있도록 돕는다. 가족관계에서 부정적인 감정을 노출시키거나 내면적 욕구를 지적하지 않도록 한다.

치료자는 구체적인 상담목표를 찾고 어떤 해결방안이 있는지 어떤 결과가 일어나고 있는가에 주목한다. 가족 내에서 무슨 일이 일어나고, 어느 식구들 간에 어떤 갈등이 있는가에 초점을 두지 않는다. 상담목표는 가족생태의 변화와 가족들의 구체적인 행동변화에 초점을 두는 것이 바람직하다. 단순히 식구들 간의 감정 및 의사표현이 향상되고 자유스러워지는 것만을 상담의 목표로 하기보다 가족관계가 변하고 가족행동이 달라지는 것을 보아야 한다.

4. 역기능적인의 가정의 특징

1) 역기능적 가족은 가족체계의 경계선이 지나치게 소원하거나 밀착되어 있다.

첫째, 가족이 분리(disengaged)되어 있는 경우는 소원한 관계를 맺는다.

가족에는 가족이라는 체계와 가족외부의 세계를 분리시키는 경계선이 있는데, 이것이 지나치게 유동적일 경우에 수시로 외부의 간섭을 받게 된다. 이 경우에 가족의식이 결핍 되며, 따라서 가족 내의 상호지지를 기대하기 어렵다. 이러한 가족에서는 가족원들 간에 서로에게 일어나는 일들을 전혀 모르고 마치 같은 집에서 생활하는 하숙생들 같은 관계를 맺는다. 이러한 가정에서는 행동장애를 가진 가족원이 주로 나타난다. 특히 자녀가 성장하는 과정에 부모와 애착관계가 제대로 맺어지지 않고 자란 자녀는 부모와 소원한 관계가 되기 쉽다.

둘째, 가족이 밀착(enmeshed)되어 있는 경우는 엉켜진 그물 같은 관계이다.

가족성원들끼리 지나치게 밀착된 관계에서는 개인의 자아의식이 발달하지 못하고 오직 가족 간의 공동자아만이 존재하게 된다. "내가 너이고, 네가 나"인 관계는 지나치게 밀착된 관계(많은 한국가족에서의 부모—자녀간의 관계)이다. 특히 장애를 가진 자녀의 주 양육자는 자녀와 지나치게 밀착된 관계가 되기 쉽다. 지나치게 밀착된 가정에서는 부부 사이, 부모 사이에 지나친 간섭과 구속이 이루어지고 모든 일이 일일이 보고된다. 따라서 한 가족원이 문제가 생기면 가족 전체가 함께 문제에 엉켜있어서 문제를 풀어내기가 힘들다. 예를 들면 고등학교 학생—외아들—예정시간보다 10분만 늦어도—밖에서 모가 서성거림—심장이 뛴다. 아들은 가출해서 며칠씩 집에 안 돌아오는 습관이 있는데 가출의 의미는 가출 후 집에 돌아온 직후엔 부모의 간섭이 없기 때문이라고 한다. 그러므로 이러한 가족에서는 불안증, 우울증, 정신 신체적 질병 등의 정서장애를 가진 가족원 많이 생긴다.

2) 역기능적 가족은 가족원간의 각 하위체계간의 경계선에 이상이 있다.

가족에는 부부로 이루어지는 하위체계, 형제로 이루어지는 하위체계, 부모와 자녀로 이루어진 하위체계 등의 하위체계들이 존재한다. 이러한 하위체계는 각 경계선에 신축성이 있으면서도 분명하여서 다른 하위체계로부터 침해를 받지 말아야 한다. 그러나 문제가정에서는 흔히 부부 하위체계 견고하지 못하므로 자식세대가 경계선을 침범하여 부부하위체계에 개입하게 된다. 이 때 삼각관계를 맺게 되는데 잘못된 관계 형성이 된다.

첫째로 삼각관계는 부모가 아이를 사이에 두고 적대적 관계를 이루고, 아이는 두 사람 중 누구의 편도 들지 못하고 양쪽 부모에 대한 충성심이 반분되어 강한 갈등을 느끼는 경우에 빠지게 한다.

둘째로 부부갈등이 심한 부부나 관계가 나쁘게 이혼한 부부는 자녀와 삼각관계를 맺는다. 갈등에 빠진 부부는 각기 자신과 자녀가 결탁할 수 있도록 배우자를 나쁘게 이야기하거나 한 자녀에게 호감을 표현하여 자신과만 자녀가 결탁한 관계가 맺도록 한다. 그런 삼각관계에 빠졌을 때, 자녀는 부모 중 한 사람과 한 편이 되어 다른 부모에게 대항하게 된다. 예를 들면 폭력이나 독재를 하는 아버지에 대하여 어머니가 자녀에게 아버지의 나쁜 점만을 계속 말하면 자녀는 아버지를 싫어하거나 미워하게 된다. 이렇게 어머니는 자녀를 대신 세워서 아버지를 공격하는 삼각관계에 있게 된다.

셋째로 부부간에 갈등이 심하지만 그 갈등을 직접 풀지 않고, 아이에게로 우회하여 표현한다. 겉으로 볼 때 부부관계가 원만한 것처럼 한다. 하지만 부부는 배우자 대신 자녀중의 하나를 관심의 대상으로 만든다. 관심의 대상인 아이를 부부가 함께 공격하거나 과보호한다. 부모가 한 자녀만을 공격하는 경우에는 그 자녀는 행동장애의 문제를 나타내기 쉽다. 부모가 자녀를 과보호 하는 경우에는 정서 장애의 문제를 드러내기 쉽다. 미누친은 과보호의 경우 신경성 당뇨병, 거식증과 같은 신체증상적 증상을 지닌 아동들이 많이 나타났다고 한다.

3) 역기능적 가족은 위계질서가 잘 잡혀있지 않다.

건강한 가정은 부모가 동등하거나 비슷한 권력을 갖고, 아이들은 부모 보다 적은 권력을 갖는 가정을 말한다. 그러나 한국의 많은 수의 부인들은 남편의 지배적인 태도 때문에 상담자나 정신과 의사를 찾는다.

반면에 최근에는 부인이 지나치게 남편을 좌지우지하는 현상이 증가하는 추세로 변화하고 있다.

부부관계에 있어서 권력의 차이가 클수록 겉으로는 평화로울지 모르나 해결되지 않은 갈등의 뿌리가 속으로 자라나게 된다. 결과적으로 지배받는 배우자나 아이에게서 정신적, 신체적인 증상이 나타날 가능성이 크다. 만약 아이가 부모보다 많은 권력을 갖거나 지나치게 많은 권력을 지니게 되면 역기능이 나타난다. 예를 들면 아동이 부모를 지배하게 되면 부모는 통제력를 잃게 된다. 그 결과적으로 자녀들이 부모를 학대하는 문제를 야기한다.

역기능적 가족은 감정표현을 제한한다. 그러므로 감정과의 접촉을 피하기 위해 사용되는 방법들 (감정적인 면을 무시하고 모든 것을 지식적으로 처리함, 의미를 축소시킴, 감정을 부인함, 자신을 고립시킴, 감정을 삼켜버림, 다른 사람을 돌아봄)을 한다.

가족에게 표현해도 좋은 감정, 금지된 감정이 있다. 그러나 가족 간에 표현하지 못하는 감정이 지나치게 많으면 문제가 생긴다. 만일 자신의 감정을 오랫동안 표현하지 못하게 되면 잘못된 행동이나 질병으로 나타난다.

4) 역기능적 가족의 가족규칙에는 문제가 있다.

역기능적 가족의 가족 규칙은 너무 경직되어 비인간적, 비타협적이고 바꿀 수가 없다. 각 가족은 고유의 규칙을 갖고 있다. 애를 들면 "남자는 부엌에 들어가면 안 된다." "딸은 결혼하면 부엌일을 많이 할 것이기 때문에 결혼 전에는 부엌일을 전혀 할 필요 없다." "남자아이는 울면 안 된다." "가정의 화목을 위해 부정적인 감정이나 갈등은 표현되면 안 된다." 등이다. 지나친 가족규칙은 가족원들을 폐쇄적이게 만들고, 너무 가족규칙이 없으면 가족원들끼리 충돌이 벌어지기 쉽다.

가정생활에서 정상적인 가족규칙은 필요하다. 그러나 병리적인 규칙은 가족 간의 갈등과 가족원의 문제를 만들게 된다. 그래서 가족규칙은 존재하되 온 가족이 동의할 수 있는 선에서 결정되어야 한다. 예를 들면 결혼생활한지 15년이 되었는데 아내가 남편의 허락 없이 "머리스타일 바꾸거나 자기가 원하는 새 옷을 사지 못 한다"는 규칙은 아내를 답답하게 한다. 여대생 딸에게 초등학교 때의 규칙인 해가 지기 전에 집에 돌아와야 한다는 가족규칙은 부모를 원망하게 한다. 결혼은 30세 이전에 하고, 자녀는 둘 이상 낳아야 한다는 가족규칙을 가진다면 현대의 젊은이들은 집을 떠날 수 있을 것이다. 이와 같이 현재 한국의 가정은 전통적 가치관과 현대적 가치관의 사이에서 충돌이 일어나고 있고, 가족생활에 대한 규칙이 혼란되어 있다.

5) 역기능가족은 바람직하지 못한 역할을 하는 자녀들을 만든다.

첫째 역기능적 가족에서는 부모역할을 하는 아이가 생긴다. 부모가 제대로 자신의 역할을 이행 못할 때, 자녀 중에 하나가 부모가 하지 못하는 역할을 담당한다. 주로 맏이가 엄마를 대신하거나 아빠를 대신하려고 한다. 맏이가 안하면 둘째나 다른 자녀가 대신 역할을 하기도 한다. 이것은 일시적으로 필요하나 역할이 고착되면 자녀의 자기성장이 멈추어진다. 또한 그런 자녀는 모든 에너지를 다른 가족원을 위하여 노력하는데 사용하므로 계속적으로 무거운 가정의 짐을 지고 살게 된다. 과거에 경제적인 면이 어려울 때 자신은 학업을 못하고 동생들을 가르

쳤던 형님이나 누나들이 있다. 이렇게 부모의 역할을 하느라 자신의 인생을 살지 못하면 우울증의 증세를 보이게 되기도 한다. 이런 성장과정을 거친 사람은 결혼해서도 동등한 부부관계가 아니라 부모자녀와 같은 부부관계를 유지하게 된다.

둘째, 역기능적 가족에서는 애완동물 같은 역할을 하는 아이가 생긴다. 집안에서 자녀가 문제없는 착한아이, "모범생" "귀염둥이"등으로 취급받는다. 가족 중 어느 누구도 이런 자녀의 고통과 슬픔에 대해 깊은 관심을 두지 않고 그저 스쳐 지나간다. 형제가 많은 집의 막내, 가운데 아이 등이 이 역할을 한다. 이들은 가정의 분위기를 부드럽게 하는 역할을 하나 가족원으로부터 소홀한 취급을 받아 사랑의 감소감을 많이 느낀다. 그렇지만 부모나 가족은 믿고 관심을 두지 않기 때문에 스스로 알아서 해야 한다. 사랑을 많이 받지 못했다는 생각에 낮은 자아존중감, 생에 대한 허무감, 우울증에 자주 시달린다.

셋째, 역기능적 가족에서는 희생양 역할을 하는 아이가 생긴다. 불화가 많은 가정에서는 한 아이를 희생양으로 만들고, 문제아로 낙인을 찍는다. 집안에 문제가 생기면 모두가 그 아이 때문이라고 정당화 해버리니까 나머지 가족원들은 편해질 수 있다. 부부의 불화나 갈등, 고부간의 갈등은 문제아를 필요로 한다. 가정의 근본적인 불화나 갈등, 각종 문제가 해결되기까지, 문제아는 항상 문제를 일으키는 역할을 하게 된다. 이 경우에 문제아가 상담을 받아 좋아지면 다른 희생양이 필요하게 되어 다른 자녀가 문제아가 되기도 한다.

넷째, 역기능적 가족에서는 부모에게서 특정역할을 위임받은 아이가 생긴다. 한국의 많은 부모는 자신이 이루지 못한 포부나 꿈을 자식에게 "위임"하는 경향이 높다. "나는 이렇게 살았지만 내 자식만은 의사를 만들겠다." "내 딸만은 부자 집에 시집을 보내겠다." 부모가 못다한 자신의 꿈을 자녀를 통해 이루고 싶어 한다. 그래서 자녀는 부모가 정하여 준 전공을 선택하였지만 자신과는 맞지 않는다고 뒤늦게 후회하기도 한다. 부모의 기대를 충족시켜주고자 부모를 위한 삶을 사는 자녀, 부모가 곧 이혼할 것 같으므로 부모를 위해 아프거나 사고를 일으키는 경우도 있다. 또한 부부관계를 개선하기 위해 입양을 받아들이거나 출산을 함으로써 현재의 어려움을 극복하려고 하기도 한다.

다섯째, 역기능적 가족에서는 부모의 상담자 역할을 하는 아이가 있다. 부모가 자녀에게 개인적인 문제와 부부갈등을 털어 놓는다. 그러면 자녀는 부모의 부부관계를 좋게 하기 위해서 충고를 하기도 한다. 엄마가 아빠에 대한 불만을 어떻게 해결할 것인지 아들과 의논을 하거나 아빠가 딸과 엄마와의 관계개선에 대해서 의논을 한다. 그러면 아들은 엄마에게 아빠를 대신한 역할을 하려하거나 딸은 아빠에게 엄마를 대신한 역할을 하려 할 수 있다. 바람직한 것은 부부의 문제나 갈등은 자녀에게 이야기해서는 안 된다. 부부의 문제는 부부끼리 해결하고, 자녀들은 자녀들끼리의 문제를 해결하도록 해야 한다.

6) 역기능가족에게는 가족원간의 의사소통이 잘 되지 않는다.

첫째, 역기능적 가족 중에는 이중구속 의사소통이 있다. 부모가 자녀에게 말할 때, 말하는 내용과 부모의 표정, 행동, 억양 등이 서로 모순되게 하는 의사소통이 있다. 예를 들면, 부모가 아이에게 "철수야, 엄마는 철수를 세상에서 제일 사랑해."라고 말하면서 전혀 얼굴엔 따뜻한 표정이 없다. 철수가 엄마에게 가까이 갈 경우 철수를 밀어낸다. 그래서 철수가 뒤로 물러서면 "너는 엄마를 사랑하지 않는구나"라고 한다. 그러면 철수는 엄마에게 다가갈 수도 없고, 물러날 수도 없게 된다. 이와 같은 이중구속적인 의사소통이 어린아이에게 지속되는 경우 아이는 정신분열증에 걸리기도 한다.

둘째, 역기능적 가족에게는 메타 의사소통이 있다. 일종의 포괄적이고 추상적인 말을 하여 한 메시지가 상황에 따라 다양하게 해석될 수 있게 말한다. 메타의사소통을 한 권위자는 어떻게 해석해서 행동해도 잘못을 지적하거나 비난하게 된다. 그러면 메타의사 표현을 받아들이는 사람은 이렇게 하여도 비난을 듣고, 저렇게 행동을 하여도 비난을 듣게 되기 때문에 아무것도 하지 못하게 된다. 더 나아가서 정신적인 혼동이 생겨 문제가 되기도 한다.

셋째, 역기능적 가족들은 불일치형의 의사소통을 한다. 자신의 생각과 감정을 일치시켜서 의사소통을 하지 못한다. 권위자에게 자신의 잘못으로 여겨 비는 회유형의 의사소통을 한다. 또한 아랫사람을 대하듯 잘못을 지적하는 비난형의 의사소통이 있고, 이사람 저 사람의 기분을 맞추기 위해 자아는 죽이고 노력하는 산만형의 의사소통을 한다.

넷째, 역기능적 가족들은 미혹하는 의사소통을 한다. 남편이 교묘하게 외도를 하지만 아내는 확실한 증거를 잡을 수 없을 수 있다. 하지만 여러 가지 증거와 느낌으로 남편의 외도가 의심되어 그 의심을 표현한다. 의심을 표현하는 아내를 보고 남편은 부인이 의부증에 걸렸다면서 정신과에 가라고 한다. 이러한 일이 계속적으로 반복되고, 주위 사람들도 부인이 잘못 생각하고 있다고 거든다면, 부인이 실제로 정신과 환자가 될 가능성이 높다.

7) 역기능적 가족은 가족 발달단계에 적응하지 못한다.

역기능적 가족은 가족발달단계에 따라 적절한 대응을 하지 못하여 어려움을 겪는다. 역기능적 가족은 결혼준비, 결혼, 결혼초기, 출산 및 영아기, 학령 아동기, 아이들의 사춘기, 아이들이 집을 떠나는 시기, 아이들의 결혼기, 손자손녀의 탄생기, 남편 혹은 부부의 퇴직기, 배우자 사망 등에 대처를 잘 하지 못한다. 가족생활주기에 따라 각 가정에 스트레스와 위기를 가져온다. 그러한 상황에 가족원들이 서로 잘 대응할 수 있도록 도울 수 있어야 한다. 그러나 역기능적인 가족은 가족발달단계에 따른 스트레스에 적절한 대응을 잘 할 수 없다. 그러므로 가족은 위기를 맞는다. 위기상황에서 가족은 정확한 의사소통과 상호협조로 각 단계에 따른 적응적인 과업을 잘 수행할 수 있어야 한다. 그럼에도 불구하고 역기능적 가족은 발달주기에 따른 변화, 스트레스가 오는 것을 부인한다. 또한 가족원이 변화하게 되는데도 그 변화한 시간의 흐름을 부인하고 가족의 발달단계를 부인하는 경향이 있다.

가족의 발달단계에 따른 보살핌이 없게 되면 어린이들에게 파괴적인 역할을 하게 한다.(정서적 지뢰밭) 자녀는 희생양(가정의 모든 문제를 책임지게 한다.), 영웅(가족의 명예를 위해 열심히 일한다), 대리배우자(아이가 어려움에 처한 부모의 상담자가 된다), 말없는 아이(말썽을 피우거나 문제를 일으키지 않는다. 이 가정은 이미 충분한 문제를 가지고 있기 때문이다.)들을 만들어 내게 된다.

8) 역기능적 가족은 가족 외부의 힘이 주는 스트레스를 감당하지 못한다.

남편의 직장에서의 심한 스트레스, 아내의 경력단절에 따른 고통, 아이의 학교생활에서의 부적응, 시댁식구나 친정 식구들의 지나친 개입, 이사, 실업 등은 가정생활에 큰 스트레스를 준다. 이런 스트레스를 가족원이 합심하여 극복할 수 있는 능력이 없으므로 역기능적 가족은 많이 상처를 입고, 고통 속에 지나게 된다. 가족에게 닥치는 어려움이 커다란 스트레스가 되더라도 가족이 힘을 합하고 정성을 같이 하면 극복하기 쉽다. 역기능적 가족은 각종 스트레스에 긍정적, 능동적으로 대처할 힘이 분산되므로 스트레스를 크게 느낀다.

9) 역기능적 가족은 가족비밀이 많다.

각 가정에는 다름 사람에게 알리고 싶지 않은 비밀이 있을 수 있다. 감옥에 간 사람이 있다거나 장애인이 있을 수 있다. 유산이나 사산, 이혼과 재혼 등 과거의 가족비밀이 남에게 공개되기를 원하지 않을 수 있다. 사실 가족원들끼리는 거의 아는 것인데도 가족끼리 이야기를 하지 않는다. 마치 가족이 말하지 않기로 약속한 것처럼 비밀스럽게 된다. 이런 가족비밀이 많게 되면 가족원간에 편안한 의사소통이 되지 못하고 불편하게 된다. 해야 할 말과 하지 못하는 말이 병존하는데 가족비밀을 누설하게 될까봐 조심하게 되어 가족 간의 관계가 편안하지 못하게 된다. 비밀을 지키기 위해 다른 가족원에게 거짓말을 하기 쉽다. 한 번 거짓말을 하게 되면 여러 가지로 말을 맞추느라 많은 거짓말을 하게 된다. 결국 가족원들끼리 믿을 수 없고, 서로 관계에 얽힘이 일어나게 된다. 역기능적 가족일수록 이런 가족비밀이 많으므로 가족관계가 힘들다. 외부세계와 단절되기 쉽다. 가정의 비밀은 수치심을 만들어 내기도 한다.

10) 역기능적 가족은 진정한 인격적 접촉이 없고, 충동적인 행동을 한다.

가족 간에는 서로의 인격을 존중하고 진정성 있는 나눔이 있어야 한다. 고통과 슬픔, 기쁨과 행복함을 마음껏 표현할 수 있어야 한다. 자신의 아픔과 고통을 말하였을 때 가족이 공감하여 지지해주고, 인정해주는 인격적 관계가 있어야 한다. 그러면 가족은 편안함과 행복을 주게 된다. 하지만 역기능적인 가족은 자신의 문제를 이야기하면 비난, 판단, 평가, 지적이 많게 된다. 그러면 자신의 의도와는 다른 반응을 받게 되므로 가족과 인격적인 대화를 하기 어렵게 된다. 가족원들이 믿고 의지할 수 있는 존재가 되지 않으면 안정이 깨지고 충동적인 행동을 하기 쉽다. 충동적인 행동이 문제를 일으키고 그에 대한 판단과 평가가 나쁘게 되므로 가족 간에 인격적 접촉은 없어지는 악순환이 반복된다. 반복적이며 독특한 방법으로 충동적인 행동을 한다. 어떤 행동에는 숨겨진 원인을 가지고 있다. 그 배후에 숨어서 조종하는 힘이 있다. 많은 양의 에너지를 소모시킨다. 감정을 피하기 위한 방법이다. 때로 좋게도 느껴지고 때로 좋지 않게도 느껴진다. 또 다른 사람에게 충동적인 행동을 유발시킨다.

11) 역기능적 가족은 정서적인 문제가 있는 가족원에게 관심을 집중한다.

부모와 자녀간의 애착관계가 잘 되지 못하거나 어린 시절에 상처를 입은 사람은 중독에 걸리기 쉽다. 알콜중독, 약물중독, 습관적 분노폭발, 일중독, 무절제한 식습관, 소비, 도박중독, 섹스중독(음란물, 끊임없는 성 관계, 성적인 어린이 학대, 음탕한 노출), 종교 중독 (강박적 종교행위에 빠져있고 겉으로는 긍정적으로, 내면적으로 강한 반감을 가지고 있다.)이 가족원에서 나타날 수 있다. 역기능적 가족은 이런 문제 있는 가족원에 대하여 지나치게 관심을 두게 되어, 다른 가족원들에 대한 돌봄이 없어지게 된다. 결과적으로 중독으로 문제된 가족원에게 지나친 관심을 쏟다보면 다른 가족들은 소외되기 쉽다. 문제가 있는 가족원에게만 관심이 집중되므로 관심을 집중 받은 사람은 탈진되기 쉽다. 또한 소외된 가족도 어려움을 겪게 되므로 가족 전체가 어려움을 겪게 된다.

12) 역기능적 가족은 어린 시절을 상실하는 자녀를 만들 수 있다.

역기능적 가족에서는 아버지나 어머니가 자신의 역할을 못하게 된다. 자신의 역할을 하지 못하는 어린 아이가 부모의 역할을 대신하게 된다. 그러면 그 자녀는 다른 사람을 돌보는 역할을 하느라 자신의 어린 시절을 하고 싶은 것을 못하게 된다.

혹은 가혹한 가정환경 속에 살아남기 위해서 어린 시절을 어린이답게 지내지 못하고, 어른처럼 살 수 있다. 부모나 가족의 학대로 어린 시절을 상실하고 트라우마를 갖게 된 사람들이 있다. 그런 경우 자신의 감정을 잃어버리고, 감정을 드러낼 줄 모르는 사람이 되기도 한다. 감정이 없는 냉정한 사람이 되어 사이코패스처럼 잔인해질 수도 있다. 또한 즐거울 때 즐거워하거나 행복할 때 행복을 느낄 수 없는 사람이 되기도 하여 메마른 삶을 살게 된다.

5. 순기능 가정의 특징

1) 순기능의 가족은 상호간에 긍정적인 감정을 갖고 서로 격려하고 돕는다.

가족 간에 서로 긍정적인 감정만 가지고 살기가 쉽지 않다. 부모는 자녀의 부족한 부분을 채우기를 바라는 사랑의 마음으로 자꾸만 잔소리를 하게 된다. 자녀는 그런 부모가 다른 부모와 다르다면서 불평하기 쉽다. 부모는 자녀의 장점, 좋은 점을 찾고, 자녀는 부모에게 감사한 점을 찾아서 서로 나눈다. 가족 간의 관계가 좋은 가정은 서로 적절한 경계선을 두고 가족생활주기에 따른 변화의 위기에 긍정적인 감정을 가지고 서로 격려한다. 또한 어려움에 서로 돕는다. 가족 간의 장점, 좋은 점을 50개씩 찾아서 서로 읽어 주고 서로 자주 나누는 것이 도움이 된다.

2) 순기능의 가족은 가족끼리 함께 시간을 가지고 많은 일을 같이 나눈다.

가족이 서로 시간을 함께 하는 것은 가족의 기능에서 매우 중요하다. 현대생활에서 바쁘다는 핑계로 일을 가족의 식사시간도 다르고, 일어나고 잠자는 시간도 다를 수 있다. 그러면 가족관계가 소원해지기 쉽다. 순기능적인 가족은 가급적이면 가족끼리 같이하는 시간을 가지고 많은 일을 함께 하면서 즐거워하고 어려움을 극복하고자 한다. 저녁을 일주일에 한번이라도 같이 먹거나 가족들이 1년에 1번이라도 함께 여행을 하기도 한다.

3) 순기능의 가족은 가족원의 행복을 위해 서로 관심을 가지고 돕는다.

가족은 서로 자신의 일을 생각하다보면 다른 가족원에게 관심을 두는 것보다 다른 사람들에게 관심을 더 가지기 쉽다. 핵가족화 하는 현대사회에서 가족의 행복을 위하여 스스로 행복을 선택할 수 있도록 돕는다. 또한 가족원이 겪고 있는 어려운 일에 서로 관심을 가지고 돕는다. 순기능의 가족들은 가족들과의 관계에서 안전감을 느낀다. 서로 안전하기에 서로가 하는 일에 관심을 가지되 지나치게 간섭하기 않는다. 가족원이 행복한 길을 찾도록 관심을 가지고 지지해주며 도와준다.

4) 순기능의 가족은 바람직한 의사소통 유형을 형성한다.

바람직한 의사소통은 일치적인 의사소통이다. 역기능적일 때는 자신의 말과 행동을 자신의 감정에 있는 것을 폭발하기 쉽다. 하지만 순기능의 가족은 상대방을 배려하면서 일치적으로 의사표현을 하는 것이다. 회유형이나 비난형, 산만형의 의사소통을 하지 않고, 자신의 마음과 행동의 표현을 일치하게 한다. 가족은 솔직하게 진정성을 가지고 함께 대화를 나눌 수 있게 된다. 기능적 가족은 일치형으로 함께 대화를 나누는 시간이 많다. 또한 대화에서는 상대방의 견해를 존중하고 관심을 가지며, 갈등도 개방적으로 토로함으로써 효율적으로 활동하는 법을 터득한다.

5) 순기능의 가족은 가족원이 함께 종교의식이나 종교 활동에 참여한다.

순기능의 가족은 가족들이 같은 종교를 가지고 있다. 같은 종교가 있다는 것은 서로가 일치하는 가치관을 가지고 있게 한다. 같은 종교의식이나 종교활동을 하면서 서로를 이해하고 지지해주면서 같은 문화를 즐길 수 있다. 다른 가치를 가진 사람들과도 공동으로 대처할 수 있고, 종교공동체에서 주는 편안함과 안전함을 같이 나눌 수 있어 행복하기 쉽다.

6) 순기능의 가족은 긍정적으로 대처할 능력이 있다.

건전한 가족은 위기나 문제에 당면했을 때 긍정적으로 대처할 수 있는 능력이 있다. 어떤 가족이나 위기의 상황을 겪을 수 있다. 순기능의 가족은 한 가족원의 위기에 서로 협력하면서 대처하는 방법을 찾는다. 어떤 형태의 위험, 위기, 사건을 당한다고 해도 가족들은 서로 믿고, 의지하면서 힘이 되어 주려고 한다.

도전해야할 상황, 위기의 상황에 능동적으로 가족원들은 반응한다. 특히 교통사고가 났을 때, 트라우마를 겪게 된 상황이 생겼을 때, 가족원들을 수용해준다. 그들이 겪는 아픔과 고통을 위로해주고, 함께 극복하고자 노력한다.

7) 순기능의 가족은 서로 사랑과 고마움을 표현할 줄 안다.

상대에 대한 기대가 높으면 책임을 요구하기 쉽다. 가족원을 사랑한다는 마음으로 다른 사람들과 비교하고, 잘못을 지적하기 쉽다. 혹은 비난하거나 질책을 하기 쉽다. 하지만 순기능 가족들은 사랑과 고마움을 표시한다. 실수나 잘못한 일이 발견되었을 때도 잘한 것을 기억하고, 좋은 점을 기억하고자 한다. 그리고 더 심하게 나빠지지 않은 것에 감사하고, 그 내용을 서로에게 표현하면서 힘이 되어 준다.

8) 순기능의 가족은 가족문화를 만든다.

남편과 아내는 다른 가족문화에서 자랐다. 자녀들과 함께 가족을 꾸려갈 때 가족문화를 새롭게 만들어 생활한다. 밥을 먹거나 운동을 하거나 가족들이 함께 즐거워하는 것을 하면서 가족문화를 만든다. 신앙을 하는 가정은 종교적인 공동체에 같이 참여하면서 종교적인 의식을 함께 거행하는 가족문화를 만들기도 한다.

가령 생일 때에는 꼭 가족이 파티를 해준다든지, 명절 때는 온 가족이 모여서 서로 사랑을 나누는 것이다. 또 가족끼리 계를 모아서 해외여행을 다녀오든지, 가족들의 슬프고, 기쁜 일들을 함께 나눌 수 있는 문화를 만든다.

제2장
가정의 기능과 가족의 변화

우리인간은 가정이라는 기분적인 삶의 틀 속에서 가족 구성원간의 인간관계를 통해 사회성을 발달시키고 가족 문화 속에서 습관, 성격, 태도 행동체계를 형성하며 가치관을 학습함으로써 비로써 한 사회 구성원으로 성장해나간다. 가족은 구조적 차원과 기능적 차원에서 살펴볼 수 있다.

1. 구조적 차원

가족은 결혼, 혈연, 입양에 의해 맺어진 친밀한 관계로 그 관계는 법적으로 보호를 받으며 영속적이다. 가족은 법적인 유대, 경제적 협조, 부부간의 성적 욕구 충족, 정서적 상호협조 등으로 통합되어 있다.

가족에는 성별, 연령에 따라 각 구성원들의 지위가 배정되고 그것에 따라 역할이 배분된다. 일반적으로 남성이 여성보다 또한 부모가 자녀보다 높은 지위와 권위를 갖고 있다. 가족은 폐쇄성(잘 변화하지 않고 다른 가족 구성원의 개입을 제한하는 특성)을 가지고 있으나 구조에 있어서는 가족생활주기에 따라 신축성 있게 변화한다. 우리나라의 경우

가족은 수직적인 연속선상의 한 부분을 차지한다. 즉, 가계 계승에 의미를 더 두어 결혼을 가족의 시작이라고 보기보다는 가계를 이어가는 연속선상의 과정이라고 여긴다. 반면에 서양의 경우 결혼과 함께 시작하여 부부가 늙어 사망함으로써 끝이 난다. 즉, 결혼을 가족의 시작이라고 여긴다. 대가족, 핵가족, 한부모가족, 독신, 동거가족, 동성가족 등 다양한 형태의 가족 구조가 있다.

2. 기능적 차원

가족은 공동생활체로서, 집, 가풍, 조상, 가문들을 포함하는 넓은 의미의 개념을 갖고 있는 문화집단이며 대를 이어 문화를 전수한다. 가족 안에서 개인생활의 기본적인 욕구인 영양, 휴식, 애정, 안정감, 자기해방 등의 욕구가 충족된다.

가족 내의 역할 기능은 분업이 되어 있으며 주로 남자는 대외적인 경제활동을 그리고 여자는 대내적인 자녀양육 및 정서적인 기능을 담당한다.

가족 성원 간에는 분업관계, 권리 및 의무관계, 일상생활에 수반하는 행동유형에 있어 각 가족들은 개별성을 가지고 있다.

공동생활을 하는 공동운명체적 가족집단은 소속감과 결속감이 다른 어느 사회 집단보다도 강하고, 가족 성원들은 경제적~심리적~정서적으로 상호의존적이며, 특히 어린이, 노인, 유약자에 대하여는 가족 전체가 거의 무제한 책임을 진다. 가족은 자녀에게 인격형성과 사회화교육을 시켜 주는 훈련자이며, 사회와의 교량 역할을 해주는 사회집단이다.

— 각 방을 그리면서 각 방에서 느낀 분위기를 적으십시오.

— 집안의 냄새, 소리, 색, 그리고 사람들을 기억해 보십시오.

— 특별히 가족들이 모였던 방이 있습니까?

— 친척들이 놀러오면 어디로 갑니까?

— 들어가면 안 되는 방이 있습니까?

— 집안에 당신에게 특별한 장소가 있습니까?

— 집안에서 일어났던 대표적인 사건들

— 가족들이 습관처럼 자주 사용했던 말들을 떠올려 보세요.

— 기억나지 않는 어떤 부분들이 있습니까?

— 낯설고 위험하게 보이는 다른 장소들을 기억하고 있습니까?

– 가족이 나에게 소중한 이유는?

– 나는 우리가족에게 무엇을 기대하는가?

– 가족이라는 말을 들었을 때 먼저 생각나는 사람은 누구인가? 왜?

– 어린 시절 중에서 가장 기억에 남은 사람은? 일은?

– 우리가족은 어떤 것에 가치를 두고 있는가?

― 가족 중 누구와 가장 가깝다고 생각하는가?

― 가족 중 어렵게 느껴지는 사람은 누구인가?

― 자신의 가족 중 뛰어난 사람은 누구라고 생각하는가?

― 만약 우리가족을 변화시킨다면 가족들의 어떤 면을 변화시키고 싶은가?

3. 가족형태의 변화

농경사회를 벗어나 산업사회, 정보통신이 발달한 사회를 맞이하면서 가족의 형태는 다양하게 변화하고 있다.

1) 수정 핵가족 또는 수정 확대가족

각기의 별개의 생활을 하고 살림기구를 마련하지만 근거리에 살면서 실제로는 한집과 같은 왕래와 협조를 하며 사는 가족형태이다. 시부모와 아들부부가 같이 사는 것은 갈등의 소지가 많다. 서로 자율을 유지하면서도 서로 돌보기 좋도록 보완한 가족형태가 수정핵가족이다. 가족의 집 근처 오피스텔에 가족들이 따로 살기도 한다. 특히 어린 자녀를 둔 부부가 부모님께 자녀양육의 도움을 받기 위해 근처에 산다. 또한 젊은 부부가 부모의 건강과 부양문제를 해결하기 위하여 같은 아파트 다른 동, 아니면 위층과 아래층에 사는 것과 같은 새로운 형태의 핵가족이다.

2) 독신자 가족

유동적 독신자는 일시적인 독신자로 언젠가는 결혼할 것으로 기대한다. 늦은 나이에도 학업을 계속하고 있는 사람들은 유동적이다. 특히 직장이나 살림집을 마련한 후 결혼하겠다는 꿈을 가진 사람은 유동적 독신자이다. 결혼을 원하는 독신자는 능동적으로 배우자를 원하나 배우자를 찾을 수 없어서 결혼을 미루고 있다. 자신의 배우자를 고르는 눈이 높을 수 있다. 부모가 자녀에 대한 기대가 높아서 자녀의 결혼을 쉽게 허락하지 않기도 한다.

영구적 독신자는 스스로 독신을 선언한 사람들이다. 카톨릭이나 불교, 원불교의 성직자들은 독신서약을 한다. 편부모들은 자녀의 양육을 위해서 독신을 고집하기도 한다. 특히 배우자와의 갈등으로 상처를 입었던 편부모들은 영구독신을 택하기 쉽다. 1970년대 이후 독신으로 살면서 자신의 행복을 찾는 것이 더 편하고 좋다는 생각을 가진 사람들이 늘어나고 있다. 그들은 결혼은 필수가 아니고 선택이라면서 결혼을 안 하겠다고 한다.

후회하는 독신자는 결혼하기를 원했으나 결혼 못한 상태이다. 상대와의 교제를 하면서 상처를 입은 사람들이 많다. 요즈음은 고임금, 고등교육, 전문 직업을 가지기 위해 때를 놓친 사람들로서 적당한 배우자를 찾지 못해서 독신생활을 하는 사람들이다.

3) 무자녀 가족

부부로 인연을 맺었지만 자녀를 낳지 않겠다는 사람들이 늘고 있다. 자녀 없이 부부만의 행복을 누리겠다는 것이다. 부부가 결혼하였기에 부부중심으로 많은 자유를 누리는 측면이 있다. 하지만 자녀가 없으면 연결고리가 약해지기 쉽다. 부부가 자녀를 갖고 싶지만 임신이 되지 않아서 고민하는 경우도 있다. 요즈음은 인공수정 등의 방법으로 자녀를 낳도록 국가가 지원을 하기도 한다. 사회적 압력이나 편견에 대한 방어로 입양을 고려 해 볼 수 있다.

4) 한부모 가족

사망, 이혼, 별거, 미혼출산 등으로 인해 한 아버지, 한 어머니와 그 자녀로 이루어진 가족을 말한다. 요즈음 많아지고 있는 추세이다. 하지만 한부모 가족의 경우 자녀의 양육과 경제적인 풍요가 보장되지 않아서 많은 어려움을 겪는다. 과거의 확대가족에서 받을 수 있는 친척의 지원이 축소된다. 또한 한쪽의 부모의 역할이 과중하며 자녀양육, 경제적 문제, 법적 보장들이 어렵다. 그러므로 한부모 가족을 위한 안전망의 확대나 복지정책 등이 필요하다.

5) 계부모가족

2명 이상의 성인과 그들 중 한 쪽 또는 양쪽의 자녀들로 이루어진 가족이다. 계부모가족은 많은 어려움이 있다. 헤어진 양가부모에 대한 충성심, 가족문화가 다른 상태였다가 만나는데 따른 어려움 등이 많다. 계부모 가족이 잘 결합하는 것에 대해서 페퍼는 이를 3단계로 이루어진다고 했다. 초기단계는 계부모들은 그들이 만들고자하는 가정에 대해 환상을 가진다. 둘째단계에서 배우자들은 자신들의 차이점을 인정하고 솔직하게 말하게 되며 계부모 가정생활에 느낀 바를 표현한다. 셋째단계에서 가족원들은 서로 친밀해지고 진실하게 된다.

하지만 계부모가족의 어려움은 새로운 부부관계와 의붓형제들 사이에서 갈등이 생긴다. 자녀들 또한 전 부모와의 감정정리나 교류를 어떻게 해야 할지 규칙을 정하고 지켜가기가 어렵다. 계부나 계모와의 관계형성에서 서로 법적인 관계가 없기에 서로 존중하면서 사랑하기 어렵다. 다른 의붓형제 자매가 있을 때 서로 적응하는데 어려움을 겪는다.

계부모 가정의 어려움을 해결하는 방법은 장기적인 과제로 받아들이고 서로에 대한 관심과 현실적인 문제를 인정하고 지나친 비현실적인 기대를 가지지 않는 것이 좋다.

6) 재혼가족

재혼가족은 결혼을 하면서 새로운 가족 구성원들이 점차적으로 첨

가되는 것이 아니라 즉시적으로 형성된다. 즉 자녀를 낳는 과정을 거쳐서 점차 형성되는 것이 아니다. 낳아진 자녀들을 데리고 재혼하는 것이므로 결합되는 구성원들 사이의 발달과업이 서로 불일치한다. 가족은 새로운 역할을 맡게 되어 그전과는 다른 생활을 해야 하므로 어려움이 야기된다. 그중에 새로운 가족에 포함되기를 거부하는 자녀들이 있다면 그들의 반항적 행동이 어려움을 가중시킬 수 있다. 전 배우자들이나 조부모들이 새로운 가족에게 계속적인 영향을 미칠 수 있으므로 어려움을 겪을 수 있다. 그러므로 새로운 식구들과의 관계를 증진시키기 위한 기술과 능력을 길러야 한다.

7) 맞벌이 부부가족

자녀양육, 가족 관계, 가사노동의 문제 등이 있다. 이를 위한 대책은 영유아 보육법의 적용, 남녀고용평등법 적용, 학교급식 실시 의무화, 가족생활프로그램의 다양화, 가족정책의 다양화 등이 필요하다.

맞벌이 가족의 문제점은 자녀교육을 누가 어떻게 할 것인가의 문제가 있고 가족관계에서 평등성의 문제가 있다. 또한 가사노동을 여자만 해야 하는가에 대한 문제가 있다. 가사노동은 여자가 하는 것이고 남자는 돕는다는 의식에서 가사노동을 부부가 함께 하는 것으로 변해야 한다.

맞벌이 가족의 문제 해결대책으로 남녀고용 평등법의 적용해야 한다. 영유아보육법을 적용하여 직장생활과 육아가 병행될 수 있도록 해야 한다. 학교급식실시의 의무화를 통해 주부의 부담을 덜어주고, 가족생활 프로그램의 개발하여 부부가 협력하여 자녀를 양육할 수 있도록 돕는다. 다양한 가족정책으로 맞벌이 부부가 편안하게 직장생활과 육아와 교육을 병행할 수 있도록 국가와 사회, 기업이 협조해야 한다.

8) 이혼가족

이혼가족이 늘어나는 원인은 결혼에 대한 가치관의 변화 때문이다. 가족을 위한 희생보다 개인의 삶을 중요시하고, 결혼이나 육아에 대한 가치관이 변화하였기 때문이다. 농경사회와는 달리 사회적, 법적, 도덕적으로 이혼을 억제 할 수 있는 장치들의 약화되었다. 남녀의 성 역할도 변화였다. 과거에는 현모양처의 그림이 가장 일반적이었지만 양성평등이 일반화되었기에 달라졌다. 경제적으로 남편에게만 의존하였던 상황에서 부인에게도 경제력이 있는 상황으로 변하였다. 아내도 경제력이 생기면서 독립적인 사고와 생활을 하게 되었다. 과거에는 자녀수가 많아서 자녀 양육을 위해서라도 부부가 참고 살았지만 자녀수가 감소하면서 쉽게 이혼을 결정한다. 대가족시대와는 다르게 핵가족이 되고 일인가족이 늘어나는 상황으로 가족관계의 결속력 약화되어 이혼가족이 늘어난다.

재판상의 이혼사유를 보면 첫 번째가 두 사람의 성격 차이 때문이라고 했다. 배우자의 부정한 행위가 있었을 때가 두 번째로 많다. 배우자가 악의로 다른 배우자를 버리고 떠났을 때도 있고, 배우자 또는 직계존속으로부터 심히 부당한 대우를 받았을 때 이혼을 결심한다. 시어머니와의 고부갈등은 많은 가정에서의 이혼사유이다. 자신의 직계존속이 배우자로부터 심히 부당한 대우를 받았을 때 즉 자녀를 심하게 폭행하거나 억압적으로 대하는 경우에 이혼한다. 배우자의 생사가 3년 이상 분명치 않은 때나 기타 혼인을 계속하기 어려운 중대한 사유가 있을 때 법원은 이혼을 결정한다.

이혼이 가정에 미치는 영향과 대책을 살펴보자.

부부에게 미치는 영향으로는 정서적 문제, 대인관계의 문제, 경제적 문제가 심각하게 나타난다. 또한 이혼가정은 자녀에 대한 정서적 지원, 경제적 자립을 혼자서 해결해야 할 경우가 많다. 전 배우자와의 감정은 되도록 빠른 시일 내에 정리하는 것이 중요한데 분화가 덜 된 사람들은 정리가 쉽지 않다. 이혼 후에는 새로운 사람들과 사회적 관계를 맺고 새로운 가족 공동체를 형성해야한다. 또한 이혼에 따른 법적인 제반 문제를 해결한다. 혼자서 살아가야 하는 여러 현실을 사실로서 받아들이고 역할을 재정립하도록 한다.

이혼이 자녀에게 미치는 영향은 자녀에게 심리적, 사회적, 경제적 문제가 생긴다. 부모의 불화가 미친 심리적 문제, 사회적 관계에서 부모 이혼의 현실을 직시해야 한다. 특히 경제적으로 어려움에 처하기 쉽기 때문에 힘들다. 이혼한 부모에 대한 분노와 자기 처지에 대한 슬픔, 고통을 해결 한다. 심리적으로는 자신 때문에 부모가 이혼하였다는 죄책감을 덜어내고, 주변의 인간관계에서 현실적인 변화를 모색해야 한다.

이혼가족에 대한 사회적 대책은 이혼을 예방하는 측면에서 다양한 교육을 실시해야 한다. 특히 급변하는 사회에 알맞은 결혼과, 새로운 부부의 역할 및 윤리관, 부부간의 의사소통법을 교육해야 한다. 법률적 문제와 부부 간의 이혼 위기 극복을 위한 전문상담기간이 많이 확장, 개설되어야 한다. 이혼으로 인하여 경제적인 어려움에 처해 있는 여성을 위한 여러 가지 사회보장제도의 확대실시가 요구된다. 이혼가족의 정신적 지원을 해줄 수 있는 지지체계가 마련되어야 하고 이들을 위한 적응프로그램도 많이 개발되어야 한다.

4. 가정의 주 기능

가정의 주요 기능에는 고유기능, 기초기능, 부차적 기능, 종합적 기능이 있다.

1) 고유기능

성과 애정의 기능으로 부부 간의 성적 욕구를 충족시키고 종족보존의 기능을 갖는다. 사회적으로는 성적질서를 통제하는 기능을 담당한다.

2) 기초기능

경제적 기능으로 생산과 소비를 담당하며 사회적으로 노동력을 제공하고 생활을 보장하며 경제 질서를 유지하는 기능이다.

3) 부차적 기능

위의 두 기능에서 파생된 것으로 교육, 보호, 휴식, 오락, 종교 등으로 심리적, 신체적, 문화적, 정신적인 사회 안정화를 이루는 기능이다.

4) 종합적 기능

가정은 인류가 시초부터 세워진 기관이고, 인격적 관계를 형성하는 장소이다. 변화되고 성장하는 생의 수레바퀴를 경험하고, 보호와 안식의 피난처이다. 가정은 생존 수단의 근거지이고 추억의 박물관이다.

5. 가족원 기능의 변화

1) 남성의 역할에 변화를 준 요인

여성의 지위가 어느 정도 향상되어 남성에 대한 태도나 기대가 변화했다. 아버지가 집에 있는 시간이 줄어들어 아이들을 주로 어머니나 여자 선생님에게 맡겨지므로 남자아이들은 남성성의 롤모델과 같이 보내는 시간이 줄어들었다. 또한 인간이 했던 많은 일들을 기계가 해주고 있어서 남성이 힘쓸 일이 줄었다. 시대의 변화에 따라 밖에서 일하는 양이 전보다 줄어들었다. 그래서 아이를 돌보거나 집안일을 돌볼 시간을 갖게 되었다. 더구나 가사노동에서 기계의 사용은 남성들의 관심을 불러일으키게 되었다.

직업과 관심에 대한 가치변화로 여성의 직업이라고 여겨지던 직업에 남성도 훈련을 받고 재능을 발휘하게 되었다. (드라마, 미에 관련된 직업, 조각, 의상에 관련된 직업, 실내장식, 식품관리 등) 자녀를 가진 여성의 취업으로 자녀양육은 여성과 남성의 공동책임이 되었다. 남성들은 부양자의 역할을 여성과 공유하면서 남성들의 우월성, 성공에 대한 가치 기준 등 남성들의 인식에 대해 재평가하게 되었다.

2) 여성의 역할에 변화를 준 요인

남자들이 돈을 벌기 위해 집을 떠나거나 없는 경우가 많아 여자는 남자의 역할까지 감당해야 한다. 이혼이나 배우자의 죽음 등으로 여성들은 가장의 위치에서 여성의 역할을 해야 한다. 여성들의 교육의 기회가 증가되었다. 교육에 의해 여성들도 경제적인 독립을 하게 되었으며 사회에서 책임 있는 위치에 놓이게 되었다. 가치변화로 여성도 의학계, 경제계, 법조계, 정치계 등과 같은 전문적인 분야에서 일하게 되었다. 많은 여성들이 경제적 독립에 관심이 많고 자신이 교육받는 것을 사회에서 공헌하고 싶어 한다. 새로운 기술의 발달은 집안 살림을 히는 시간을 줄이게 되었다. 피임약으로 가족계획을 하여 가족의 크기를 줄이게 되었다. 사회가 여성의 취업뿐만 아니라 자녀를 가진 여성의 취업도 수용하게 되었다.

제3장
가족의 생활주기

결혼 전 단계인 낭만적 단계와 현실단계인 부부의 단계 이어서 자녀의 출산으로 삼각관계를 유지한다. 주변가족들과 자녀양육으로 가족 완성의 단계에 이른다. 서서히 그 동안 서로를 배려하고 인내하던 중 자녀들의 사춘기와 부모의 중년기가 만나게 되면서 가족 충돌단계를 경험하게 된다. 자녀의 대학, 군 입대, 결혼 등으로 가족분리의 단계에 이르고 서서히 노년기를 맡게 된다.

1. 가족형성기(신혼시기) :
기본적 신뢰 대 기본적 불신/희망

1) 발달과업

— 가정의 토대를 확립하기
— 공유된 재정적 체제를 확립하기
— 누가, 언제, 무엇을 할 것인가에 대해 상호적으로 수용 가능한 패턴을 확립하기

- 만족스러운 의사소통패턴을 확립하기
- 상호간 만족스러운 성적 관계를 확립하기
- 우정의 연결망을 확립하기
- 친척들과의 관계를 유지
- 미래의 부모역할을 어떻게 할 것인가를 결정하기
- 서로에 대한 헌신의 본질과 의미를 결정하기
- 부부는 고유의 생활철학을 확립하기

2. 영유아기(걸음마기)(0—2세) :
자율성 대 수치감과 의심/의지

1) 발달과업

- 주거 공간 및 설비의 확보
- 유아 양육비 및 생활비용을 충족시키기
- 가사 일의 책임패턴을 재조정하기(유아 돌보는 책임을 부모가 같이 공유)
- 의사소통을 세련시키기
- 영아를 포함하는 새로운 관계 적용하기
- 조부모를 가족단위 속에 조화시키기

3. 학령전기 아동의 가족(2-8세) :
주도성 대 죄의식/목표를 설정해 줌

1) 발달과업

— 확대되는 가족이 요구하는 공간과 설비를 갖추는 데 필요한 비용을 충당하기
— 어린 아동을 포함하는 가족생활의 예측 가능한 비용과 예측 불가능한 비용을 충족시키기
— 변화라는 가족욕구를 충족시켜야 하는 책임에 적응하기
— 가족구성원들 사이의 의사소통패턴에 적응하기

4. 학령기 가족(8-12세) :
근면성 대 열등감/학교는 실력을 개발시켜 줌

1) 발달과업

— 아동이 학교에서 지식을 체계적으로 학습하고 또래와 강한 유대감을 형성하도록 돕는다.
— 또래집단을 통한 긍정성과 부정성에 대해서도 교육하고 자아존중감이 상하지 않도록 도와야한다.
— 아동의 활동을 충족시키고 부모의 사생활을 보장하기
— 아동의 변화하는 발달적 요구에 효과적으로 대응하기
— 아동의 발달을 돕기 위하여 학교와 보조를 맞추기

— 부부는 서로 신선한 관심과 대화가 감소되는 시기인 만큼 부부뿐만
아니라 전 가족 구성원을 위해 원만한 부부관계를 유지해야 한다.
— 자녀교육관의 불일치나 역할분담으로 부부간의 갈등이 심화될 수
도 있다.

5. 청소년기 가족(13-17세):
정체감 대 정체성혼란/친구와의 우정

1) 발달과업

— 자아정체감 형성에 도움을 주도록 한다.
— 이성이나 동성친구와의 새로운 상호관계를 맺으며 사회적 역할을
획득하도록 돕는다.
— 사회적으로 책임질 수 있는 행동을 하며 자신의 행동지침이 되는 윤
리적 체계를 획득하도록 돕는다.
— 부모와 자녀간의 의존과 독립을 향해 관계 재정립이 필요하다.
— 교육비, 주거공간, 미래를 위한 재정적 준비
— 성인들의 부부관계에 초점을 맞추기(건강점검, 갱년기, 노년 준비)
— 청소년과의 성인 사이의 의사소통을 중재하기
— 친척들과의 관계를 유지하기

6. 중년기의 가족관계 (자녀독립기) : 친밀감 대 고립

1) 발달과업

— 텅 빈 보금자리에 적응하기
— 부부 사이의 관계를 계속해서 재조정하기
— 조부모의 생활에 적응하기
— 성인부모 돌보기
— 은퇴에 적응하기
— 쇠퇴하는 신체적, 정신적 기술에 대처하기
— 부부중심의 주거환경 조성
— 건강대책 확보
— 부부간의 상호보충적 역할을 발전시킨다.
— 서로의 공동의 역할과 독립된 영역을 발전시킨다.
— 지역사회활동에 참여한다.
— 인생관을 재확립한다.

7. 성인초기 :
창출성 대 정체/어른이 되면 남을 돌볼 마음이 생김

1) 발달과업

— 자녀의 결혼과 직업에 대해 지지하고 선택을 도와줌
— 여가활동

— 갱년기 장애에 대한 예방과 대책마련
　　① 여성의 폐경기
　　② 남성의 갱년기
　　③ 중년의 위기
— 중년 자녀와 노부모와의 관계 조정

8. 성인후기(60세 이후) :

자아통합 대 절망감/혐오감 : 노인이 되기까지의
삶의 경험은 지혜가 축적되게 한다.

1) 발달과업

— 배우자의 죽음에 적응하기
— 계속되는 노화 과정에 적응하기
— 타인, 특히 자녀에 대한 의존에 대처하기
— 생화배치에서의 변화에 적응하기
— 경제적 문제에서 변화에 적용하기
— 임박한 죽음에 대처하기

(1) 신체 변화에 대한 적응

— 감각기관의 퇴화
— 신체기능의 퇴화
— 수면시간의 감소
— 반응속도의 감소

(2) 지적능력과 성격 특성의 변화

— 우울증 경향이 높아진다.
— 내향성 및 수동성이 높아진다.
— 성 역할의 지각변화
— 경직성의 증가
— 조심성의 증가
— 친근한 사물에 대한 애착
— 의존성 증가

(3) 적응양상

: 성숙형(감사형), 은둔형(휴식형), 무장형(활동형), 분노형(원망형, 자학형)

(4) 새로운 역할 수행

: 조부모의 역할, 은퇴, 배우자의 사망

(5) 죽음에 대한 준비

① 죽음을 앞둔 사람들의 두려움에 대한 이해
    a. 죽음의 진행과정 (고통, 모멸감, 수치심, 다른 사람에게 부담을 줌)
    b. 인생을 잃어버리는 것(지배를 못하는 것, 완성하지 못 한 것, 사랑하는 사람과 소유를 잃는 것)
    c. 죽음 다음에 생각하는 일에 대해서(신체적인 변화, 심판, 미지의 세계)

② 죽음을 앞둔 환자의 심리적 단계변화

　a. 부정 : 자신의 죽음을 철저히 부정하는 단계

　b. 거절 : 자신의 운명과 주위사람들에게 분노하는 단계

　C. 협상 : 잠시 초인적인 능력이나 신과 타협하는 단계

　d. 우울 : 자기를 상실하는 것이 안타까워 불안해하고 슬퍼하는 단계

　e. 수용 : 죽음을 진실로 받아들이는 단계

　f. 기대 : 종교인들이 갖는 내세에 대한 기대

③ 자아실현한 사람의 특징 (매슬로우)

　a. 현실적이며 유능한 지각능력을 소유, 타인에 대한 판단이 신속하고 호의적이다.

　b. 있는 그대로의 자신과 타인 그리고 세계를 수용한다. 위선적이 아니다.

　c. 높은 수준의 자발성을 소유하고 꾸밈없고 자연스런 행동을 하며 관습에 얽매이지 않는다.

　d. 자아 중심적이 아닌 문제 중심적이다.

　e. 전적으로 타인에게 의존하지 않으며 초연하다. 사생활을 중요시하고 다른 사람과 떨어져 혼자 있는 시간을 갖는다.

　f. 자율적이고 독립적이며 침착하다.

　g. 사람과 세계에 대한 신선한 느낌을 항상 유지한다.

　h. 신비스럽고 깊은 내적 경험이 가능하다.

　i. 타인의 복지에 대한 진정한 관심을 가지고 있으며 동료를 동일시 하지만 감정이입적인 방식으로 동일시하는 것은 아니다.

　j. 소수의 특별한 친구와 깊고 친숙한 관계를 유지한다. 어린이를 사랑 한다.

k. 강한 민주적 신념을 지닌다. 부자나 가난한 사람을 가리지 않고 사귀는 동시에 그들로부터 배우며 친지의 계층이나 종족 혹은 지위를 중요시하지 않는다.

l. 윤리적이고 도덕적이며 수단과 목표의 차이를 이해한다.

m. 강한 유머감각을 지니고 있으며 부조화를 수용할 수 있는 능력을 지닌다.

n. 창조적 능력을 소유하고 있다.

o. 새로운 경험에 대하여 개방적이며 일치에 저항한다.

9. 노인 문제해결과 건강한 사회정착을 위한 과제

— 노인기를 일찍 준비하는 것이 좋다.

— 노인기는 이 시대의 문화의 보수자로서의 역할이 필요하다.

— 노인기는 자아통합의 시기로 나눔의 궁극적인 가지를 지녀야한다.

나→　　근사치적 가치, 도구적 가치　　→　　궁극적 가치 (정의, 사랑, 평화)
　　　　　　30대 <됨의 과정>　　　　　　　　40대 <나눔의 과정>
　　　　　　현실적 구체적　　　　　　　　　　이상적 추상적

제4장
가족상담의 원리 및 체계이론

가족상담의 기본이론은 체계이론이다. 개인 간의 심리내적(Intrpsychic), 가족 간의 상호작용(inter—personal), 세대 간의 역동(Inter—generation) 을 이해하고 성장에 초점을 둔 모델이다.

가족상담의 주관심의 대상은 문제나 문제의 원인이 아니라 문제와 관련되어 일어나는 관계의 연쇄고리인 것이다. 상담치료의 목적은 부정적이고 악순환적인 연쇄 고리를 깨고 긍정적인 연쇄 고리를 만들어 가는 것이다.

1. 변화는 가능하다. 비록 외부환경의 변화가 제한되어도 내적변화는 가능하다. 가족은 개방적이고 변화하며 목표 지향적이고 적응적이 며 변화의 주체이다.
2. 가족의 구성원들은 각기 다른 발달단계를 살아가는 사람들이다. 우리는 모두 성공적으로 대처하고 성장하는데 필요한 내적 자원을 지니고 있 다. 치료는 병적인 것보다 건강함과 가능성에 초점을 맞추어야 한다.
3. 우리는 스트레스 상황에 반사적으로 반응하는 대신 적절하게 선택하 여 대처할 수 있다.

4. 가족체계의 부분을 변화시키면 전체가족이 변화 할 수 있다.

5. 희망은 변화의 매우 중요한 구성 요소이다.

6. 인간은 유사점을 바탕으로 관계를 형성하고, 차이점을 바탕으로 성장한다.

7. 치료의 주요 목표는 스스로 선택할 수 있게 하는 것이다.

8. 인간은 모두 동일한 생명력의 현현체이다.

9. 대부분의 사람들은 스트레스를 받으면 좋고 바람직한 것보다는 자신에게 익숙한 방법을 선택한다.

10. 문제 그 자체는 문제가 아니다. 대처하는 방법이 문제이다.

11. 감정은 우리에게 속해 있다. 우리 모두는 감정을 가지고 있다.

12. 인간은 본래 선하다. 자기 가치감을 깨닫고 인정할 수 있기 위해서 우선 자신의 내적 자원을 찾아야 한다.

13. 부모들은 비록 역기능적인 양식 임에도 불구하고 흔히 자신들이 자랄 때에 배운 익숙한 양식을 반복한다. 부모들은 그 당시에는 그들 나름대로 최선을 다 한 것이다.

14. 우리는 과거를 변화시킬 수 없다. 단지 그것들이 우리에게 끼치는 영향만을 변화시킬 수 있다.

15. 과거를 감사히 여기고 받아들일 때 현재를 다룰 수 있는 능력이 생긴다.

16. 전인성을 이루기 위해서는 부모를 하나의 인간으로 받아들이고 부모역할을 하는 사람으로서가 아니라 보통 사람의 수준으로 놓고 만나야 한다.

17. 대처방식은 자기가치감의 수준을 드러낸다. 자기가치감이 높을수록 대처하는 방법이 건강하다.

18. 인간이 겪는 과정들은 상황, 환경, 문화에 관계없이 보편적이다.
19. 과정은 변화의 통로이다. 내용은 변화가 일어날 수 있는 관계성을 형성시켜준다.
20. 일치성과 높은 자존감이 치료모델의 주요목표이다.
21. 건강한 인간관계는 평등한 가치 위에 세워진다.

　　가족상담의 기본 이론은 체계이론이다. 전통적인 정신치료자들이 개인치료의 한계를 인식하고, 인격장애나 신경정신장애를 개인의 내적 역동성보다 대인적인 상호작용 과정의 산물로 보기 시작하면서 체계이론에 입각한 가족상담이론이 개발되었다. 가족상담 치료를 이해하기 위해서는 그 기초가 되는 일반 체계이론과, 체계이론에 입각한 가족치료의 가정 및 주요 개념들에 관하여 이해할 필요가 있다.

1. 일반 체계이론의 개념

　　1940년대에 생물학자인 버타란피(Bertalanffy)가 처음 제안한 일반 체계이론(general system theory)이 사회과학에 도입되면서 인간행동을 체계이론으로 이해하려는 운동이 활발해졌다. 체제이론에 입각한 사고는 20세기의 가족연구와 임상분야에서 매우 큰 영향력을 가지게 되었다. 일반 체계이론의 주요 개념은 다음과 같다.

1) 전체성

　　체계이론에 의하면 체계란 하나의 통일된 전체를 구성하는 상호 관련된 부분들의 집합체이다. 체계의 속성상 체계의 한 부분이 변하면 다른 부분들도 그에 의해 변화하며 그 변화가 다시 처음의 변화부분에 영향을 준다. 그러므로 체계이론에서는 전체는 부분들의 합보다 크다는 가정을 한다. 즉, 체계의 전체성은 부분들과 제삼의 요인(부분들간의 상호작용)을 합하는 것이 되는 것이다(Becvar & Becvar, 1993).

예를 들어 한 유기체가 있을 때 상호작용을 하는 세포가 모여서 하나의 기관이라는 상위체계를 만든다. 기관이 여러 개가 모이면 거기서 또 다른 상호작용이 생기며 그것이 기능체계를 만들어낸다. 이러한 세포—기관—기능—유기체 사이에는 분명한 계층이 있으며 각각은 그 자신이 하나의 전체이면서 상위수준 체계의 요소가 된다. 이러한 양면성을 가진 존재를 홀론(holon)이라 한다.

2) 경 계

체계는 체계 내에서 구체적 과정을 수행하는 부분으로서 하위체계를 지닌다. 하위체계는 자신의 조직, 경계, 상호작용을 가지고 있다.

모든 체계의 주위를 둘러싸고 경계를 만드는 것을 경계선이라 한다. 생물체계는 확인 할 수 있는 물리적 경계를 지닌다. 그러나 정서적, 심리적 경계선처럼 눈에 보이지 않는 경계도 상당히 중요한 작용을 한다.

경계의 투과성 정도에 따라 열린 체계(opened system)와 닫힌 체계(closed system)의 두 가지로 구분된다. 열린 체계는 주위 환경이나 다른 체계와 서로 상호작용이 이루어지고 있는 체계이고, 닫힌 체계는 환경과의 교환이 없고 자신의 경계 안에서만 작용하는 체계이다.

체계가 서서히 무질서와 혼란상태로 향해가는 것을 엔트로피(entropy)라고 하는데 이는 완전히 닫힌 체계에서만 가능하다. 반면 열린 체계에서는 환경이나 주위 다른 체계와 정보나 에너지를 교환하면서 엔트로

피를 억제시키는데 이런 경향을 네겐트로피(negentropy)라고 한다. 네겐트로피가 증대되면 체계 속에 질서와 법칙성이 유지되고 정보의 필요성이 높아지게 된다. 일반적으로 살아있는 생명체는 열린 체계이다. 그러나 이것이 열린 체계로 기능하지 못하고 닫힌 체계로 기능하면 체계의 혼란이 일어나고 역기능이 발생하게 된다.

3) 피드백과 항상성

피드백은 체계 안에서 각 요소들이 상호 영향을 주고받는 것을 의미한다. 한 체계가 환경 속에서 스스로 조정하고 규제하는 과정을 "인공두뇌(sybernetic)"라 하고 이것은 온도조절 장치와 같이 순환적 피드백 체제이다.

[그림 7-1] 피드백 기제 예

예를 들어 방안의 온도가 내려가면(A), 온도조절장치의 감지기를 자극하여 (B), 보일러에 메시지를 보내고(C), 따뜻한 공기가 흘러나와(D), 방안의 온도를 높이고(A), 온도조절장치의 감지를 자극하게 된다(B). 이때 만약 방안의 온도가 너무 높다고 감지하면 보일러에 메시지를 보내어(c), 낮은 온도의 공기가 흘러나오고(D), 실내온도가 적정하게 조정되게 되는 것이다.

이처럼 체계 안에서 상호작용은 순환적으로 일어나는 결과 다른 체계에 피드백되어서 행동의 강화를 유발하게 된다. 이것이 확대되면 체제변형이 가능하게 된다. 피드백의 결과 체계는 변화를 일으키거나(긍정적인 피드백) 혹은 안정성을 더욱 취하게 된다(부정적 피드백). 안정성과 균형성을 취하는 체계의 성향을 항상성이라 한다. 이처럼 항상성은 체계에서의 이탈과 다양성을 억제하는 기능을 한다.

2. 체계이론에 입각한 가족치료

1960년대 들어서 가족치료자들은 개인섭리치료에서 체계적 접근으로 옮겨갔다. 가족치료에 체계이론을 적용하는데 기여한 사람은 팔로 알토(Palo Alto) 그룹의 베티슨(Bateson)으로 그는 인공두뇌 개념을 적용하여 행동유형을 피드백 기제로 설명하고 원인과 내용보다는 과정과 유형에 관심을 가지기 시작하였다.

1970년대 후반부터 보웬(Bowen), 미뉴친(Minuchin)을 비롯한 여러 치료자와 연구자들이 체계이론을 치료에 확고하게 적용하는데 이론이나 실무면에서 큰 공헌을 하였고 현재까지 치료의 주요 이론이 되고 있다. 이는 가족관계를 설명하는데 유용하고 가족의 관계 문제 해결에 개인심리학과 인류학, 생리학, 인공두뇌이론, 의사소통이론 등 많은 이론을 연결 짓는 개념들을 적절히 사용할 수 있기 때문이다 체계이론을 기초로 하는 가족치료자들은 가족치료를 관계치료라고 부르는 것이 더 적절하다고 주장하기도 한다. 체계이론에 입각한 가족치료의 가정과 주요 개념은 다음과 같다.

1) 가족치료의 가정

(1) 개인의 정신 내적 과정이나 문제의 이유보다는 관계 패턴과 맥락, 사실 내용에 초점을 둔다.

(2) 직선적인 인과론 대신에 상호의존적이고 공동책임을 지는 순환적인 인과론을 중시한다.

(3) 기계론적, 개인적, 환원적인 것 대신에 전체적 · 관계적인 생태적인 세계관을 지닌다.

(4) 객관적이거나 가치중립적인 것보다 주관적' 인식적. 의미와 지각을 중시한다.

(5) 과거의 역사나 법칙보다는 현재 여기와 유형에 초점을 둔다.

(6) 내담자를 수동적, 반응적 존재라고 보기보다 능동적, 지각적 존재로 본다.

체계론적 관점의 가족치료자들은 배경분야가 다양하지만 기본 원리와 전제는 일관되게 동일하다. 즉 가족은 인간문제의 배경이며, 가족은 체계로서 구조(structure)와 과정(process)을 가지고 있다는 것이다. 구조에는 삼각관계, 하위체계, 경계, 항상성, 규칙 등이 포함된다. 과정의 핵심 개념은 순환성(circularity)이다.

가족체계론의 핵심 개념인 순환적 인과관계에 대해 살펴보자.

가족체계론에서는 가족 내의 과정을 직선적 인과관계가 아니라 순환적 인과관계로 생각한다. 직선적 인과관계는 어떤 원인(A)이 있어서 결과(B)가 일어난다고 생각한다.

(A→B), 이는 어떤 현상을 파헤쳐 가면 어떤 요소로 환원하는 것이

가능하다는 과학적환원주의 사고에 입각한 것이다. 그러므로 어떤 현상을 이해하려고 할 때 "왜" 라는 의문이 중요하며 원인을 찾아가는 방향으로 문제에 접근하게 된다.

반면 순환적 인과관계는 원인(A)에 의하여 결과(B)가 나타나고, 그 결과(B)가 원인(A)으로 작용하여 어떤 결과를 야기시킨다는 것이다(A⇄B), 예를 들면 아내는 남편이 술 마시고 늦게 귀가하는 것이 문제라고 말하고, 남편은 아내가 집에서 잔소리를 하고 귀찮게 하니까 술 마시고 늦게 귀가한다고 말한다. 이를 순환적 인과관계 도식으로 표시하면 다음과 같다.

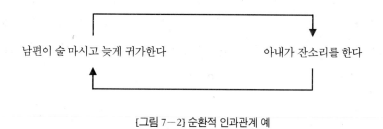

남편이 술 마시고 늦게 귀가한다   아내가 잔소리를 한다

[그림 7-2] 순환적 인과관계 예

체계이론에서는 부분들끼리 또는 부분들과 전체와의 상호성과 관계성을 중시하며 맥락(context)을 고려하여 현상을 파악하고 설명한다. 한 개인에게 나타나는 증상은 그 사람의 자체적 문제라기보다는 체계 안에 있으면서 체계 유지에 필요한 것으로 그 체계의 역기능을 표현하는 것으로 간주한다.

그러므로 가족치료에서는 순환적 인과관계 관점에서 문제증상을 나타내는 사람을 단순히 환자라고 보지 않으며 지적된 환자(IP)라고 본다. 이는 두 사람의 관계에만 적용되는 것이 아니고 사람 이상의 관계나 친구 일, 친척 등이 관련된 가족의 역기능 상황에서도 적용된다. 따라서 가족상담 치료에서 관심의 주 대상은 문제나 문제의 원인이 아니라 문제와 관련되어 가족 속에서 일어나는 관계의 연쇄고리인 것이다. 그리고 상담 치료의 목적은 부정적이고 악순환적인 연쇄고리를 깨고 긍정적인 연쇄고리를 만드는 것이라 하겠다. 즉 가족문제를 보는 관점이 가족의 구성원들이 현재의 문제에 어떻게 관련되어 있으며 어떤 영향을 주고받고 있는 지에 대해 파악하고 전체적인 상호관계 맥락을 고려하는 것이다.

예를 들면 아동의 증상행동을 이해하기 위해 아동의 내면을 보지 않고 가족체계의 부분으로서 아동을 보고 부모의 결혼생활을 유지시키는데 있어서 아동의 역할에 관심을 둔다. 그러므로 가족을 볼 때 개인이 다른 사람과의 관계에서 행동하는 것과 같은 유기체적 전체를 보아야한다. 각 가족성원의 행동이나 증상은 전체의 관계맥락이나 상황 속에서 충분하게 이해할 수 있는 것이다.

2) 가족체계의 주요 개념

(1) 가족의 하위체계 및 경계선

체계이론에 의하면 개인은 독립된 한 개인인 동시에 부부체계, 부모자녀체계, 가족체계, 직장, 학교, 지역사회, 국가, 세계, 지구, 우주 속의 한 요소이다. 가족체계는 가족원 사이의 관계, 속성, 환경 등으로 구성된다. 모든 가족체계는 부부, 부모자녀, 형제자매, 여성, 남성, 모자, 부녀 등 여러 하위 체계로 구성되고 동시에 사회나 문화와 같은 더 큰 체계의 부분이 된다. 가족치료에서 일반적으로 관심을 갖는 것은 가족 내 부부관계, 부모자녀관계, 형제자매관계와 같은 가족의 하위체계이다.

가족체계에 있어서 경계는 관계의 성격을 나타내는 행동유형과 가족의 관습, 가치를 바탕으로 형성된다. 가족원들은 가족의 상호간의 정보, 의사소통을 기초로 하여 다른 가족과 구별되는 경계를 만드는 것이다(Becvar, 1993).

개인과 개인 사이에 또는 하위체계와 하위체계 사이의 경계선에 의해 정보가 흘러가는 것이 통제되거나 규정된다. 경계선은 모호한 경계선, 분명한 경계선, 경직된 경계선으로 구분한다. 모호한 경계에서는 가족원 사이에 모든 정보를 공유하며 모든 문제에 지나치게 얽혀있어 필요이상의 관여를 하게 된다. 반면 경직된 경계는 가족원 사이에 생각이나 감정, 정보 등을 나누어 갖지 않는다. 분명한 경계는 경계가 적절히 투과적이어서 지나치게 참여하거나 전혀 참여하지 않거나 하지 않고 유연한 것을 의미한다.

대부분의 가족문제는 하위 체계 간에 경계가 극도로 모호하거나 경직되어 있을 때 발생한다. 경계가 모호한 경우에는 밀착된 관계로서 지나치게 친밀하고 깊이 관여하며 각자의 개인적 정체감이 덜 발달되어 있다. 반면 경계가 경직되어 있는 경우는 유리된 관계로서 고립되어 있고 친밀감이 부족하며 부모와 연합하거나 부모를 존중하는 정도도 매우 낮고, 가족외의 다른 집단에서 강력한 연합을 추구할 수도 있다 또 폐쇄적이고 경직된 경계를 지닌 가족체계는 지역사회, 이웃, 직장, 친척, 친구 등과의 관계에서 정보교환과 상호작용이 매우 제한적이다.

(2) 가족 항상성

모든 체계는 일정한 상태나 바람직한 균형을 유지하려는 경향이 있는데 이를 가족항상성이라고 한다. 가족도 일반적으로 가족이 잘 기능한다고 생각되는 가족목표가 있다. 바람직한 목표를 가진 가족은 가족성원들 간에 융통성 있는 경계를 가짐으로써 피드백을 더 용이하게 해주는 상호 교류를 통하여 관계의 균형을 이룬다.

그러나 가족 항상성을 유지하는 것이 모든 가족원에게 최선의 이익만을 제공하지 않는 경우도 있다. 가족이 어떤 가족원에게 해가 되는 역할을 하게 함으로써 체계에 원하지 않는 변화가 일어나지 않도록 하여 가족항상성을 유지하는 경우도 있기 때문이다. 예를 들면 부모가 싸울 때마다 한 자녀가 어떤 증상행동을 보인다. 자녀가 보이는 증상은 부모가 한 마음으로 일치되어 자녀에게 관심을 갖게 됨으로써 부부갈등을 중단시키는 수단이 될 수 있다. 여기에서 자녀의 증상행동은 부모의 싸움으로부터 가족 평형을 지켜주는 기능을 하는 것이다. 이 경우에 부모의 관계가 회복되지 않는 한 자녀의 문제행동은 계속될 수밖에 없다. 불행하게도 그 과정에서 자녀는 "지적된 환자" 역할을 담당해야 한다. 즉, 가족 내의 상호작용 유형이 문제행동을 유지하도록 하는 것이다.

가족항상성은 한 가족원의 문제가 개선됨에 따라 다른 가족원이 문제를 드러내는 상황에서도 나타난다. 대체로 가족의 기본구조가 바뀌지지 않은 채 한 사람의 문제가 개선되면 현재의 상태를 유지하려는 경향 때문에 이러한 균형을 깨뜨리지 않기 위해서 다른 구성원에게 문제가 생기는 결과를 낳는 것이다. 그러므로 가족치료자는 가족문제 개입 시 이 부분을 유념하여야 한다. 만약 가족 내에 역기능적인 상호작용

체계를 그대로 두고 치료의 초점을 환자 개인에게 둔다면 환자의 증상 행동은 오히려 심화될 수도 있다.

(3) 가족규칙

가족은 규칙에 의하여 지배되는 제계로서 가족원은 조직화되고 반복적인 상호작용 패턴으로 행동하게 된다. 가족 내에는 힘의 분배, 역할 등에 관한 규칙이 존재하며 이는 오랜 기간 반복되는 가운데 은연중에 정해진 불문율적 성격이 강하다. 그러므로 가족이 관계 속에서 반복적으로 보이는 패턴을 통하여 규칙을 추론할 수밖에 없다

대부분의 역기능적 가족에서는 가족규칙이 한정되어 있거나 적은 경우가 많고 자녀의 발달수준에 맞지 않게 경직되어 있다. 바람직한 것은 가족의 규칙이 일정하게 있고 가족원의 발단단계에 부합되며, 유연하게 생산적으로 작용하는 것이다. 또한 가족원 각자가 다른 사람에 대한 행동을 자유롭게 선택할 수 있고, 자신에 대한 다른 사람의 행동에 대하여 게 반응할 수 있도록 가족규칙이 작용하는 것이다.

(4) 가족 삼각관계

보웬에 의하여 처음 제안된 것으로 세 사람의 인간관계를 기술하는 개념이다. 두 사람이 이인관계를 맺으면 불안이나 긴장이 유발되는 경우가 많으므로 이때 긴장을 줄이기 위하여 제 삼자나 문제를 끌어들여 삼각관계를 형성하게 된다.

가장 흔한 예는 아버지와 어머니, 자녀 세 사람으로 된 삼각관계나

또는 시어머니와 남편, 며느리로 된 삼각관계이다. 이외에도 갈등을 겪는 부부가 외도, 일중독, 알코올 중독, 친구, 친척 등과 삼각관계를 맺을 수 있다. 또는 상담자가 삼각관계의 대상이 될 수도 있다. 때로는 세 사람 이상의 사람이나 문제의 연합도 삼각관계를 이루기도 한다. 즉 두 명 이상의 자녀가 동시에 부부싸움에 관련될 수 있다. 예를 들면 가정을 돌보지 않고 외도하는 남편의 부인이 자녀들과 생존하기 위하여 자녀들과 결속하려고 하는 것이다.

병리적이고 역기능적인 삼각관계는 대부분 세대가 다른 사람들 간에 형성되며, 자신의 연합사실을 인정하지 않고 부정하고 관계유형이 정형화되어 있는 것이 특징이다. 그러나 모든 삼각관계가 가족병리의 지표가 되는 것은 아니다. 왜냐하면 간혹 긴장을 야기시키는 에너지의 방향을 전환시킴으로써 개인이나 가족관계가 생산적이고 정상적인 기능을 유지하는데 일시적 도움이 될 수도 있기 때문이다.

제5장
정신역동적 가족치료

정신역동적 치료는 원래 개인에 관한 치료이다. 초기에는 많은 가족치료 선구자들이 이 치료이론에서 출발하였고 훈련을 받았다. 그러나 1960년대와 1970년대에 잭슨(Jackson)과 미뉴친(Minuchin), 사티어(Satir) 등 다수의 치료자들이 정신역동적 접근에서 완전히 벗어나 체계적 접근에 기초한 가족치료이론들을 개발시킴으로써 체계론에 입각한 가족치료가 주류를 이루게 되었다. 그 결과 1980년 전까지 정신역동적 사고와 통찰은 가족치료에서 무시 되었다

그러나 최근에는 가족치료에서 개인의 심리에 대한 관심이 많아지고 정신분석학 분야에서도 대상관계이론이 부각되면서 정신역동적 가족치료는 새로운 전기를 맞고 있다. 이와 같은 접근방법의 주목적은 치료자로 하여금 치료자와 가족원 사이에 이루어지는 반응에 대한 통찰을 하도록 돕는 것이다.

1. 치료이론의 관점 및 주요 개념

1) 초기 정신역동적 가족치료의 관점

초기 정신역동적 가족치료의 개척자는 애커만(Ackerman)이다. 그는 프로이드가 주장한 인간본성의 중심에 성적, 공격적 추동(drive)이 존재한다는 것을 전제로 어려움을 겪는 개인을 가족에서 격리시키기보다는 가족 안에서 치료할 때 문제가 더 개선된다고 하였다. 또 그는 사람은 혼자서 살아가는 존재가 아니므로 개인의 무의식에 대하여 정확하게 이해하기 위해서는 먼저 가족의 현실적 상호작용 맥락을 잘 이해할 필요가 있다고 하였다.

그는 갈등은 불안과 우울 같은 불유쾌한 정서에 의해 표현된다고 하였다. 그의 기법을 보면 가족원이 갈등을 다루는 과정이나 가족원 사이의 정서적 거리감과 가족원의 의사소통 패턴에 대해 관심을 갖기보다는 가족의 비밀과 감춰진 갈등(특히 성과 공격성 등을 포함한 것들)의 내용에 더 많은 관심을 가졌다. 그는 정신역동적 개념으로 가족을 이해하려고 하였다는 점에서 공헌하였으나 정신분석이론과 가족치료의 통합은 이루어지지 못하였다.

2) 대상관계 가족치료의 특성 및 관점

애커만 이후 정신역동적 가족치료는 정신분석학에 토대를 두고 미국에서 발달된 자아심리학과 영국에서 발달된 대상관계이론의 주요 개념들이 가족치료에 통합되는 경향으로 나타났다. 현재 특히 대상관계이론이 가족치료에 접목되어 보급되고 있다. 따라서 현재 정신역동적 가족치료의 본질은 성숙한 방식으로 상호작용 하고자 하는 개인을 방해하는 근본적인 욕구와 두려움을 찾아내고 현재 대인관계를 왜곡시키는 무의식적 충동과 방어기제들을 인지하고 해석하는 것이라 하겠다.

가족상담 및 치료는 사회적 관계에 초점을 두나 정신분석학은 주로 개인의 기본적인 동기로서 애착욕구와 충동을 중시한다. 이 두 개의 연결고리가 대상관계이론이다. 즉 가족치료자는 개인과 개인 사이에 일어나는 상호작용 관계에 초점을 두나, 정신역동적 가족치료는 상호작용하고 있는 사람 내에서 문제를 이해하고자 한다. 대상관계 이론에 입각한 가족치료는 인간은 과거의 초기 경험에 의하여 형성된 개인의 이미지를 토대로 현재 인간관계를 맺어간다는 것을 전제한다.

대상관계 가족치료자들의 관점과 주요 개념을 정리하면 다음과 같다.

(1) 클라인(Klein)

클라인은 프로이드의 심리 생물학적 관점에서 벗어나 유아의 공격성을 중심으로 관계 이론을 전개시켰다. 그에 따르면 유아는 실제 대상과 관계를 맺기 이전부터 사랑과 미움을 이분법으로 생각하는 기질이 있다. 그러므로 자녀는 부모에 의해서 양육될 때 경험하는 만족과 좌절 등을 통하여 부모의 이미지를 내면화하면서 자아상을 형성해나간다. 그 결과 긍정적 경험은 유아에게 따뜻한 보살핌, 만족, 안정감을 주지만, 부정적인 경험은 유아에게 분노, 초조, 염려, 두려움 등을 주게 된다.

클라인은 프로이드의 심리 성적 발달관계에 기초하여 대상관계 역할을 강조한 단계를 주장하였다. 이유기 단계의 유아는 좋은 특성과 나

뻔 특성을 가진 어머니를 경험하기 시작하며 자신이 사랑하는 어머니를 괴롭히는 능력을 가졌다는 것을 알게 된다. 그 결과 어머니를 향한 양가 감정에 의해 의기소침해지고 죄책감을 가지게 된다. 이것은 생후 3세 경부터 시작하는 오이디푸스 콤플렉스의 발달로 이어진다는 것이다.

(2) 페어바인(Farbam)

페어바인은 생후 2년 이전까지는 긍정적 경험에 의한 긍정적 이미지와 부정적 경험에 의한 부정적 이미지가 분열되어있고, 그 결과 초기부터 갖고 있는 불안과 관련된 부정적 · 공격적 이미지가 작용한다고 하였다. 그는 불안을 애정의 상실 또는 거부당할 위험에 대한 반응으로 간주하였다. 그 후 2살 무렵 불안과 관련된 부정적 · 공격적 이미지가 지나치지 않은 경우에는 부정적 이미지와 긍정적 이미지가 자연스럽게 통합되어 안정된 성격이 된다고 한다. 만약 이 무렵 부정적 · 공격적 이미지가 지나친 경우에는 이들 이미지의 통합이 방해받아서 유아는 불안정한 성격이나 경계선적 성격으로 된다고 하였다. 이러한 대상관계에 대한 내면화는 비교적 초기 단계에 시작하여 아동이 성장함에 따라 더 구체화되어 간다.

(3) 스피츠(Spitz)와 볼비(Bowlby)

스피츠와 볼비는 유아가 한 대상에게 영속적인 애착이 필요하며 이는 수유에 의해서가 아니라 안전하고 애정 있는 신체적 접촉에 의해 충족된다고 하였다. 애착 경험이 결핍된 사람은 지지가 조금만 부족해도 지나치게 상처를 받기 쉬우며 만성적 의존자가 되기 쉽다. 정신장애 아동의 현저한 특징은 출생이후 몇 시간 내지 몇 개월 동안 다른 사람과 정서적 애착을 경험하지 못하였다는 것이다. 이들에 의하면 애착은 인간을 포함한 모든 동물에게 있는 기본적인 욕구이다. 그러므로 부모가 건강한 성인으로 키우기를 원한다면 유아기 자녀에게 안전하고 애정적인 접촉을 가져야한다.

(4) 말러Mahler)

말러는 유아가 출생 후 6개월 동안에 어머니로부터 적절한 관심과 수유와 접촉, 미소 등의 긍정적 경험을 하면 자존감이 증진되고 이후 어머니로부터 점진적인 분리도 가능하다고 하였다. 만약 유아가 이 시기에 부정적 경험을 한 결과 자존감 형성에 문제가생기면 부모로부터 분리되는 전환기시기에 위기를 겪는다고 하였다. 그러므로 성공적인 분리와 개별화는 유아가 어머니와의 공생적 연합에서 벗어나 내면적으로 자아구조가 통합된 결과이다.

(5) 살리반(Sullivan)

살리반은 인간은 어린 시절 어머니와 경험했던 관계에 의해 자아체계가 결정적으로 영향을 받으며, 보통 세 가지 유형의 반응양식을 지닌 자아체계를 형성한다고 하였다.

첫째는 어머니가 따뜻하고 애정적일 때 아이는 좋은 감정을 경험하고 자신과 세계를 긍정적으로 보게 되는 결과 "좋은 나(good me)"라는 자아체계와 반응양식을 발달시키게 된다.

둘째는 어머니가 아이의 애정적 욕구를 저지하거나 좌절시킬 때 아이는 나쁜 감정을 갖게 되고 자신과 세계를 부정적으로 보게 되는 결과 "나쁜 나(bad me)"라는 자아체계와 반응양식을 발달시키게 된다.

셋째로 아이가 심한 고통이나 좌절을 경험하면 불안으로부터 벗어나고 싶어 "내가 아닌 나(not me)"의 자아체계와 반응양식을 형성한다. 그러므로 유아는 어린 시절에 만족과 안전을 주구하며 부모와의 관계에서 자신의 대인관계의 반응양식을 형성하는 자아체계를 구축하게 되는 것이다.

(6) 에릭슨(Erickson)

에릭슨은 영아기 자녀는 신체적 욕구의 충족과 안정·보호를 통하여 기본적 신뢰감을 발달시키는 것이 필수임을 강조하였다. 아이가 기본적 신뢰감을 갖게 되면 자신감 있게, 그리고 차분하게 새로운 상황에 직면할 수 있으나 그렇지 못하면 환경에 대하여 두려움과 염려가 많아진다고 하였다.

(7) 보스조메니 나기 (Boszonmeny—Nagy)

보스조메니 나기는 부모의 눈에 보이지 않는 불성실과 불공평으로 인해 병리적 반응이 야기된다고 하였고, 가족 내의 윤리적 책임을 강조하고 가족원이 서로에게 성실해야 할 것을 주장하였다. 그는 가족들은 모두 근본적으로 서로에게 빚을 지고 있으며 여러 시대에 걸쳐 빚을 지고 또 빚을 갚는 대차대조표로 비유할 수 있다고 하였다. 적자를 메우기 위하여 빚을 갚아야하는 것처럼 부정을 저지르면 언젠가는 심판을 받는데, 문제는 그런 심판이 너무 적거나 불충분하여서 보복의 연쇄가 발생하는 것이다.

가족원에게 나타나는 병리적 증상은 가계의 부정이 지나치게 많이 누적되어 있고, 보이지 않는 충성심에 의해 개인의 이익이 집단을 위해 희생되고 있음을 알리는 신호라고 간주된다. 따라서 치료자의 도움을 받아 현재의 증상과 연결된 빚과 관련된 가족의 부정적 연쇄를 통찰함으로써 가족을 용서하고 관대해지며 부정적 빚이 정지될 때 치료가 되는 것이다.

이상에서 살펴본 바와 같이 정신역동적 가족치료는 프로이드의 충동심리학을 근간으로 한 대상관계이론, 애착이론. 자아이론에서 나온 개념들로 구성된다. 대상관계의 첫 단계는 대상부재의 단계이다. 그러므로 신생아의 반응은 조건적 반사로 되어있다. 그 후 아동이 성장함에 따라 경험하는 초기 대상과의 실제 상호작용은 무의식적 잔재로 남아서 나중의 대상관계에 영향을 미친다. 그러므로 조기 대상관계를 통한 정신적 통합의 유지는 개인의 심리적 적응에 큰 영향을 주게 되는 것이다. 생의 초기에 나쁜 대상관계로부터 형성된 분리된 자아는 가족관계만이 아닌 모든 대인관계를 악화시키게 된다.

2. 정상 가족과 역기능 가족

1) 정상 가족

정신역동치료에서는 정상과 비정상을 자아개념과 인성발달을 기준으로 구분한다. 정상적인 가족에서도 행동장애 자녀를 배출할 수 있음을 인정한다. 영유아의 자아발달을 위한 성장환경은 충분한 안정성을 제공하는 부모의 능력과 부모 자신의 안정감 정도에 좌우된다.

어머니와의 초기관계가 안정적이고 애정적이어서 애착관계 형성이 잘 되었던 유아는 정상적 자아발달에 결정적 영향을 받게 되어 "좋은

나" 이미지를 갖게 된다. 또한 애정과 지지를 대상 이미지로 지니게 되고 점차적으로 어머니와의 분리를 수용한다. 또한 이런 자녀는 자기 가치감을 느끼며 그 결과 충동을 억제하고 욕구좌절을 극복하며 일관성 있는 자아감을 지니고 대인관계를 원만하게 할 수 있게 된다. 그리고 자신은 물론 다른 사람에 대해 긍정적인 면과 부정적인 면을 통합할 수 있게 된다.

잘 기능하는 가족은 그 가족을 구성하는 개인들의 초기 인성발달에 의해 결정된다. 스키너(Skynner)에 의하면 잘 기능하는 가족은 가족원 개개인이 소속감 있는 대인관계와 개방성, 협동성, 개성존중과 분리, 솔직하고 명료한 의사소통, 부모와의 강한 결속, 적절한 권력의 분배, 유머와 감각이 있는 상호작용, 융통성, 자율성, 활달하고 강인한 인성들을 지니고 있다. 그러므로 부부가 성숙하고 건강한 인성을 가진 경우에 자녀의 인성발달은 건강하고 조화로울 수 있는 것이다.

2) 역기능 가족

스키너는 혼란스럽고 역기능적인 가족의 특징에 대하여 대인관계에서의 경계 불분명, 정체감 혼돈, 비현실적 공상과 만족, 분리와 상실에 대한 두려움, 과거의 이미지에 고착됨. 다른 사람에 대한 구속과 속박 등이라고 하였다.

유아기에 대상관계가 부재하거나 상실된 경우 정상적인 자아발달과 정체감을 확립하기 어렵다. 그 결과 부모에 대해 극도의 애착을 보이고 "잘못된 자아"에 따라 생활하는 모습이 된다. 이런 자녀는 청소년기에 자아독립과 유아적 애착 사이에서 갈등을 더 심하게 직면함에 따라 지나친 정서반응을 보인다. 그 정서반응이 충족되지 못하면 계속 의존적이거나 또는 폭력적이며 반항적이 될 수 있다. 그들이 성장한 후에 결혼하면 역시 결혼생활에서도 배우자의 계속적인 승인을 요구하거나 또는 배우자의 통제와 영향력을 거부하게 된다.

경계선 성격 장애는 하나의 대상관계 장애로서, 그 원인은 어머니의 과잉보호나 대상의 거절로 인한 긍정적인 동일시 발달의 실패와 건강한 자아발달의 실패, 타인과의 적절한 분화 결핍 등에서 생긴다. 그들은 좋은 대상과 나쁜 대상이 하나로 통합되거나 수정되지 않은 상태로 성격이 형성되어서 극단적인 양면을 표현하게 될 잠재성이 많이 있다. 예를 들면 경계선 성격장애는 갑자기 화를 폭발하고 나서 곧바로 온정적이고 우애적이며 의존적인 행동으로 바뀐다. 그들에게 분노감정이 있을 때 가지는 이미지는 어린 시절에 거절당하고 공격받은 대상 이미지와 일치한다.

코허트(Kohut)는 대상관계의 실패로 인한 자아도취적 성격 장애는 정도의 차이가 있지만 어떤 사람에게나 존재한다고 하였다. 어릴 때 자기모습을 인정받지 못했거나 바람직한 기대를 적절히 충족하지 못했던 아이는 평생을 인정받고자 하는 갈망을 지닌다. 이들은 성인이 되어서도 다른 사람의 칭찬과 인정에 의해 자기 가치감이 좌우된다. 이는 어린 시절 충족되지 못한 욕구반응이 현재의 현실적인 목표로 수정되지 못한 채 무의식적 수준으로 남아있기 때문이다.

딕스(Dicks)는 배우자 선택의 기저에는 무의식적 욕망을 보상해주고 강화시켜줄 대상을 찾는 것이 있다고 하였다. 대부분의 사람은 배우자 선택에서 배우자가 이상적인 부모상이기를 바라고 이상화한다. 그러나 결혼 후 그렇지 않은 면을 발견하면서 분노와 갈등이 생기게 된다. 즉 부부 갈등의 원인은 결혼 전부터 지니고 있었으나 억제되고 위장되어있던 의존적인 욕구와 자아도취, 거절당할 두려움에 대한 감정과 충동들이 결혼 후 그대로 노출되기 때문으로 해석된다.

따라서 대상관계 관점에서 보면 결혼은 숨겨진 그리고 내면화된 대상간의 상호거래이며, 부부간의 상호작용은 부부가 과거에 내면화된 대상에 대한 상호투사의 결과로서 원가족 속에 존재했던 부모와의 관계와 부모의 결혼생활 관계를 반영하는 것이다. 부부는 자신들의 과거 부모의 모습으로 무의식적으로 동화되며 그 내적 대상은 결혼생활의 한 부분을 공유하면서 그들을 지배하게 된다. 예를 들면 아내를 구타하는 남편은 그의 아버지의 연약함에 대한 과대 보상일수 있다. 그의 행동은 "나는 아버지처럼 연약하지 않다"라는 표현일 수 있다.

3. 치료목표와 치료과정

정신역동적 가족치료의 목표는 과거의 무의식적 이미지에 대한 통찰을 통하여 인성이 변화하고 가족원의 무의식적 구속으로부터 자유로워지며, 현실에서 건강하고 성숙한 개인과 가족으로 기능하는 것이다.

인성의 변화는 흔히 개별화 또는 분화라고 하는 것으로 원가족으로부터의 독립과 성장을 강조한다. 치료자들은 개인으로 하여금 가족의 얽매임과 숨겨진 과거의 사건에서 벗어나고 정화되도록 도와주면 증상이 없어진다고 믿는다. 그러므로 현재 나타나고 있는 행동에 숨겨진 과거의 상처나 욕구, 동기를 통찰할 수 있는 힘을 키워주며 억압된 감정을 표현하게 한다.

그러나 가족의 입장에서 보면 통찰과 인정, 감정표현이 매우 부담스럽고 고통스러운 일이다. 특히 노출에 따른 위험은 가족치료에 더 많다. 그 이유는 가족원들이 고통스런 느낌을 자인하려고 하지 않을 뿐만 아니라 감정을 숨기고 싶은 사람 앞에서 감정을 시인하고 표현해야하기 때문이다. 가족원의 자기보호와 자아노출 염려를 고려할 때 가족치료에서 충분한 안정감은 필수적이다. 그러므로 정신역동적 가족치료는 가족의 치료자에 대한 신뢰감 형성에 큰 비중을 두고 매우 천천히 진행되며 1년 이상 수년까지 계속되기도 한다.

가족치료자는 처음부터 개인보다는 가족을 대상으로 반복적인 과거 패턴이나 병리적 연쇄를 깨트리기 시작한다. 그리고 가족이 공유하고 있는 의식적 · 무의식적인 대상 이미지를 끌어내기 위하여 탐색한다. 그러기 위하여 가족치료에서 고려할 점은 누가 치료에 참여해야 하며 누구에게 중점적으로 도움을 주어야 하는가이다. 대부분의 정신역동적 가족치료자들은 모든 가족원을 치료해야 하는데 동의하지만 치료 시작 전에 예비적 사정을 한 후에 치료에 포함시킬 사람을 정한다. 흔히 정신역동적 가족치료자들은 언어적, 지적 수준이 높은 성인 중심의 치료를 선호한다.

그들은 가족을 하나의 전제적인 유기체로 돕기보다는 각 가족원의 성장과 성숙을 돕는데 중점을 둔다. 예를 들어 갈등을 겪는 부부를 돕기 위하여 부부 단위의 상호작용 패턴을 변화시키는 것보다는 부부 각자의 인성발달과 자아발달 수준이 향상되도록 돕는 것이다. 또한 그 결과 생의 초기에 나쁜 대상관계로부터 형성된 분열되고 왜곡되어진 자아가 가족치료과정을 거치면서 가족 내의 상호작용을 통한 좋은 대상관계에 의해 치유되는 효과를 낳는다고 생각하는 것이다.

4. 치료기법

정신역동적 가족치료자는 가족의 정신 내적 부분만이 아니라 가족 성원간의 역동성도 고려한다. 그리고 사고와 감정을 수정하는 것뿐만 아니라 가족원에게 원가족으로 부터 내재된 오래된 갈등이 현재의 문제와 어떻게 무의식 속에 관련되어 나타나는지를 파악하고 분석하는 데 관심을 가진다. 이런 작업은 지지적이고 안정감을 주는 감정이입 방법으로 촉진된다.

치료자의 태도는 정신분석 치료자보다는 적극적이지만 대부분의 가족치료자에 비해서는 덜 적극적이고 상당히 비지시적 기법을 사용한다. 그들의 기본자세는 방해를 최소화하고 불필요한 개입을 배제하면서 개인의 반응을 관찰하고 분석하는 것이다. 이들은 정신분석가와 마찬가지로 가족원들로 하여금 자유연상을 통하여 무의식적인 사고와 감정을 표면화하도록 한다. 그렇지만 어떤 가족치료자들은 가족치료를 통하여 가족 상호작용 유형이 드러나게 하기도 한다. 치료자들 사이에도 약간의 차이를 보이는데, 대부분의 정신역동적 가족치료자와 달리 예외적으로 애커만은 매우 개방적이고 솔직하게 적극적으로 개인의 숨겨진 비밀이나 갈등을 말하도록 자극을 주었다.

정신역동적 가족치료의 주된 방법은 처리되지 않은 가족의 사고와 감정을 명확하게 인지하고 표현하게 하는 것이므로 경청, 감정이입, 해석, 분석의 중립성 유지 등의 감정정화 기법이 기본적으로 사용 되고 있다.

1) 경 청

대부분의 치료자는 가족을 돕기 위해 무엇인가를 해야 한다는 압박감을 가지게 되는데 사실은 가족의 말을 듣고 이해하는데 초점을 두는 것이 더 중요하다. 치료가 분석적 분위기로 되려면 치료자는 가족이 어떻게 변해야 할 것인가를 생각하기 전에 먼저 그들의 말을 듣고 이해하는 노력이 필요하다. 왜냐하면 듣고 이해하는 과정을 통하여 변화가 이루어지기 때문이다.

치료자는 내담자가 자신의 생각과 감정을 자유롭게 표현하는 것을 방해하지 않도록 상담 전에 자신의 갈등을 충분히 인식하고 해결해야 한다.

2) 감정이입

감정이입이란 치료자가 면담 도중에 개입할 때 가족이 개방적이 되도록 공감적 이해를 하는 것이다. 치료자가 가족의 경험에 대한 숨겨진 의미와 감정을 공감하고 이해하기 위해 내담자의 감정에 들어가 보고 그 감정을 느껴보는 것이다. 치료자가 가족의 경험에 대한 숨겨진 의미를 공감하고 이해하게 되면 효율적인 치료 상황에 놓이게 된다. 그 결과 가족은 그들의 경험에 몰입할 수 있게 된다. 편안하고 신뢰하는 관계속에서 치료자는 가족이 가진 문제에 대한 직면을 시도할 수 있게 된다.

3) 해 석

감추어지고 혼란된 경험을 분명히 하기 위하여 해석을 시도한다. 해석은 가족으로 하여금 무의식적 자료들에 대한 통찰을 갖게 한다. 해석 기법을 사용할 때 유의해야 할 세 가지 규칙이 있다.

첫째, 치료자는 가족들이 저항하거나 방어하는 행동을 보일 때 그 이면에 숨겨진 원인을 해석하기 전에 내담자의 방어나 혹은 저항행동 그 자체를 먼저 공감해주어야 한다. 둘째, 치료자는 가족들이 표현한 감정의 대상적인 이면을 이해할 수 있어야한다. 셋째, 치료자는 가족들의 방어나 저항행동의 대상적인 이면과 그 자체를 이해하고 받아들일 수 있게 설명해야 한다.

4) 분석의 중립성 유지

치료자는 가족의 역동을 통하여 나타나는 가족원들의 저항과 전이 등을 분석함으로써 가족의 변화를 가져오는데 이때 중립성을 유지하여야 한다. 정신역동적 가족치료자는 부모와 어린 시절의 기억이 어떤 상호작용이 있는지에 특별한 관심을 둔다. 현재 가지고 있는 가족갈등의 역사적 근원이 드러나면 가족원이나 치료자와의 상호작용에서 드러난 원가족에서 경험한 과거의 억압된 가족관계 이미지의 감정 전이에 대한 분석을 한다. 예를 들면 전이분석은 내담자가 어릴 때 중요한 인물이 대상에 대해 가졌던 사랑이나 증오감정을 치료자에게 전이시키는 현상을 분석하는 것이다. 이때 내담자는 문제와 관련된 과거의 경험과 갈등에 대해 통찰하게 된다.

저항은 치료를 방해하는 의식적 또는 무의식적 행동을 지칭한다. 저항은 개인치료를 요구하거나, 경쟁적으로 더 많은 이야기를 치료자와 나누려고 하거나 주제를 회피하거나 자신의 역할을 거부하는 등의 모습으로 나타난다. 이때 치료자는 가족의 통찰이나 이해를 도우며 문제에 대하여 어떻게 할 것인지를 생각하게 한다. 예를 들면 치료자는 보이지 않는 충성심의 문제를 직면하도록 돕고, 긍정적인 방식으로 충성심을 나타낼 수 있도록 돕는다.

5. 치료이론에 대한 평가

가족치료를 처음으로 실시한 사람은 정신분석 훈련을 받은 사람들이었다. 처음 그들이 가족치료를 시작하였을 때 정신분석학과 체계이론을 접목시키는 것이었으나 실제로 진정한 통합이기보다 정신분석학의 개념과 체계이론 개념의 절충적 혼합이라 할 수 있다.

1980년대 중반부터 가족치료에서 정신역동적 접근에 대한 관심이 증가되었고, 특히 대상관계이론과 자아심리학에 초점이 모아졌다. 정신역동적 가족치료는 개인에게 초점을 둔 정신분석과 달리, 가족에 초점을 둔 체계이론에 정신분석학적 통찰과 개입을 선택적으로 도입한 것이다.

이 치료모델은 과거 성장기에 부모와의 문제나. 부모의 결혼생활문제, 기타 문제로 상처를 받았거나 보이지 않는 충성심에 의해 얽매여서 벗어나지 못하는 가족들에게 효과가 있고 필요하다. 치료의 효과는 주로 치료자의 주관적인 관찰과 임상적 판단에 달려있어서 그 타당도에 대해 증명하기가 쉽지 않다. 그리고 장기간 정신분석 훈련을 받은 치료자가 정신역동적 가족치료 접근법을 사용할 수 있기 때문에 다른 분야의 치료자가 이 치료를 적용하는 것은 용이하지 않다.

제6장
다세대 가족치료

보웬(Murray Bowen)의 다세대 가족치료는 정신분석적 원리의 직접적인 영향을 받은 임상모델이다. 그는 정신역동적 접근과 체계적 접근의 가교역할을 했다는 업적으로 높이 평가받고 있다. 또한 그는 인간행동과 치료를 위한 포괄적인 이론을 구축했을 뿐만 아니라 치료기법 개발의 중요성을 강조하였다. 그리고 직관이나 임상적 판단위주의 치료에서 벗어나 객관적이고 예측 가능한 치료가 되어야 할 것을 주장하였다.

보웬은 광범위한 가족관계 연결망으로 관심범위를 확대시켜서 대부분의 가족문제가 가족원이 자신의 원가족에서 심리적으로 분리되지 못한데 기인하는 것으로 보았다. 일반적으로 사람이 성장해서 부모를 중심한 가정을 떠나 독립하지만 부모에 대한 미해결의 정서적 반응을 대부분의 대인관계에서 같은 패턴으로 반복하기 쉽다. 그 결과 부부관계나 자신의 자녀와의 관계가 악화되기 쉽다. 그러므로 원가족의 정서체계의 일부로 기능하고 있는 가족원을 분리시켜 독립적으로 기능하도록 돕는 것이 치료목표가 된다.

1. 치료이론의 관점 및 주요 개념

다세대 가족치료는 정신분석 원리와 실제 임상에서 영향을 받은 이론적·임상적 모델이다. 보웬은 그 창시자이고 가족치료 운동의 주도적인 지도자로서 1950년대 초 이후 현재까지 큰 영향력을 미치고 있다.

보웬은 정신분석 훈련을 받은 정신과 의사로서 가족치료를 시작하였다. 사람들이 성장기에 비슷한 정신적 외상(trauma)을 경험해도 모든 사람에게 똑같은 수준으로 장애가 나타나지 않는 것에 관심을 갖고 정신분열증 환자의 가족을 치료에 참여시키기 시작했다. 이때 그는 정신분열증환자가 자기 어머니에게 강한 애착을 갖고 있음을 발견하고 이를 "모자공생"이라고 명명하였다. 즉, 모자 사이에 친근함과 소원함이 주기적으로 교대로 나타나고 정서적 긴장이 현저하게 반복되며 분리불안과 결합불안이 나타나는 것이다. 그는 이로부터 이성과 자기통제의 무능력으로 인한 병리적 애착 형태인 "불안한 애착(anxious attachment)"에 관심을 갖게 되었다.

그는 연구범위를 넓혀서 아버지를 포함시키고 "삼각관계' 개념을 검증하기 시작하였다. 이로써 보웬은 모자간의 공생 개념을 확대하여 전체가족을 하나의 정서적 유기체로 보게 되었다. 그리하여 그는 정신분석적 관점에서 체계이론적 관점으로 옮겨가게 되었고 특히 가족의 정서적 관계체계에 관심을 기울였다. 주요 개념들은 다음과 같다.

1) 자아분화

자아분화(differentiation of self)는 보웬의 다세대 가족치료의 핵심개념으로 이것이 바로 치료목표이자 성장목표가 된다. 자아분화에는 정신 내적 수준과 대인관계적 수준의 두 가지 면이 있다. 정신 내적 측면의 분화는 지적 기능이 정서적 기능에서 얼마나 분화되어 있는가를 의미한다. 또한 대인관계적 측면의 분화는 다른 사람과 구별되는 확고한 자아발달과 일관된 신념에 의한 자주적이고 독립적인 행동이 어느 정도 있는가를 의미한다. 즉 자아분화는 사고로부터 감정을 분리할 수 있고, 타인과 구별되는 확신과 신념. 자주성을 지닌 정도를 의미한다.

분화된 사람은 사고와 감정이 균형 잡혀있고, 자제력과 객관적 사고 기능을 지닌다. 반면 분화되지 않은 사람은 감정으로부터 사고를 구별하기 어렵고 객관적 사고나 자제력이 부족하며, 다른 사람과 융합되려는 경향이 있다. 감정과 사고 사이의 융합이 클수록 다른 사람의 정서적 반응에 쉽게 추종하고 감정에 의한 의사결정을 한다. 정서적 융합은 분화와 대비되는 개념이다. 융합된 사람은 확신과 신념을 고수하지 못하고 남의 인정을 추구하며, 외부규준이나 다른 사람의 요구에 민감하게 반응하고 의존적이다. 그러나 분화된 사람은 다른 사람과 친밀한 정서적 접촉을 하면서도 확고한 자아정체감과 독립성을 유지한다.

자아분화 정도는 모든 사람을 0-100이라는 연속선 위에서 범주화하는 방법으로 측정될 수 있다 그러나 이 척도에는 정상적이라는 개념은 없다. 왜냐하면 자아분화 정도가 낮더라도 아무 증상 없이 정서적 평형을 이루고 일상생활을 한다면 정상에 속할 수 있기 때문이다. 그러나 대부분의 경우 자아분화가 낮은 사람들은 갈등상황이나 스트레스를 많이 받을 때 상처를 받으며 부적응 증상을 드러내기 쉽다.

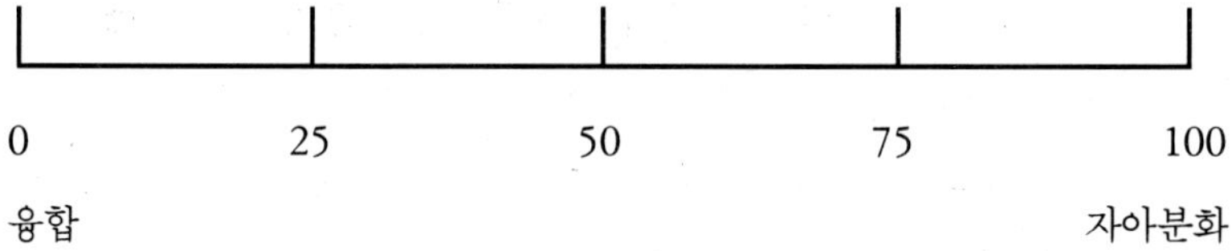

```
|_____|_____|_____|_____|_____|
0        25       50       75       100
융합                                 자아분화
```

[그림 9—1] 자아분화의 이론적 척도

0 ~ 25 : 가장 낮은 분화수준으로서 가족 및 다른 사람에게 정서적
으로 융합되어 감정적이며 자신의 사고가 침잠되어 있다.
삶의 에너지가 대부분 다른 사람의 인정을 받고자 하는 욕
구의 불충족에 따른 정서적 반응에 소모되고 대체로 불안
정도가 높은 편이다. 긴장이나 불안, 스트레스 상황에서
사고기능이 감정기능에 의해 지배당하며 다른 사람에게
상처받기 쉽다.

25 ~ 50 : 낮은 자아분화 수준으로서 융합의 정도가 심하지 않으나
관계 지향적이다. 대부분의 에너지는 다른 사람의 인정을
받기 위하여 사용하고 자신의 가치를 다른 사람의 평가와
인정에 의존한다. 다른 사람이나 집단에 자신을 맡기고 쉽
게 영향을 받는다. 전 단계와 차이점은 이들이 더 수준을
높일 수 있는 잠재능력을 가지고 있다는 것이다.

50 ~ 75 : 보통 자아분화 수준으로서 스트레스가 발생해도 감정에 지
배당하지 않을 만큼 사고가 충분히 발달되어있고 자의식
이 잘 발달되어 있어 자율적이고 독립적으로 의사결정을
한다. 다른 사람과 융합되지 않으면서 밀접한 관계를 유지
하고 목표 지향적인 활동을 한다.

75 ~ 100 : 높은 자아분화 수준으로서 사고와 감정이 분리되어 있고 높

은 수준의 독립성을 지니며 거의 완전한 성숙 수준에 이른 상태이다. 특히 95-100은 현실적으로 드물고 하나의 가상적이고 이론적 상태이다. 75~95 정도의 사람들은 자신의 가치관과 신념이 뚜렷하면서 동시에 다른 사람의 관점에 귀를 기울일 줄 알고 다른 사람의 비난이나 칭찬에 크게 좌우되지 않는다. 자신과 타인에 대한 기대가 현실적이며 적절한 현실감과 이상에 대한 예민한 감각을 가지고 있다.

2) 삼각관계

삼각관계(triangles)는 대인관계 체계의 요소이다. 세 사람은 가족이나 직장이나 사회 집단에서 가장 소규모의 안정적인 관계이다. 두 사람으로 구성되는 관계는 불안정하며 가까움과 거리감의 주기를 지닌다. 불안과 긴장이 적은 동안 두 사람은 안정된 관계를 가진다. 그러나 불안과 긴장이 높아지면 그 중 불편을 느끼는 사람이 제 삼자나 일, 음주 등을 끌어들여서 삼각관계를 만들게 된다. 이 경우 삼각관계는 불안과 긴장감소에 도움을 줄 수 있지만 오히려 기존의 갈등에 무감각하게 만들고 가족의 정서체계를 더 혼란되게 한다.

정서적 삼각관계는 세 사람에 한정되지 않으나 세 측면의 체계를 포함한다. 가족 내 삼각관계의 가장 흔한 형태는 부부가 그들의 문제를 해결하지 않은 채 자녀를 끌어들여 그에게 초점을 맞추면서 긴장을 완화하는 것이다. 이 경우에 부모는 둘이 싸우는 대신에 관심을 자녀에게 쏟는다. 긴장이 더 커지게 될수록 이 삼각관계가 한쪽 부모와 자녀 사이의 과도하게 강렬한 애착으로 나타나게 되고 그 결과 가장 취약한 자녀의 증상을 유발하게 된다.

가족 내의 풀리지 못한 긴장은 일련의 중복된 삼각관계를 초래한다. 긴장이 증가하면 제 삼자는 떠나고 네 번째 사람을 끌어들일 수 있고 중복된 삼각관계를 초래한다. 가족 안에서 삼각관계를 만들 수 없을 때는 가족 밖의 사람과 삼각관계를 형성하기도 한다. 일반적으로 가족 내에서 삼각관계 형성은 가족원의 자아분화 수준이 낮을수록 그 가능성이 더 커지고 관계가 중요할수록 삼각관계 형태가 좀 더 강하다고 한다.

그러나 만약 가족 이외의 인물이 가족치료자라면 그는 정서적 삼각관계에 연루되지 않으면서 두 사람과 접촉할 수 있고, 중립적이고 객관적인 관계의 치료적 삼각관계를 통하여 가족문제를 치료하게 된다. 보웬의 가족치료에서는 탈삼각관계를 치료의 목표로 삼고 가족이 삼각관계에서 벗어날 수 있도록 도우며 가족체계의 바람직한 변화를 초래하게 하는 것이다.

보웬은 가족의 정서과정에서 치료자가 지나치게 밀착되거나, 소원하지 않은 입장을 취하도록 강조한다. 이런 관점에서 치료자는 가족과 융합하지 않고 정서적 흐름을 관찰하고 그 과정을 지켜볼 수 있다. 이것은 치료자가 중립적이거나 탈삼각화에 있다는 증거이다.

두 사람이나 두 집단 간의 정서과정은 계속적으로 제3자를 끌어들이려 하는데 이것이 삼각화 개념의 핵심이다, 만약 제3자인 가족치료자가 두 사람이나 두 집단 사이의 정서적 장 밖에서 그들 각자와 적극적으로 접촉한다면, 지금까지 이자 간의 정서강도는 자동으로 스스로 해결될 것이다. 이렇게 될 때 탈삼각관계가 이루어진다. 이것이 중립을 유지하려는 노력의 이론적 기초로 치료자가 가족치료를 할 때 핵심이 되는 가장 중요한 과제이다.

치료에서 각 배우자는 자신이 다른 사람들과 성공적으로 관계를 맺었던 방식을 사용하여 치료자를 끌어들이려 할 것이다. 만약 치료자가 가족을 표면적인 문제 즉, 성, 돈, 자녀들, 정당성, 권리 등에 관심을 갖는다면, 중립성을 유지하려는 노력은 본질적으로 불가능하다. 반면에 가족과의 관계에서 상대적으로 객관적이고 중립적인 입장을 취할 수 있을 때 정서적 흐름과 반응성의 유형을 관찰할 수 있게 되어, 가족의 반응성을 특징짓는 정서성의 소용돌이를 찾을 수 있다. 이상적인 것은 치료자가 가족의 정서체계의 일부분이 되지 않고, 가족이 정서적으로 다른 영역과 관계를 맺는 것이다.

(1) 삼각관계에서 탈삼각관계를 만드는 임상사례

(부부갈등과 자녀의 도벽문제가 있는 영희씨 가족)

엄마인 영희씨는 초등 4학년인 큰아들의 도벽문제로 상담소를 찾았다. 영희씨는 훌륭한 교사로서 행동하려고 노력했고, 집에서도 늘 모범적인 역할을 하고자 노력한 사람이라 아들의 도벽사실을 알고 충격이 컸다. 영희씨는 자신이 아는 모든 방법을 동원해서 문제를 해결하려고 했지만 아들의 도벽은 더 심해졌다. 그러나 상담을 하면서 큰아들이 도벽을 통해 가족 안에 일어나고 있는 다른 문제를 드러내고자 했음을 알게 되었다. 큰아들은 가족 모두가 자신을 미워한다고 울먹였으나 영희씨는 인정하지 않았다. 그러나 상담이 진행되어 가면서 영희씨는 큰아들이 실제로 미웠다는 것이다. 또한 남편과 사이가 나쁘다는 것과 큰아들이 외모에서 성격까지 남편을 빼닮았기 때문에 큰아들을 미워했다고 하였다. 그러면서도 자식을 미워하는 자신을 용납하기 어려웠다고 눈물을 흘렸다.

영희씨와 남편, 두 아들이 모두 참가한 가족상담에서 영희씨는 13년간 무능한 남편을 대신해 시부모를 모시고 살았다. 그런데 아들의 도벽이 생긴 것은 아빠 노릇을 제대로 하지 못해서 그런 것이라고 하였다.

그러므로 더 이상 자신이 희생하여 가족을 지킬 필요가 없다고 언성을 높였다. 소극적으로 듣고 있던 남편이 부인의 흥분을 진정시키다가 드디어는 이혼을 말 할 사람은 바로 자기라며 폭탄선언을 하였다. 자신도 13년 동안 부인에게 무시당하고 사사건건 간섭을 받고 사는 것에 지쳤다고 맞섰다. 부부가 격렬히 싸우는 동안 두 아들은 두려움과 불안에 떨었다. 큰 아들은 자기 때문에 부모님이 이혼하게 되었으니 '정말 구제불능인 나쁜 놈'이라며 자책하였고 작은 아들은 형을 원망하며 형 몫까지 공부 잘하고 착한 아이가 되겠으니 제발 헤어지지만 않게 해달라고 애원하였다.

(2) 임상적 진단 및 상담내용

부부 간에 갈등이 깊어지면서 자녀들은 삶의 뿌리가 흔들리는 불안을 느끼게 되었다. 그 불안에서 벗어나기 위해 큰 아들은 도벽 문제를 일으키고. 작은 아들은 공부 잘하는 자녀가 되었다. 큰 아들의 문제를 해결하기 위해 부부가 일시적으로 협력하자 부부문제가 희석되는 효과를 나타낸 것이다. 큰 아들은 도벽을 통해 부모의 화목을 도모하였고. 자신에 대한 무관심을 관심으로 바꿀 수 있었던 것이다. 큰 아들의 도벽은 현상적으로는 물질이나 돈을 훔치는 것이다. 하지만 심리적으로는 부모에게 받아야 할 사랑이 주어지지 않아 자신 몫의 사랑을 되찾겠다는 행위이다.

자녀의 문제 행동에 집중하기보다 부부 간의 갈등을 해결하기 위해 노력하면서 부부관계가 안정적으로 변화하였고, 큰 아들의 문제 행동인 도벽이 줄어들었다.

3) 핵가족의 정서적 과정

이 개념은 가족 내에서 반복되는 패턴으로 작용하는 정서적 기능에 관한 것이다. 보웬은 가족 내 정서적 과정을 설명하기 위해 "미분화된 가족자아군"이라는 용어를 사용하였다. 원가족과 분화가 안된 부모는 자신의 부모와 정서적 단절을 하는 반면 결혼생활에서 배우자에게 융합하는 경향이 있다. 즉, 결혼 전에 자아분화정도가 낮을수록 부부간의 융합도는 증가한다. 문제는 이 새로운 융합이 불안정하기 때문에 반대로 부부간의 정서적 융합을 증가시키거나 한쪽 배우자의 신체적 또는 정서적 역기능을 일으킬 수 있다. 또한 자녀에게 문제를 투사하는 등의 위험성이 있다. 이 문제들의 강도는 미분화 정도, 원가족과 정서적 단절정도, 체계 내의 스트레스 수준 등과 관련이 있다.

(1) 핵가족 정서체계에 대한 임상적 적용

친정어머니에게 세뇌당한 서정씨는 본인의 가정에는 아무 문제가 없다고 했지만 사실 두 자녀 사이에 끊임없는 시기와 질투 때문에 애가 탔고, 남편에게 애정을 느끼지 못하고 있었고, 친정 식구들에게 잘못하고 있다는 죄책감과 살림을 능숙하고 깔끔하게 하지 못하는 자신의 무능력을 부끄러워했다. 남편은 직업상 대부분을 해외에서 보내야 했음에도 불구하고 서정씨는 한 번도 국내를 벗어난 적이 없었다.

(2) 진단 및 상담내용

서정씨는 2남 2녀 중 셋째로 바로 위의 오빠가 천재라는 소리를 들을 만큼 영리했는데 초등학교 때 병으로 사망하였다. 그 후 서정씨는 어머니로부터 '대가 센 네년이 죽어야 했는데 오빠를 대신 죽이고…'라는 한탄의 소리를 끊임없이 들어야했다. 오빠 대신 자신이 살아남는 엄청난 잘못을 저질러 어머니가 괴로워한다고 믿게 된 서정씨는 어머니를 위해서라면 무엇이든 하고자 했다. 살아있다는 미안함에서 벗어나기 위해 친정식구, 시댁 식구, 자녀 그리고 이웃을 위해 해야 할 일의 목록을 마음속에 정해놓고 그대로 하고자 노력했던 것이다. 서정씨의 마음은 의무로 가득 차 있었으나 실생활은 항상 그 반대로 나타났는데 이것은 친정어머니가 자식에 대한 의무감을 가지고 일생을 살았지만 결국엔 자식들의 인생에 어두운 그림자를 드리우게 했던 점과 유사하다.

상담을 통해 부인은 자신이 살아 있음을 얼마나 죄스럽게 느끼는지, 가슴 저 깊은 곳에서 어머니로부터 "네가 살아 있어서 참 좋다"고 인정받기를 얼마나 바라고 있는지, 그리고 지금도 어머니의 눈짓 손짓 하나에서 사랑을 찾고자 얼마나 애쓰는지 알 수 있었다. 서정씨는 친정어머니에 대한 원망을 인정하기가 너무 두려워 무의식적으로 억압하고 의식적으로는 원망을 상쇄시킬 수 있을 만큼 강하게 "효녀"가 되고자 했던 것이다. 서정씨의 친정어머니가 본인도 모르게 죽은 아들에 대한 안타까움으로 딸에게 "오빠 대신 네가 죽었어야 했다"라고 한 말이 서정씨의 무의식에 깊이 새겨져 평생을 지배해 왔던 것이다.

이후 진행된 상담을 통해 서정씨는 자신이 어떤 부분에서 세뇌 되었는지를 깨닫고 새로운 사고방식으로 사물을 보고 느끼고 행동하는 과정을 익혀 나갔다. 그래서 자신이 살아있는 것이 오빠의 죽음과 아무런 관계가 없으며 똑똑한 남자가 아니더라도 어머니를 기쁘게 해주지 못하더라도, 이 세상에서 유일한 한 사람으로 살 가치가 충분히 있음을 가슴 속 깊이 느껴 자신을 사랑하기 위해 스스로 노력하는 과정을 거쳤다. 서정씨 원가족의 핵가족 정서를 조금씩 무가치감에서 존재의 기쁨으로 변화시켰던 것이다.

4) 가족 투사과정

부모가 자신의 미분화를 자녀들에게 전달하는 과정이다. 투사는 양육적 관심과 달리 불안하고 밀착된 관심이다. 부부간의 정서적 융합은 부부간의 갈등, 정서적 거리감, 또는 과도기능이나 과소기능을 가져온다. 예로 원가족으로 부터 정서적으로 단절된 남편이 그 아내에게 매우 냉정하고 소원한 방식으로 관계를 맺는다. 그 결과 아내는 남편과 거리감을 갖는 한편 자녀에게는 가장 강도 높게 정서적 에너지를 쏟는다.

자아분화 수준이 낮은 부모는 미분화에서 오는 불안을 삼각관계를 통하여 회피하려고 한다. 이러한 삼각관계화에서 공통적인 것은 어머니의 불안에서 시작되어 모자간에 공생적 관계를 형성한다. 미분화의 산물인 자기문제를 자녀에게 투사한다는 것이다. 모자간에 정서적으로 의존적인 유대 형태를 가진다. 거러면서도 상대에 대해 분노를 갖게 되고, 갈등을 느끼게 되어 많은 싸움의 형태로 나타난다. 그 결과 자녀의 기능은 위축되고 분화수준이 낮게 되어 어머니는 다시 자녀를 과잉통제하게 되어 자녀에게 정서적인 해악을 줄 수 있다. 따라서 소아적이 된 자녀는 결국 심리적 손상증상을 보여서 부모의 더 많은 동정과 관심, 보호를 필요로 하는 악순환적인 가족패턴이 고정된다.

보웬에 의하면 투사는 어느 가정에나 일어날 수 있다. 그러나 분화수준이 낮은 가정일 일수록 투사경향이 심하며 다음 세대를 희생시키면서 이전 세대의 미분화에서 오는 불안을 경감시키려고 한다.

5) 다세대 전수과정

다세대 전수과정이란 개념은 여러 세대를 통하여 가족의 정서적 과정이 전수되는 것을 의미한다. 즉, 정서적인 문제가 개인만이 아니고 여러 세대에 걸친 핵가족에까지 영향을 미친다는 것이다. 모든 세대에서 가족의 융합에 참여하는 자녀는 자아분화가 더 낮은 수준으로 된다. 그 자녀가 자신과 비슷한 분화수준을 가진 사람과 결혼하게 되면 다음 세대인 상대로 그들이 가진 미분화된 특징을 투사하게 된다. 그 결과 그 자녀는 더욱 더 낮은 미분화 상태로 된다는 것이다. 즉 핵가족의 정서과정에 포함된 자녀들은 여러 세대에 걸칠수록 더욱 자아 분화수준이 낮아진다는 것이다. 이러한 투사과정이 3대 또는 그 이상의 세대에 가면 자녀 중에 정신분열증이나 정서장애가 발생하게 된다. 그러므로 정신분열증이나 역기능 문제는 개인의 질병이 아니라 가족의 정서적 체계에서 누적되고 전수된 자아의 미분화 문제의 결과라고 할 수 있다.

(1) 가족투사에 대한 임상적 적용

자녀의 무기력한 태도를 염려하는 기영가족의 문제이다. 초등학교 3학년인 기영이는 매사에 느리고 의욕이 없었다. 그리고 혼자서는 아무것도 못하고 엄마가 일일이 챙겨주어야만 하여 기영이 엄마는 걱정이 많았다. 그래서 고학년을 대비한 영어, 왕따를 대비한 태권도까지 미리 챙겨서 시키느라고 고생이 이루 말할 수 없었다고 호소하였다. 사실 기영이 엄마 아빠는 35개월이 지나도록 말을 제대로 못했던 기영이 때문에 마음고생을 많았다. 부부 모두 대학을 못나와 아들에게는 최고 교육을 시키고자 하는데 또래 사촌들보다 말이 늦어서 불안했던 것이다.

지능검사에서 정상이라는 결과가 나왔지만 또래보다 말이 늦고, 행동이나 학습에서 뒤처지는 것 같아 노심초사하였다.

(2) 진단 및 상담내용

기영이 엄마의 가족력을 살펴보았다. 가족의 기대를 한 몸에 받고 자랐음에도 불구하고 학업을 마치지 못하고 결국 무능력한 남자가 되어 가족의 짐이 되고 있는 친정 남동생과 자신의 아들을 자꾸 비교하고 있음을 알게 되었다. 기영이는 학교성적은 중상이었지만 매우 소극적이고 무기력한 태도 때문에 담임선생님들의 지적이 있었다. 이런 아들에 대한 평가가 기영이 엄마를 더욱 불안하게 만들어 모든 에너지를 아들에게 투자하고 있었다. 그럴수록 기영이는 더욱 소극적이고 무기력한 태도를 보이며 사소한 신체활동에도 넘어져 다리를 다치거나 항상 감기나 폐렴을 앓는 약한 아이로 성장하고 있었다.

상담을 통해 기영이 엄마는 아들이 조금이라도 부족한 듯하면 과외나 학원을 보내 메꾸려고 한 것이 사실은 엄마 자신의 불안 때문이라는 것을 알게 되었다 .또한 아들의 내성적인 성격을 인정하게 되었다. 그러자 기영이도 아침에 일어나가 숙제. 친구 사귀기 등을 자신의 일로 여기게 되면서 예전보다 매사에 잘하고 싶어하는 적극적인 마음을 조금씩 갖게 되었다.

기영이 엄마는 자신의 남동생을 아들의 모습 속에서 보고 있었기 때문에 남동생처럼 공부를 못하게 될 거라는 불안을 느꼈다. 그래서 지나치게 걱정하고 과잉된 대비를 하였고 그 모든 것들이 아들을 무기력하게 만들고 있었던 것이다. 진짜 문제는 무기력한 아들이 아니라 '아들은 공부 못해 무능하게 된다'라는 기영이 엄마의 불안이었다. 이것은 친정어머니의 염려와 걱정이 기영이 엄마에게 그대로 입력되었던 것이다. 상담 중 남동생에 대해 현실적으로 살펴보니 어린 시절 공부 못했다는 남동생이 현재 못사는 것도 아니라는 것을 알고 안심한 후에야 기영이 엄마는 아들 기영이 성적도 현실적으로 평가할 수 있었다. 그 후에도 기영이 엄마는 아들에게 어떤 불안이 느껴질 때마다 그것이 자신의 헛된 염려인지 진짜 아들의 언행에서 비롯된 것인지를 점검하는 과정을 한동안 거쳤다. 그 결과 지영이는 점차 정상적인 아이처럼 성장하게 되었다.

6) 형제순위

이 개념은 다른 가정에서 태어났으나 동일한 출생순위의 사람들은 비슷한 성격을 가지고 있다는 토만(Toman)의 견해와 유사하다. 보웬은 가족의 투사과정이나 자아분화개념을 적용하여 가족 내 출생순위별로 자녀들의 성격이 일관되게 발달하는 것을 설명하였다. 그는 생물학적 출생순위 만이 아니고 기능적인 출생순위 개념도 사용하였다. 예를 들면 장남이 사고로 사망한 경우, 또는 기대를 걸었으나 실망시키는 경우 그 다음 순위의 자녀가 첫째 자녀처럼 부부의 삼각관계에 휘말릴 가능성이 높다는 것이다.

이 개념을 통하여 어떤 자녀가 가족 내 정서적 과정에 어떻게 작용할 것인지, 그리고 자녀세대의 결혼적응 패턴과 가족생활패턴이 어떠할지, 상담을 할 경우 그들이 어떻게 반응할지를 예측할 수 있다. 예로 만일 장남이나 장녀가 막내처럼 기능한다면 그것은 삼각관계에 속한 자녀라는 것을 증명해 주는 것이다.

형제 순위의 임상적 적용으로 외동끼리 만난 순주씨 부부의 문제를 살펴보자. 순주씨는 아들의 언어지체와 남편의 외도문제로 이혼을 하고자 하였다. 순주씨는 1여1남을 두었는데 아들이 상대의 말은 알아듣지만 본인은 말을 하지 않았다. 그 아들이 그렇게 하는 것은 사생아인 남편 집안의 유전적인 문제가 원인이라고 생각하였다. 그러나 남편은 부인의 생각이 터무니없다며 일축하였다. 남편은 홀어머니 밑에서 자수성가한 사람으로 호텔분야에서 꽤 높은 지위를 가지고 있었지만 외도 등 항상 바깥생활에 치중하였다. 순주씨는 무남독녀로 부모에게 많은 사랑을 받고 자랐으며 결혼도 부모의 뜻에 따라 하였다. 10대 후반에 친정어머니가 순주씨를 낳기 전에 아들을 사산했다는 것을 들었다.

진단 및 상담내용에서 순주씨 부부는 모두 외동으로 자라났기 때문에 자녀를 통제하고 양육하는 일이 어려웠다. 특히 남편은 아버지가 없었을 뿐만 아니라 아버지 역할을 대신해 줄 사람도 없었다. 그래서 남편은 어머니에게 심리적으로 의존하였고 밀착된 유대감을 가지게 되었다. 원가족의 경험으로 동성친구나 혹은 주변사람에 대한 갈망이 매우 높았다. 한편, 순주씨는 유산의 아픔을 겪은 친정어머니의 과보호를 받으면서 성장하였다. 그러므로 친정어머니는 자신이 어린애가 되길 원했다. 그래서 친정어머니는 자녀를 위해 실제로 해주는 것보다 더 많은 인정과 찬사, 칭찬을 받기를 원하였다. 상담 후 순주씨 부부는 잠시 별거생활을 하였지만 상담은 지속적으로 진행되었다. 그 결과 남편은 외도와 사업에 대한 환상을 접고 주말마다 부인과 자녀를 정기적으로 방문하면서 남편과 아버지의 역할을 하려고 노력했다. 순주씨 또한 남편의 변한 태도에 덜 불편하게 대하게 되었고 남편과 다른 사람에게 더 많은 관심을 기울이게 되었다. 순주씨 부부의 결합에는 시어머니의 재혼이 큰 역할을 하였고, 남편은 핵가족에게 돌아갔다.

7) 정서적 단절

정서적 단절(emotional cutoff)은 사람들이 세대 간의 미분화와 그와 관련된 정서적 긴장을 관리하는 방식을 설명한다. 즉 정서적 단절은 세대 간의 융합의 문제를 반영하는 것이다. 따라서 세대 간에 정서적 융합이 클수록 단절 가능성이 더 높다.

부모와 정서적 융합이 심한 사람은 부모로부터 멀리 떠나거나, 거리를 두거나, 또는 같이 살면서도 부모에게서 격리되고 부모를 거부하며, 대화를 피하거나 정서적으로 자신을 고립화시키고 부모가 중요시하는 것을 부인하거나 거부하는 등의 행동을 보인다. 즉 정서적 단절의 두 가지 표시는 가족의 중요성에 대한 부정과 독립성의 과장이다.

단절이 심한 자녀일수록 자신의 긴장과 문제가 부모 탓이라고 보는데 그들이 맺는 다른 사람과의 관계에서도 그대로 반복되고 영향을 미친다. 그런 방식이 통하지 않을 때 그들은 화를 내고 관계를 맺지 않게 되고, 어린아이처럼 행동함으로서 긴장을 최소화시키지만 결국 친밀감을 해치는 결과를 낳는다. 이런 자녀가 이성을 사귀고 결혼생활을 하는 경우 상대방에 대한 정서적 애착과 의존성 정도는 심하다. 만일 자신의 결혼생활에서 긴장과 문제가 생길 때 역시 배우자와의 거리감과 정서적 단절현상을 나타내어 멀리 달아나거나 거부나 격리, 고립화를 보인다. 그들이 원가족에서 차지하던 위치에 정서적으로 붙잡혀있는 한 그들의 개인적 성장은 정지되는 것이다.

(1) 정서적 단절의 임상적인 예로

"부자는 모두 나쁜 사람이에요."라고 말하는 교사 용철씨의 문제다. 용철씨는 TV의 드라마나 뉴스에 부자에 관한 것만 나오면 무조건 욕을 하며 분노하여 부인마저 함께 시청할 수 없을 정도이다. 부인은 일부 몰지각한 졸부나 부정한 방법으로 돈을 번 사람들에 대한 분노라고 생각하였다. 그래서 처음에는 동조를 하였다. 그러나 남편의 태도가 점점 심해지면서 훌륭한 부자에 관한 보도조차 기자들이 돈을 받고 거짓보도를 한다고 하거나 돈을 더 벌려고 하는 음모라고까지 하는 말하는 것을 보고 병이 아닌가 하였다. 그러나 무엇보다 부인을 더 힘들게 하는 것은 그렇게 부자를 혐오하는 남편이 실은 그 누구보다 부자가 되고 싶어 안달하는 사람이라는 것이었다. 돈을 모으기 위해 가족에게 지나치게 절약을 요구하고 부인에게도 돈을 벌도록 압력을 넣고 있기 때문이었다. 심지어 남편은 부모가 부자인 학생들에게 반장이나 간부 자리를 안주려고 하였다. 또한 부자인 부모를 만나려고도 하지 않아 학교와 관련된 대인관계에서 점점 소외되기 시작하였다.

(2) 진단 및 상담내용

용철씨는 2남 2녀의 장남으로 아버지는 어릴 적에 사망하였고 지적장애가 있는 어머니 밑에서 매우 어렵게 자랐다. 아버지 역할까지 하는 책임감 있는 맏이로 어머니와 유대가 매우 긴밀하였다. 용철씨는 삼촌에게 큰 반감을 가지고 있었고 오랫동안 소원하게 지내고 있었다. 그 이유는 어려운 시절에 삼촌이 자신들을 잘 돌보아 주지 않았고 인간답게 대해주지 않았기 때문이라고 하였다.

용철씨는 삼촌과 있었던 일을 구체적으로 알아보면서 자신이 알고 있는 사건들은 어머니와 삼촌 사이에 있었던 일로 모두 어머니를 통해 들은 것들이었다는 것을 알게 되었다. 어린 시절을 더듬어 여러 가지 부정적 감정을 찾고 그 원인을 확인해 가면서 알게 된 사실은 용철씨의 어머니가 남편 사망 후 시동생이 가족을 돌봐 줄 것을 기대했고. 그 당시 농사를 지어야 했던 어머니는 도시에 살면서 고정된 수입이 있었던 시동생을 매우 부유하게 여겼다는 것이다.

그러나 당시 삼촌은 도시에서 새살림을 시작하여 경제적 여유가 전혀 없는 처지였지만 나름대로 형님 가족을 위해 애쓰고 있었으나 형수 눈에는 항상 못미쳐 힘들어하였다. 눈치 없는 용철씨의 어머니는 자주 여러 가지 부탁을 하여 끝내는 삼촌이 싫은 내색을 하였고 몹시 마음이 상한 용철씨의 어머니는 그 길로 삼촌집에 발길을 끊으면서 삼촌에 대한 섭섭함과 배신감을 자연스레 맏이인 용철씨에게 하소연했던 것이다.

일방적으로 어머니의 말밖에 들을 수 없었던 용철씨는 어머니의 감정을 그대로 마음 깊이 새겨두게 되었고 그 후로 두 가족은 소원하게 지내왔다.

상담이 진행되는 동안 용철씨는 자신의 생각을 확인하기 위해 삼촌과 관계를 하였고 그 과정에서 자신의 어린 시절에 대해 객관적인 사실들을 알 수 있게 되면서 자신에 대한 이해도 훨씬 높아졌다. 무엇보다 부자에 대해 갖고 있었던 생각이 얼마나 편협한 것이었나를 알게 되어 부자에 대한 생각을 고칠 수 있었다. 또한 삼촌보다 더 잘 살아서 어머니의 한을 풀어드리려 했던 헛된 욕망에서 벗어나 여유있는 마음으로 살게 되었다.

8) 사회의 정서적 과정

이 개념은 가족에 대한 기본 이론을 사회로 확대시킨 것이다. 환경이 모든 가족들에게 영향력을 미치는 것처럼 사회에서의 정서적 과정이 가족 내의 정서적 과정에 영향을 준다는 것이다. 이 개념은 사회적 불안의 증가가 확대되면 사회 분화의 수준을 어떻게 점진적으로 낮추는 결과를 가져올 수 있는지를 기술한다. 즉 가족체계와 마찬가지로 사회도 불안이 증가하면 역기능을 나타내며 하위 집단끼리 융합되기 시작하여 폭력과 불신, 비행과 범죄율이 높아진다는 것이다. 보웬은 성차별주의, 계층과 인종에 대한 편견들을 불행한 사회의 정서적 과정의 예증으로 제시한다.

(1) 사회적 정서적 과정에 대한 임상사례
(학부모모임과 부녀회 때문에 힘들어하는 소라씨)

소라씨는 타향살이가 낯설고 외동 자녀를 키우는 것을 걱정스러워하다가 학부모 모임에 가면서 많은 정보와 조언을 얻는 것에서 큰 위안을 얻었다. 세월이 가면서 타향살이에 적응이 되었다. 아들이 소라씨보다는 친구들과 더 잘 어울리게 되어 모임의 필요성이 적어졌음에도 불구하고 소라씨는 모임에 빠질 수가 없었다. 왜냐하면 그 모임은 아파트 엄마들을 중심으로 구성된 모임으로 선생님들도 그 모임의 자녀들에게는 함부로 하지 못하는 매우 세력이 큰 집단이기 때문이었다. 또한 그 모임은 부녀회와 관계가 많아서 탈퇴를 한다면 자신뿐만 아니라 자녀들도 학교나 아파트에서 왕따가 될 것이 분명했기 때문이다. 소라씨는 자신이 관련되어 있는 두 모임에서 주최하는 각종 행사에 다니느라 지쳐서 정작 아들과 남편이 집으로 돌아올 무렵이면 저녁 차리는 일도 귀찮아져서 남편과 자주 다투게 되었다. 더구나 아들이 성적이라도 떨어지는 날에는 그 모임에서 무시당할 것 같아서 아들의 학교와 학원 수업까지 일일이 체크하고 단속하느라 아들과 관계가 나빠졌다.

(2) 진단 및 상담내용

소라씨의 원가족을 살펴보니, 친정어머니가 약한 몸으로 시집살림을 하느라 고생하신 분이었다. 소라씨는 고생하는 친정어머니를 대신해 할머니의 비위를 맞추는 등 항상 타인을 기쁘게 하기 위해 기꺼이 자신을 희생하는 역할을 해왔다. 타인과 갈등을 피하기 때문에 겉으로는 비교적 원만하고 사교적으로 보였다. 그러나 타인과 좋은 관계를 유지하기 위해서는 자신의 의견이나 욕구 등 자신의 힘을 절대로 드러내지 않아야 한다고 생각했다. 그러므로 여러 사람 앞에서는 낙관주의자로 보이지만 혼자 있을 때는 자신의 무능함과 부적절감으로 우울하고 불안한 감정을 가지는 경향이 있었다. 그래서 겉으로는 착하고 유순해 보이지만 마음 깊숙한 곳에는 억압한 분노가 자리잡게 되었다. 이런 분노는 가장 가까운 남편과 아이에게 표출되어 '밖에서는 착한 사람, 집에서는 이기적인 폭군'의 모습으로 나타났던 것이다.

한편 소라씨의 어려움에 영향을 준 것은 원가족 뿐만 아니라 소라씨가 속한 학부모 모임과 부녀회라는 외부집단의 분화수준이었다. 비록 개인 혹은 가족의 분화수준이 낮아 타인과 융합을 추구한다고 할지라도 개인을 둘러싼 외부체계의 분화수준이 높다면 보다 건강한 관계와 사회활동이 가능하기 때문이다. 소라씨는 상담을 통해 자신의 융합 정도를 파악하면서 동시에 자신이 속한 외부집단인 학부모 모임과 부녀회의 분화수준을 탐색하면서 서서히 그 모임에서 빠져 나올 수 있었다.

2. 정상 가족과 역기능 가족

1) 정상 가족

보웬은 잘 적응하는 가족은 가족원이 비교적 분화되고 만성적인 불안이 적으며 부모가 그들의 원가족과 자율적이고 친밀한 정서적 접촉을 한다고 하였다. 그러한 가족에서 가족원 각자는 모든 가족원과 세대에 걸쳐 관계를 맺고 문제해결을 위한 융합이나 거리감이 적다. 그리고 가족인은 서로의 차이점과 주관을 인정하고 수용하고, 이성적인 객관성과 개별성을 지니며 사고와 감정을 분리할 수 있고, 다른 사람과 독립적이면서 친밀한 관계를 유지하고 자신을 신뢰한다.

2) 역기능 가족

보웬의 치료모델에서 자녀나 청년, 성인의 행동장애는 가족체계가 가족원의 불안과 정서적 반응을 억제하고 상쇄시키는 능력이 부족한 데서 비롯된다고 해석된다. 가족원 중에 분화수준이 낮은 개인은 불평이 많고 다른 사람을 공격하며 증상을 나타내고, 관계갈등의 중심에 있는 경우가 많다. 예를 들면 학교와 가정에서 행동장애를 보이는 아동은 가족 내에서 가장 많이 삼각관계를 맺는 자녀이다. 부모 사이의 긴장에 정서적으로 많이 관여되어 있고 한쪽 부모(대개 어머니)의 긴장에 의해 가장 많은 영향을 받는다. 이 증상들의 배경인 다세대 전수과정은 부모의 원가족과의 낮은 분화수준의 결과이다. 갈등이 발생할 때 부부는 상대방의 미숙과 문제를 탓하고 상대편의 변화를 기대한다. 이 경우 어머니와 증상을 보이는 자녀가 정서적으로 융합되고 어머니의 그 자녀에 대한 과도한 관심집중과 결혼생활의 악화가 맞물려 발생하게 된다.

보웬이 강조한 다세대 전수과정과 핵가족의 정서적 과정들을 가족생활주기와 연관시킨 사람은 카터와 맥골드릭(Carter와 McGoldrick)이다. 이들은 가족생활주기의 한 단계에서 다음 단계로의 전환은 "이차적 변화—체계자체의 변화—"를 필요로 한다고 하였다. 한편 구에린 (Guerin)은 발달단계보다 스트레스를 더 강조하고 가족원의 증가나 감소. 지위변화 등 생활주기의 변화에 따른 "발달적 스트레스"는 "집단 스트레스"를 유발하게 되고 가족원 각자와 가족전체에 취약성이 증가하는 결과 증상이 발생하기 쉽다고 하였다.

정서적 융합에서 발생하는 대표적인 증상패턴으로는 부부불화와 정서적 거리감이 있는 불행한 결혼(정서적 이혼), 부부 한 사람의 과소기능이나 역기능, 다른 사람의 과다 기능 문제를 자녀에게 투사하는 것 등이다. 증상은 세대를 거쳐 전수되는 불안의 "수직적"문제들과 가족의 나쁜 영향들이 가족생활주기의 전환기에 "수평적"스트레스와 교차될 때 더 표면화된다. 예를 들면 할머니와 아버지 · 어머니의 삼각관계로 인한 부부갈등과 고부간 갈등은 자녀가 사춘기가 되어 발생하는 정체감형성 문제와 겹쳐질 때 문제가 더 표면화되고 악화되어 가족 전체의 혼돈으로 나타날 수 있다.

3. 치료목표와 치료과정

1) 치료목표

가족문제 패턴을 추적하는 작업은 과정과 구조의 두 가지 면에 주의를 기울이는 것을 의미한다. 과정은 정서적 반응의 패턴에 관한 것이고 구조는 연동적인 삼각관계 패턴에 관한 것이다.

다세대 가족치료에서 가족 내 주요문제는 불안과 정서적 융합이다. 따라서 치료목표는 불안을 감소시키고 자아분화 수준을 높이는 것이다. 가족체계가 변화하려면 폐쇄된 가족유대를 개방하고 삼각관계에서 벗어나 탈삼각관계가 되어야 한다. 그러면 개인의 자율성과 성장을 위한 조건이 만들어진다.

치료자들은 문제는 사람이 아니고 정서적 체계이며 개인의 변화는 다른 사람과의 관계성 변화를 통하여 이루어진다고 본다. 체계변화와 가족원의 자아분화 수준 향상을 위해서는 가족 내 삼각관계가 수정되어야 한다. 이를 위해 치료자는 가족의 주요한 두 사람과 새로운 삼각관계를 만든다. 만일 치료자가 부부 양쪽과 계속 접촉하고 정서적으로 친밀한 관계를 유지한다면 부부는 탈삼각관계와 분화과정을 시작할 수 있고 이로써 가족체계를 근본적이고 영구적으로 변화시킬 것이다.

2) 치료과정

보웬은 불안이 정서적 융합을 가져오므로 치료시 불안을 감소시킴으로써 정서적 역기능을 줄여야 하고, 차분하고 안정된 분위기에서 가족체계에 대한 이해와 자아분화 작업이 필요하다고 보았다. 그러므로 치료자는 객관성과 정서적 중립성이 필요하며, 치료자의 역할은 "코치" 또는 "자문역"으로 표현된다. 이것은 치료사가 삼각관계를 피하기 위해서 차분한 이성을 가지는 것이다. 전통적인 용어로 이것은 "전이와 역전이 반응의 관리"로 알려져 있다. 그리고 치료자가 자신의 원가족과 자아분화가 잘 되어있는 것이 내담자와의 정서적 삼각관계를 예방하기 때문에 필수적이다.

자녀는 참여할 수도 있고 안 할 수 있다. 보웬은 전체 가족이 참여하지 않아도 가족원에게 영향력이 있는 개인이나 부부에 의해 변화가 주도된다고 믿는다. 개인적이고 개별적인 과정으로서 시작하는 자아분화는 관계성과 전체 가족체계의 변화와 전환을 위한 매개체가 된다. 그러므로 그의 가족치료과정은 개인이 자아를 분화시키고 다음에 가족체계를 변화시키며, 차례로 개인이 더욱 분화하는 주기이다. 따라서 치료시 가족 전체를 단위로 하는 것은 아니며 단지 전체 가족을 고려에 넣는 인식이 필요하다.

보웬은 가족을 아는 것만으로 문제를 이해하거나 변화를 가져오는 데 불충분하다고 생각하여 확대가족을 이해하려고 하였다. 그는 자아분화 과정의 일부로서 확대가족의 모든 가족원들과 관계성 발달을 중시하였다. 이렇게 할 때 폐쇄된 관계나 융합된 관계가 개방되고 확대가족 내의 삼각관계가 해결되거나 예방될 수 있다고 하였다.

구에린(Guerin)은 자녀와 청소년의 문제, 부부간 갈등. 고부간 갈등을 해결하기 위한 임상모델을 다음과 같이 제시하였다.

첫째, 철저하고 정확한 가계도를 그림으로써 다세대 체계 맥락 안에서 현재 문제를 파악하는 것. 둘째, 중요한 가족원과 접촉하여 그들의 불안과 정서적 동요수준을 낮추고, 전 가족체계의 불안수준을 낮추는 것. 셋째 증상을 보이는 삼각관계만이 아니라 중요한 연동적 삼각관계 범위를 정의하는 것 등이다.

4. 치료기법

보웬학파 치료자들은 가족체계가 기능하는 방법에 대한 이해가 여러 기법들보다 훨씬 더 중요하므로 특정 기법이나 방법에 몰입하지 않아야 한다고 본다. 여러 가지 치료기법은 핵가족이나 부부, 개인, 확대가족 등 어떤 형태 간에 가족의 정서적 체계를 변화시키는데 초점을 둔다. 치료기법들은 다음과 같다.

1) 가계도

보웬은 초기부터 다세대 가족체계에 관한 자료를 수집하고 조직하기 위해 "가계도(genogram)"를 사용하였다. 가계도란 3세대 이상에 걸친 가족성원에 관한 정보와 그들 간의 관계를 도식으로 표시한 그림이다. 가계도의 주요 기능은 확대 가족 내에서 자아를 분화시키기 위한 필요조건으로서 가족체계가 어떻게 기능하는가에 대한 이해를 돕고 변화의 동기를 높여주는 것이다.

가계도 작성의 구체적인 방법은 다음과 같다.

먼저 가족원의 이름, 연령, 형제자매 위치, 결혼과 사망 날짜, 거주지역, 중요한 생활사건 등을 표시하고 남성은 네모로 여성은 원으로 표시하며 그 안에 연령을 적는다. 가로 선은 결혼을 의미하며 그 선 위에 결혼날짜를 적는다. 세로 선은 부모와 자녀를 연결시킨다. 이러한 내용을 3세대까지 확대하여 작성한다.

가계도는 단지 가족에 대한 중요한 정보를 알아내는 하나의 구조이다. 이 구조에 살을 붙이기 위해서는 여러 정보들과 관계성을 표시한다. 각 구성원의 이력, 가족의 역할, 가족생활의 중요 사건. 날짜, 관계성, 거주지역들은 가족 내의 정서적 경계들과 융합, 단절, 중요한 갈등, 개방정도, 현재 관계성과 잠재적 관계성 등을 파악하기 위한 틀이다.

가족을 설명하는 다른 정보로 문화적 · 인종적 · 종교적 관계와 교육수준, 경제수준. 지역사회 및 사회적 네트워크와의 관계성, 가족원의 직업 등이 있다. 내담자에게 가족에 대한 질문을 함으로써 이들은 가족원 각자와 개인적 관계를 맺게 되고 실질적으로 개인적인 대화시간이 많아져서 결과적으로 관계개선과 자아분화가 이루어진다. 또 이로써 확대가족원과의 인간적인 관계를 발달시키고 가족 내의 정서적 작용들에 대해 배우게 되기도 한다.

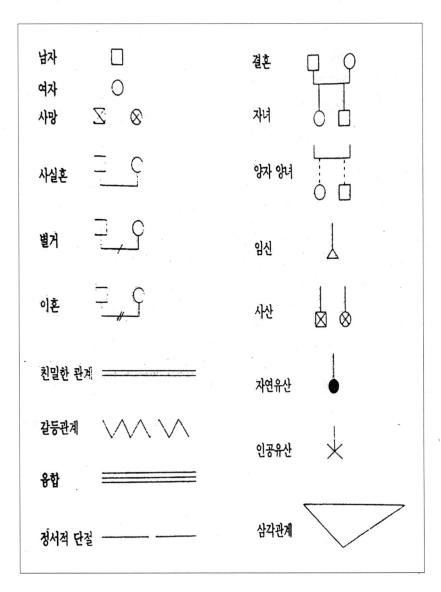

[그림 9-2] 가계도 기호

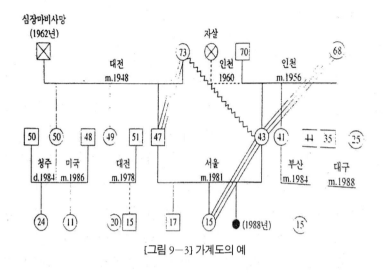

[그림 9-3] 가계도의 예

사망이나 결혼, 이혼과 같이 중요한 사건 날짜는 주의 깊게 살펴봐야한다. 이 사건들은 가족 전체에 걸쳐 의사소통 통로를 열어 개인적 접촉을 증가시키기도 하지만 통로를 닫게 하기도 한다. 가계도에서 얻는 또 다른 중요한 정보는 가족체계 안의 거주지역이다. 한 곳에 가족집단이 모여 있는 것은 흔히 강력한 가족유대를 보여준다. 가계도를 그리는 동안 다음 몇 가지 점에 유의해야 한다.

첫째, 가계도를 그리는 이유를 가족에게 설명한다.
둘째, 초기의 과제이므로 모든 가족원이 참여하도록 한다.
셋째, 가계도를 그린 후 가족에 대한 각자의 견해와 느낌을 서로 나누게 한다.

2) 치료 삼각관계

보웬은 가능하다면 부모나 부부를 면담한다. 치료자가 부부에게 합류할 때 치료적 삼각관계는 형성된다. 성공적인 치료를 위해서 치료자가 가족체계에 말려들지 않고 부부와 의미 있는 관계를 맺어야 한다. 즉 치료자는 중립적이고 객관적인 자세—최적 수준의 정서적 거리—를 유지하는 노력을 하는데 이는 보웬이 말한 바대로 치료자가 부부 상호작용의 부정적인 면과 긍정적인 면 양쪽을 볼 수 있는 지점이다.

가족치료 분위기는 객관적이 되기 위해서 냉정해야 한다. 갈등의 감정이 차분하고 더 객관적으로 다뤄질 수 있을 때 부부는 서로에 대해 이성적으로 얘기할 수 있다. 그러나 느낌이 사고를 앞지를 경우 부부가 더 많이 생각하고 덜 느끼도록 하는 질문을 하는 것이 하나의 방법이다. 이와 같은 기법은 증상을 보이는 자녀와 부모로 된 잠재적 삼각관계의 한 지점에 치료자 자신이 위치하게 되는 가족들에게 사용할 수 있다.

3) 관계성 실험

관계성 실험은 중요한 삼각관계에 구조적 변화를 일으킨다. 여기에서 목표는 가족원이 체계과정을 알고 그 과정 속에서 자신의 역할을 인식하는 것을 배우도록 돕는 것이다. 이 기법은 정서적인 추적자와 냉담자를 치료하기 위한 것이다. 예로 부부 사이가 "추적자—냉담자"로 묘사될 수 있다. 추적자는 의사소통과 공동의 시간을 갖는 것, 모든 것을 하게하는 결속을 더 많이 요구한다. 그럴수록 상대편 냉담자는 거리를 두고 TV를 보거나 늦게 서야 움직이고 관계를 회피하는 것이다. 이에 대한 책략은 "냉담자를 결코 쫓지 말라"는 것이다. 대신에 추적자에게

"당신의 삶에서 그 사람 말고 무엇이 있나요?"라고 질문한다. 이 방법
은 정서적으로 가까워지기를 추구하는 사람이 뒤쫓는 것을 중단하고,
정서적인 관계 압박에서 벗어나 자신과 다른 사람과의 관계에 무슨 일
이 일어나는가를 보게 하는 것이다.

4) 코칭

코칭(coaching)은 치료자가 내담자에게 개방적이고 직접적으로 접근
하여 가족문제에 대처하도록 돕는 것이다. 치료자가 코치함으로써 내
담자 편을 들거나 가족의 삼각관계에 말려들게 되는 것을 피할 수 있
다. 코치는 사람에게 할 일을 말하는 것을 의미하지 않으며, 내담자들
에게 가족의 정서적 과정들과 그 안에서의 자신의 역할을 발견하도록
돕기 위해 고안된 질문을 하는 것을 의미한다. 즉 치료자는 내담자에게
반응하기보다는 문제들을 생각해보도록 질문하고 문제가 있는 관계
속에서 자신의 역할을 어떻게 변화시킬 것인지를 질문한다. 보웬은 전
적으로 질문만을 하며 거의 항상 순환적인 질문을 한다. 질문은 관계성
패턴을 수정하기 위하여 고안되었다.

보웬학파의 다른 치료자들은 때때로 도전이나 직면. 설명을 하기도
하고 과제도 부과하기도 한다. 과제 대부분은 사람들이 삼각관계에서
벗어나도록 의도된 것이다. 예로 방문하는 과제를 내주거나 전화를 거
는 과제, 미해결의 문제에 대해 편지를 쓰게 하는 것이다. 그리고 내담
자에게 편지를 써서 가져오게 하여 그들의 분노와 정서적 반응이 진정
되도록 돕는다. 코칭의 목표는 이해를 증가시키고 자신에게 초점을 맞
추며 가족원간에 더 기능적인 애착관계를 발전시키는 것이다.

5) "나―입장" 취하기

다른 사람이 무엇을 하는가 대신에 '자신이 무엇을 생각하고 느끼는 가'라고 말함으로써 자기 입장을 취하는 것(1―position)은 정서적 반응의 악순환을 깨는 가장 직접적인 방법이다. 그것은 "당신은 게으르다"라고 말하는 것과 "나는 당신이 나를 더 많이 돕기를 원한다"라고 말하는 것의 차이이고, 또 "당신은 아이를 망친다"라는 말과 "나는 우리가 그들에 대해 더 엄격해야 한다고 생각한다"는 말의 차이만큼 큰 차이이다.

이 기법은 상대방에게 책임을 추궁하는 것이 아니고, 자신의 현재 감정상태를 표현하는 것이다. 따라서 이 방법은 상대방이 말하는 사람의 상태를 이해하게 함으로써 반응적이고 악순환적인 대화에서 벗어나게 하고 해결방법을 찾을 수 있는 생각을 시작하게 할 수 있다. 치료자는 내담자에게 "나―입장"을 취하도록 격려할 뿐 아니라 나 메시지(I-message)로 자신늬 의사를 전달하도록 한다. 또한 치료자들 자신도 나 입장에서 나 메시지로 표현한다.

6) 객관성 증가시키기

보웬학파의 치료에서 또 다른 가정은 직면이 불안을 증가시키며, 명확하게 생각하고 선택하는 능력을 감소시킨다는 것이다. 따라서 초점을 바꾸는 것과 초점을 덜 개인적이고 덜 위협적인 것으로 만드는 것은 객관성을 증가시키는 탁월한 방법이다. 이는 다중 가족치료와 치환기법의 바탕이 된다.

다중 가족치료는 부부에게 접근할 때 초점을 먼저 한 사람에게 두고 다음 사람에게 옮기는 방식을 취하며 그들 간의 상호작용을 최소화시킨다. 이렇게 하여 한 사람이 다른 사람을 관찰함으로써 자신의 정서에 몰입하지 않고 정서적 과정을 더 많이 배우게 되는 것이다.

대부분의 부부들은 그들 자신의 희망과 달리 비생산적으로 논쟁하며 모든 책임을 상대에게 전가하고, 협상하는 대신에 공격하는 경향이 있다. 변화를 위해서는 얘기하고 경청하는 의지가 필요하며 다른 사람을 비난만 하는 대신에 과정 속에서 자신의 몫을 인식해야 한다. 이는 비슷한 문제를 가진 다른 가족의 예를 들어 이야기를 들려주거나 비디오테이프, 영화 등의 자료를 사용하여 개인과 가족을 교육하는 것이다. 이를 통하여 내담자가 논쟁이나 방어를 하지 않고 가족 속에서 자신의 할일과 기능을 배우게 된다.

5. 치료이론에 대한 평가

보웬은 민간의 행동을 과학화하는 방식을 보여 주는 중요한 공헌을 하였고, 개인의 기능과 가족과의 관계성 두 가지의 관련성에 대해 잘 이해하도록 기여하였다. 그의 다세대가족치료와 이론의 위치는 경험적 연구에 의한 것이 아니고 정밀한 이론과 임상보고서에 기초한다. 그의 정신분열증 가족연구는 원래 통제된 실험이기보다는 임상적인 관찰이었다.

그의 이론은 일관되고 유용하지만 임상적 관찰에 기초한 것이어서 기본원리가 경험적으로 명료하게 된 것은 아니었다. 그러나 보웬 이론은 진위 여부 보다는 그 유용성 여부로 가장 잘 판단되는데 결론적으로 그 이론은 분명히 유용하다. 그의 이론은 치료를 위한 청사진이고 치료는 이론을 근거로 일관성을 지닌다. 현재 보웬의 가족치료의 효과성은 치료자들의 개인적 체험과 임상보고에서 광범위하게 입증되고 있다.

보웬의 치료에서는 가족문제에 접근하기 전에 가족체계가 작용하는 방식을 철저히 이해해야 한다. 치료는 세대를 거슬러 올라가서 내담자의 부모와 조부모, 아주머니, 아저씨 등을 방문하고 그들과 잘 지내기를 배우는 것이다.

보웬의 모델은 체계역동 방향으로 증상을 보고 내담자로 하여금 자기발견을 향해 평생 노력하도록 격려하며, 통찰만이 아니고 실제로 가족과 접촉을 하게 한다. 그는 가족원들이 사고기능을 변화시켜줌으로써 내담자의 자아분화를 높이는데 그 치료목적이 있다. 그리고 치료자가 가족의 정서적 과정에 융합되기보다 객관적인 입장에 서는 것이 효율적인 치료에 도움이 되는 것으로 보았다. 따라서 치료자 자신의 자아분화수준이 높아야함을 강조한다.

이 치료이론은 우리나라에서 전통적인 가족문제인 시모와 남편의 애착으로 인한 고부갈등의 세대 간 전수문제와 이로 인한 부부간 갈등, 며느리나 손자녀의 문제 등에 적용할 수 있다. 또한 가정폭력 문제, 알코올 문제, 약물 의존성 문제, 자녀의 행동 부적응 문제, 우울증의 정서장애 문제 등에 광범위하게 적용되고 그 효과성도 입증되고 있다.

제7장
구조적 가족치료

구조적 가족치료는 체계론적 관점을 근거로 발전된 것으로 1970년대 이후 가장 영향력이 있는 접근법 중의 하나이다. 이 치료는 상당히 역동적이고 짧은 면접과정 속에서 가족의 문제점과 가족 특유의 패턴을 파악하여 가족구조를 변화시키는 매력을 지니고 있다. 구조적 가족치료자는 개인을 사회적 존재로 보고 개인을 둘러싼 구조에 초점을 두었다. 가족의 구조가 변하면 개인도 변할 수밖에 없다고 보았다. 구조적 가족치료의 특징은 가족의 구조적 변화에 치료목표를 두고, 치료자가 적극적으로 가족을 재구조화하는 과정에 개입하는 매우 실용적인 접근이라는 것이다.

1. 치료이론의 관점 및 주요 개념

구조적 가족치료는 미누친(Salvador Minuchin)을 주축으로 개발된 것이다. 그는 기존의 가족치료가 중산층을 대상으로 한 것이어서 빈곤가족에게는 적당하지 않다는 사실을 깨달았다. 그는 대부분의 빈곤가족이 복합적이고 많은 문제를 지니고, 어려움을 극복하는 대안이 부족하며 경직된 습관을 지녔다는 것을 발견하고 그들을 위한 구체적이고 행동 중심적인 치료기법이 필요하다고 생각하였다. 따라서 가족을 새로운 구조로 만들 수 있는 기회를 제공하는 치료방법으로서 미누친은 구조적 가족치료를 개발하게 되었다.

구조적 가족치료이론은 인간은 환경의 한 부분이며, 사람이 환경에 적응할 뿐만 아니라 환경 역시 사람에게 적응한다. 개인과 가족의 생활과정은 이 둘 간의 상호작용에 의해 영향을 받는다는 것을 기본으로 하고 있다.

구조적 가족치료에서 구조는 보이지 않는 일련의 기능구조이다. 치료자들은 가족의 구조를 이해하기 위해서는 가족원간의 인간관계 규칙을 이해하지 않으면 안 된다고 믿었다. 그러나 이렇게 이해되는 가족구조는 추상적인 구조일 가능성이 있으므로 그 가족의 지배적인 규칙을 파악해야 한다. 즉 누가 누구와 밀접한 관계를 가지고, 이들 중 누가 더 지배적 권력을 가지고 있는지, 어떤 구성원이 연합하는 것은 누구와의 지배적 관계에 대항하기 위한 것인지 등에 관한 구체적 분석이 이루어져야 가족구조의 정확한 도식이 그려질 수 있다. 즉 치료자들은 가족원간의 상호작용 방법과 관계규칙을 도식화함으로써 가족체계를 잘 이해할 수 있도록 가족문제를 구조화해서 개입하려고 시도하였다. 주요 개념은 다음과 같다.

1) 경계선

경계선 개념은 하위 체계 간에서 주로 사용되는 용어이다. 개인, 하위 체계, 전 가족은 상호 경계선에 의해 한계가 설정된다. 이 경계는 다른 사람과의 접촉의 양을 조절할 수 있는 개인과 하위체계를 둘러싸고 있는 보이지 않는 구분이다. 경계는 하위 체계의 독립과 자율성을 보호하며 상호작용 과정에 구성원 중 누가 어떤 방법으로 참여할 수 있는지에 대한 규정이다.

하위 체계간의 상호 역동성은 이 경계선이 밀착되어 있는지, 명확하게 있는지, 분리되어있는지에 따라서 애매한 경계, 분명한 경계, 경직된 경계로 구분된다.

(1) 애매한 경계선

애매한 경계선을 주로 하는 가족은 구성원이 체계에 참여하는 규칙이 모호하기 때문에 그 구성원은 모든 문제에 관해서 서로가 지나치게 얽혀서 필요이상으로 관여하게 된다. 이러한 가족을 밀착된 가족(enmeshed family)이라고 부른다. 이들은 서로 지원을 하고 염려해주지만 독립과 자율성은 부족하다. 밀착된 부모는 자녀를 사랑하고 많은 것을 함께 한다. 이들의 자녀는 부모에게 의존하려는 경향이 있고, 거리감이 없어서 부모들의 대화에 자유롭게 끼어들기도 하는 등 자녀와 부모와의 세대 간 경계가 모호하게 된다. 또한 이 경우 자녀들은 가족 외부의 사람에게도 같은 패턴으로 작용하게 되어 관계에 문제가 일어날 수 있다.

(2) 경직된 경계선

경계선이 경직된 경우 구성원은 뿔뿔이 흩어져버리는데 이러한 가족을 유리된 가족을 disengaged family)이라고 부른다. 이 경우는 상호작용이 지나치게 제한적이고 외부체계들과의 접촉이 허용되지 않는다. 그 결과로 유리되는데 유리된 개인이나 하위체계는 자율적이고 독립적일 가능성이 많아진다. 유리된 하위체계는 온정과 애정, 양육이 제한 받으며 거리감을 느끼므로 애정과 소속감이 결핍되고, 구성원 상호간에 도움과 격려, 지지를 필요로 하는 기회를 살피는데 둔하게 되어 문제가 생긴다.

(3) 분명한 경계

분명하고 명료한 경계선을 지닌 가족은 정상가족이라고 할 수 있다. 부부 두 사람이 결혼하면서 하위체계를 형성하는데 이때 하나의 기능적인 체계로 전환하는데 상당한 적응기간이 필요하다. 정상적인 부부관계에서 서로의 요구를 수용하는 방법과 선호하는 스타일을 교환하고 원가족과 친척, 일, 친구 등과의 경계를 분명히 설정하는 것이 중요하다. 마찬가지로 부모와 자녀 간에도 분명한 경계가 있을 때 구성원들이 적절하게 기능하게 된다.

이상의 세 가지 경계선은 가족 내에서 함께 존재할 수도 있는데, 이때 가족성원간에는 밀착된 상태와 유리된 상태의 양면을 보게 되는 경우가 있다.

2) 제 휴

가족은 부부 하위 체계, 부모—자녀 하위체계, 형제 하위체계 등 크게 세 가지 하위 체계로 구성되어 있고 이 하위체계 속에는 많은 제휴가 일어난다. 하위 체계 구성원간의 관계는 경계선 안의 상호작용이다.

제휴는 가족원 상호간에 형성하는 정서적, 심리적 연결에 관한 것이다. 즉 가족의 상호작용 과정으로 가족체계의 한 개인이 다른 협력관계 또는 대립관계를 가지는 것이다. 예를 들면 남편이 부인의 자녀양육방법에 대하여 동의하거나 반대하는 것과 같은 것이다. 일반석으로 제휴가 고정될 때 역기능적이 될 수 있다.

제휴에는 결탁과 연합이 있다. 결탁은 두 사람이 제삼자에게 대항하기 위하여 제휴하는 것이다. 결탁과 관련되어 우회가 발생하기도 한다. 우회란 공격성과 갈등을 상대방에게 직접 표현하지 않고 제삼자에게 전가하는 것이다. 예를 들면 배우자에게 불만이 있는 아내가 서로 간에 어려움과 갈등의 책임을 자녀에게 전가시키는 것이다. 이때 자녀의 스트레스와 부부 간 갈등은 더 심화되게 된다. 연합은 두 사람이 제삼자와는 다른 공동의 목적을 위하여 제휴하는 것으로 반드시 제삼자와 적대적이지는 않다.

예를 들면 어머니가 아버지에게 대항하기 위해 한 자녀를 끌어들여 그 자녀가 어머니 편이 되어 아버지를 공격하는 것을 모자간 결탁이라 한다. 연합의 예로는 자녀들이 부모의 승낙을 받기 위해 제휴하거나, 또는 부모가 자녀를 통제하기 위해 제휴하는 것 등이 있다.

3) 권력과 위계구조

권력이란 구성원 각자가 상호작용 과정을 통하여 다른 사람에게 미치는 영향력이다. 권력은 가족원의 상황에 따라서 변화하며, 가족원들의 교류가 적극적인가 또는 소극적인가에 따라 달라진다.

권력과 관련된 구조적 문제는 첫째는 기능적인 권력의 부족현상이고, 둘째는 부모의 권력 기능의 약화현상이며, 셋째는 발달단계에 맞지 않게 권력을 행사하는 것이다.

구조는 각 가족원들이 서로 다른 권력을 가지는 일련의 위계구조를 가지고 있다. 그러나 이 구조는 상황에 따라서 변화할 수 있고 상호보완적으로 변하는 것이 바람직하다. 그러나 어떤 경우에는 상황이 바뀌어 요구가 달라지는데도 유연성이 없이 역할이 경직되고 고정된 형태를 보이기도 한다. 이럴 때는 문제가 발생하기 쉽다.

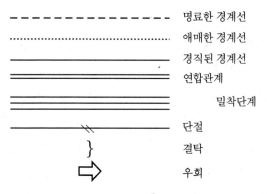

[그림 10-1] 가계도에 사용되는 기호

예를 들면 아버지가 책임감이 강하고 유능하고 자녀지도에 적극적이면 어머니는 그렇지 못하게 된다. 그러나 아버지가 아프거나 집을 떠나면 어머니가 이것을 떠맡아야 하는데 과거의 역할에만 고정된다면 자녀지도 문제가 곧바로 발생하는 것이다.

2. 정상 가족과 역기능 가족

1) 정상 가족

명확하고 안정된 경계선, 부모 하위체계의 강력한 위계구조 체계의 융동성이 특징으로 나타난다. 또한 자율성과 상호의존, 개인성장과 체계유지, 변화하는 내적 발전과 환경적 요구에 반응하기 위한 연속적이고 적절한 재구조화 측면에서 공통적으로 융통성이 있다.

2) 역기능 가족

가족체계가 역기능적 구조가 되는 것은 가족의 경계선이 애매하거나 경직되어있고, 가족구조가 융통성이 없어서 상황변화에 적절하게 대처하지 못하며, 결탁이 형성되어있고, 부모 하위 체계가 강한 권력구조를 가지고 있지 못할 때이다. 주로 역기능 가족은 가족원의 문제나 증상의 발생으로 표면화 된다.

대표적인 역기능적 가족의 예를 들면 자녀들 때문에 그 부모가 계속해서 싸우는 가정이다. 아버지는 어머니가 너무 개방적이라서 애들을 망친다고 주장하고, 어머니는 아버지가 너무 엄격해서 아이들의 기를 죽인다고 주장한다. 아버지가 아버지 역할을 포기하고 있다고 어머니가 비판하면 그것은 아버지로 하여금 더 심한 포기를 하게 만든다. 밀착되어 있는 어머니가 과도한 관심과 집착으로 자녀의 필요에 반응하면 유리된 아버지는 아버지의 반응이 꼭 필요한 때도 반응하지 않는다.

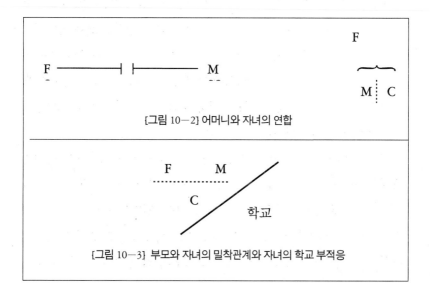

[그림 10-2] 어머니와 자녀의 연합

[그림 10-3] 부모와 자녀의 밀착관계와 자녀의 학교 부적응

이것은 두 사람 모두 자신의 행동으로 상대방의 행동을 영속화시키고 있는 것이다. 그 결과로 어머니와 자녀가 아버지를 제외시킨 채 세대교차적 결탁을 형성하게 된다(그림 10−2참조).

어떤 가족은 자녀들이 어릴 때는 기능을 잘 한다. 그러나 자녀가 성장하여 훈련이 필요할 때 부모가 그들을 잘 통제하지 못하고 자녀와 너무 밀착되어 있는 경우가 있다. 이때 부모가 가족규칙을 따르는 것과 어른의 권위를 존경하는 것을 자녀에게 가르치지 않는다면 자녀는 학교생활과 친구관계에서 어려움을 겪을 수 있다(그림 10−3참조).

3. 치료목표와 치료과정

1) 치료 목표

구조적 가족치료의 목표는 가족의 재구조화를 동한 문제 해결이다. 치료자들은 이를 위하여 가족체계에 합류하여 경계선을 변화시키고 하위체계를 재정비함으로써 가족원의 행동과 경험을 변화시킨다. 치료자는 문제를 직접 해결하는 것이 아니다. 치료자는 가족원들이 그들의 문제를 해결할 수 있도록 하기 위하여 먼저 가족기능을 수정하여 재구조화하도록 돕는 것이다.

가족에 대한 구체적인 치료목표는 그들의 구조적 역기능의 특성과 표현된 문제에 의하여 규정된다. 가족마다 독특하지만 공통의 문제가 있고, 또 그들만의 특수한 구조문제가 있다. 일반적으로 가장 중요한 가족치료 목적은 효과적인 위계구조 수립이다. 그리고 밀착된 가족에 대한 치료목표는 경계를 강화시켜 각 개인과 하위 체계를 개별화하는 것이고 경직된 가족에 대한 치료목표는 경계를 더 융통성 있게 설정하여 상호작용을 증진시키는 것이다.

2) 치료과정

가족 내의 변화가 일어나기 위해서는 가족이 먼저 치료자를 수용하고 치료자의 개입에 진지하게 반응해야 한다. 이것은 가족에게 스트레스를 주지만 스트레스는 가족 항상성에 불균형을 야기하여 가족구조의 변화에 대한 동기를 증진시킨다. 이처럼 치료자가 가족에 참여하고 적응하는 것이 구조화의 선결조건이다. 치료자는 가족에 '합류'하기 위하여 가족원을 수용해야 하고 그들의 방식에 대한 존중을 가족에게 전달해야 한다.

구조적 가족치료는 가족이 제시하는 문제를 체계적 관점에서 재명명화나 재정의함으로써 행동의 변화를 유도한다. 흔히 가족들은 문제를 개인이나 외부 탓으로 돌리는 경우가 많은데 구조적 가족치료자들은 이것을 가족구조의 기능문제라고 재정의 한다. 또한 치료자는 같은 문제를 새롭고 건설적인 방향으로 제시해야한다. 그리고 치료면담 중에 실연을 사용하여 재조명 이 일어나도록 해야 한다. 즉 면담이 이루어지고 있는 상황에서 가족의 구조를 관찰하여 그 구조가 변화하도록 하는 것이다. 치료자는 지도자로서 가족에 참여하고 가족구조를 그려보고 변화시키기 위해 개입한다.

실제로 구조적 가족치료 과정은 다른 치료보다 상당히 구체적이다. 치료과정을 정리하면 [그림 10—4]와 같다. 구조적 가족치료에서는 사정을 위한 면담과정을 별도로 가지지 않는다. 일반적으로 가족구조에 대한 사정은 가설을 설정하는 것이며 이 가설에 따라 치료목표가 수립된다. 치료목표를 향하여 치료적 개입이 있고 그 결과는 다시 가족구조를 사정하기 위한 자료로서 피드백되는 과정을 거친다. 이러한 과정을 한 회의 면담에도 계속 반복하면서 가족구조의 변화를 시도한다.

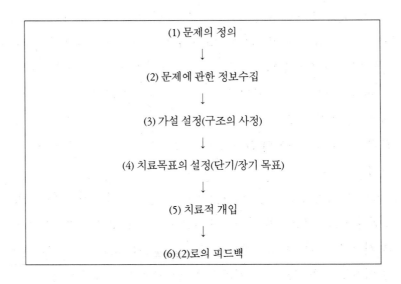

(1) 문제의 정의
↓
(2) 문제에 관한 정보수집
↓
(3) 가설 설정(구조의 사정)
↓
(4) 치료목표의 설정(단기/장기 목표)
↓
(5) 치료적 개입
↓
(6) (2)로의 피드백

[그림 10−4] 구조적 가족치료 과정

4. 치료기법

구조적 가족치료의 기법은 가족이 바람직한 교류패턴(transaction pattern)을 발달시키는 맥락을 만들어내는 것이 중요하다는 이론에 근거한 것이다.

기법은 목적에 따라 교류와의 합류, 교류의 창조, 교류의 재구성 등 세 범주로 구분된다. 이 세 가지 기법들은 각각 독립적이지 않고 상호보완적이며, 동시에 중복적으로 또는 연속적으로 다른 범주의 기법들이 사용되기도 한다. 그러나 대체로 교류와의 합류 기법이 초기 치료과정에 주로 사용되고 다음 교류의 창조, 교류의 재구성 기법 등이 사용되고 있다.

1) 교류와의 합류

교류와의 합류는 치료목표에 도달하려는 치료자가 가족과의 인간적 교류를 만들어내는 기법이다. 가족과 치료가가 서로 협력하며 치료를 계속하기 위한 합류는 매우 중요하다. 합류는 치료자가 가족과 인간적인 관여를 하는 것으로 정의된다. 래포(rapport)와 비슷한 개념이지만 래포가 치료적 관계상태를 의미하고, 합류는 치료자의 행동을 표현하는 의미를 지닌다. 합류를 촉진하는 방법으로 추적, 유지, 모방 등이 있다.

(1) 추 적

치료자가 가족의 기존 체계에 순응하고 따라가는 것이다. 즉 가족이 지금까지 해온 의사소통이나 행동을 존중하고 그들의 과정에 쫓아가는 것이다. 그 방법에는 지지적 언급 내용을 명료화하기, 가족의 말 반복하기, 경청 등이 있다.

(2) 유 지

치료자가 자신의 행동을 가족의 교류과정에 맞추는 것이다. 즉 치료자가 가족의 현재 있는 교류상태를 그대로 존중하고 기존의 가족교류의 법칙을 따르려고 시도한다. 이것은 가족이 갖고 있는 기존의 구조를 유지하도록 존중하는 것이다. 예를 들면 할머니가 오셨을 때 그 분이 가정의 중심인물이라는 판단이 서면 치료장면에서 그 분의 위치를 존중하고 인정해주며 양해를 구하는 것이다. 이러한 기법들은 치료 초기 단계에서 치료적 관계 수립하는 데 유용하다.

(3) 모 방

치료자가 감정, 분위기나 어조 행동유형, 말의 속도 등의 가족의 특성을 흉내 내거나 자신과의 유사점을 강조하는 것이다. 흉내를 내는 대상은 단어나 언어사용, 동작, 감정표현, 비유적 표현 등이 있다. 만약 내담자 가족이 전라도 말을 한다면 치료자도 전라도 말을 흉내 내고 같이 동질성을 느끼도록 모방하는 것이다. 자연스럽게 모방기법을 사용하면 가족들이 치료자에게 친밀감을 느낄 수 있게 된다.

2) 교류의 창조

교류의 창조는 치료적 효과와 연결될 수 있는 가족원간의 교류를 치료자가 의도적으로 만들어내는 것이다. 치료를 필요로 하는 가족들이 사용하는 교류패턴이 주로 역기능적이라고 전제할 때 이 가족구조의 역기능은 구조개선을 통하여 변화되어야 한다. 그러나 가족들은 반드시 가족구조에 문제가 있다는 것을 인정하지는 않는다. 치료자에게는 이처럼 견해가 다른 가족들에게서 어떤 방법으로 치료에 필요한 정보를 수집하고 이를 치료에 이용할 수 있느냐가 중요하다.

가족원이 자발적으로 참여하지 않은 상태에서 정보를 수집하는 것을 교류의 창조라고 한다. 즉 치료에 유익하다고 생각되는 정보를 수집하기 위해서 치료자가 의도적이고 계획적으로 가족원간에 교류를 만들어내는 것이다. 실연, 과제주기 등이 있다.

(1) 실 연

실연(enactment)은 치료면담 중에 역기능적인 가족원간의 교류장면을 실제로 치료자 앞에서 행동으로 재연시키는 것이다. 이 방법은 가족의 실생활이 그대로 드러나기 때문에 가족구조를 이해하는데 효과적이다. 그 결과 치료에 몇 가지 도움이 된다.

첫째, 치료자가 의미 있는 정보를 수집할 수 있다.
둘째, 치료자가 적극적으로 가족에 관여하게 되어서 치료적 관계 형성이 쉽다.
셋째, 가족이 IP중심의 문제의식에서 벗어나 가족의 역기능적 상태를 이해하는데 도움을 줄 수 있다.
넷째, 가족원들이 문제를 설명하는 것이 아니고 행동으로 실제로 경험하면서 함께 관여하므로 구조개선 동기가 증진될 수 있다.

실연기법은 세 단계를 거친다. 일 단계는 치료자가 가족원의 역기능적 교류형태를 관찰하고 실연할 부분을 확정한다. 이 단계는 치료자가 가설로 세운 역기능적 교류를 중심으로 가족원들이 실연하게 하고 상호작용과 그 결과를 분명히 한다. 삼 단계는 지금까지 가족이 사용한 방법과는 다르게 교류를 실연하게 한다. 이와 같은 실연을 경험하면 현실적인 변화를 이끌어 내는데 도움이 된다.

(2) 과제주기

치료자가 가족원들에게 특정의 교류에 관여하는 과제를 내주는 것이다. 언제, 어디서 누구와 어떻게 교류해야 하는 가를 구체적으로 분명히 제시한다. 이를 통하여 목표와 관련된 정보를 수집하고 교류의 개선을 연습하며 경험해보는 기회를 갖게 하는 것이다.

3) 교류의 재구성

교류의 재구성은 기능적인 가족구조로 가족원간의 교류패턴을 변화시키기 위한 기법이다. 가족의 교류패턴을 변화시켜서 바람직한 가족구조를 만들기 위해 사용하는 기법이다. 이에는 체계의 재편성, 증상의 초점화, 구조의 수정 등이 있다.

(1) 체계의 재편성

가족원을 바람직한 위치로 옮겨서 바람직한 가족구조를 만드는 기법이다. 예를 들면 밀착된 관계에 있는 확대가족원에게는 핵가족에서 분리시키고 경계를 분명히 하는 것이다. 또 유리된 부부에게는 서로 가까이 접근하도록 도와준다. 앉는 자리나 식사하는 자리를 재배치하는 방법도 체계를 재편성하기 위한 기법이다.

(2) 증상의 초점화

가족이 호소하는 증상에 직접 관여하여 교류패턴을 변화시키는 기법이다. 예를 들면 증상의 강조, 증상의 축소화, 증상을 재명명화 하는 것들이다.

(3) 구조의 수정

직접적으로 경계선 · 제휴 · 권력 등에 관여하여 가족구조를 변화시키는 기법이다. 이에는 가계도, 교류의 분해, 차단, 강화 방법 등이 있다.

① 가계도
부호를 사용하여 가족의 역기능적 구조를 도식화하는 것으로 가족구조를 직접 변화시키기 위한 교류개선만이 아니고 사정의 목적으로 자주 사용된다.

② 교류 분해
가족이 역기능적 교류를 지속하지 못하게 하는 방법이다. 예를 들면 가족이 IP의 증상에 경직된 형태를 보이거나 IP나 가족원들이 스스로 빗어나지 못할 때, 이를 치료자가 분해하면 가족들은 새로운 패턴을 시도하게 된다.

③ 교류 차단
익숙한 교류패턴을 방해하기 위해 치료사가 가족원간에 차이점을 강조함으로써 협력체계나 결탁관계를 분해시킨다. 또 잠재적 갈등을 자극하여 표면화시킴으로써 결탁이나 제휴관계를 분해하는 효과를 가져 온다.

④ 교류 강화

가족구조의 개선을 목적으로 가족교류의 여러 유형 중 특정의 교류 형태를 강조하는 것이다. 예를 들면, 엄마와 아들의 교류가 지나칠 때, 아버지와 아들이 함께 시간을 많이 보낼 수 있도록 교류 형태를 강화시 킨다.

5. 치료이론에 대한 평가

구조적 가족치료는 가족치료 분야에서 가장 널리 사용되는 접근법 중의 하나이다. 그 이유는 개념이 단순하고 포괄적이며 실용적이기 때 문이다. 이 치료의 중요한 신념은 모든 가족은 일정한 구조를 가지며 구조는 단지 그 가족이 행동할 때 보여진다는 것이다. 즉 전체적인 가 족구조를 고려하지 않고 하나의 하위체계에만 개입하면 지속적인 변 화는 이루어지지 않는다는 것이다.

구조적 가족치료는 가족의 하위 체계간의 경계를 명확히 하여 재구 조화함으로써 문제를 해결하는 결과를 가져오도록 되어있다. 그러므 로 전 가족의 면담이 필요하다. 치료자는 기능적인 구조와 역기능적 구 조를 구분하고 효과적인 위계구조를 만들어내는 것이 중요하다.

이 치료방법은 고질적인 고부갈등, 부부갈등으로 인한 자녀 문제 등 한국가족의 경직된 가족구조와 가족규칙, 하위 체계간의 경계선이 애 매하거나 밀착된 데서 비롯되는 많은 가족문제를 해결하는데 효율적 이다. 또한 등교거부, 거식증, 신경성 식욕부진, 천식, 정신신체화 증상 문제들에 유용한 것으로 보고된다.

제8장
경험적 가족치료

경험적 가족치료는 정신분석 이론과 행동주의가 갖는 결점에 대한 반동으로 출현한 인본주의, 실존주의와 현상학 등의 이론과 게슈탈트 치료의 영향을 받아 출현하였다. 경험주의 가족치료모델은 인간의 성장 잠재력과 문제해결력을 존중하고, 자아가치와 성장을 중시하며, '지금—여기'에서의 개인의 주관적인 감정과 욕구, 행동을 중시한다. 또한 상담 시에 상담자와 가족이 그때그때 경험하는 상황과 느낌을 중시하고 현재 충만을 경험하는 것이다. 그리고 이 경험을 가족이 공유함으로써 상담적 변화가 촉진되고 가족이 성장하는 것을 강조하였다. 경험적 가족상담의 대표적인 인물은 버지니아 사티어(Virginia Satir)이다.

1. 주요 개념

1) 치료적 신념

사티어는 가족상담에서 다음과 같은 신념을 가진다.

(1) 성장에 관한 신념

모든 사람들은 심리적으로 성장하고 발전하고자 하는 욕구를 가지고 있다. 그리고 생존하고 성장하기 위하여 적응할 수 있는 능력과 성장하고 변할 수 있는 자원을 가지고 있다. 상담 시에 관심의 초점은 성장과 전체적인 것에 있으며 병리적인 것은 중요시하지 않는다.

(2) 변화에 관한 신념

인간은 과거의 사건은 지울 수는 없으나, 그 사건이 인간의 행동, 감정, 지각, 기대, 열망 그리고 실존적 자아에 미치는 영향을 변화시킬 수는 있다. 상황적인 변화는 불가능할지라도 내면의 변화는 가능하다. 개인의 원가족은 매우 중요하고 최초 학습의 장이지만 초기에 학습된 생존방식이 영원히 지속될 수는 없으며 성장과 변화는 계속하여 이루어진다.

(3) 희망에 관한 신념

희망은 변화를 위한 중요한 구성요소이며, 상담을 위한 동기가 될 수 있고 목표가 될 수 있다. 문제가 무엇인가보다는 변화되기를 희망하는 것에 관심의 초점을 둔다.

(4) 선택에 관한 신념

일반적으로 인간은 예측이 가능하고 안전하다는 이유로 익숙한 것을 선택하는 경향이 있다. 그러나 새로운 선택과 결정을 하는 데에 과거의 영향을 받을 수는 있으나, 과거가 장애요인이 되어서는 안 된다. 대신 과거를 인정하고 수용하도록 하여 현재를 지배할 수 있는 능력을 키움으로써 과거의 영향에서 해방될 수 있다.

(5) 감정에 관한 신념

감정은 인간에게 예속된 것으로 인간은 자기감정에 대한 책임이 있다. 내면의 감정을 선택하고, 지배하고 사용하는 것을 학습할 수 있으며 학습하면서 다르게 느끼고 반응할 수 있다. 극복한다는 것은 인간의 자기 존중 감정을 표현하는 것으로, 자아 존중감이 높을수록 더 건강하게 극복할 수 있으며 성취감을 느낄 때 자아 존중감이 향상된다.

(6) 자원에 관한 신념

모든 사람들은 성공적으로 극복하고 성장하는 데 필요한 내면의 자원과 에너지를 가지고 있다. 내면의 자원과 에너지는 신념, 확신, 지식, 사랑, 관심, 기쁨, 나눔, 인정 등을 의미한다.

(7) 문제에 관한 신념

행동이 역기능적이고 파괴적이라고 해도 그 행동은 생존하고 어려움을 극복하기 위한 외적인 표현이다. 문제보다는 문제에 대한 대처방식이 인간에게 중요한 영향을 미친다. 치료는 병리적인 것 보다는 건강한 것에 초점을 두어야 한다. 문제 자체는 큰 문제가 아니고 문제를 어떻게 극복하는지가 가장 큰 문제이다.

(8) 인간에 관한 신념

모든 사람들은 유일한 존재로서 독특한 속성을 가지고 있으면서도 인간으로서 많은 공통적인 유사성을 가지고 있다. 인간은 차이점을 발견하기보다는 차이점을 수용하는 것을 배워야 한다. 인간은 유사성을 근거로 하여 함께 어울릴 수 있고, 차이점을 근거로 하여 성장할 수 있다.

이러한 사티어의 신념들은 인간의 삶에 대해 긍정적인 사고를 갖도록 해주며, 인간에 대한 존엄성과 존재가치, 인간의 욕구와 잠재력에 대한 신성시, 성장과 변화를 위한 희망과 가능성 등을 제공하여 주고 있다.

2) 자존감

자존감은 다른 사람들이 자신을 보는 것과는 다른 별개의 것으로 자기가 자신에게 가지는 애착, 사랑, 신뢰, 존중과 같은 것이다. 사티어는 감정측면을 중요시하며 가족원들의 자존감을 증가시키는 것을 가족상담에서 중요한 과정으로 다루었다.

사티어는 자존감을 인간의 기본욕구로 간주하고 에너지 개념으로 설명한다. 우리가 자신에 대해 가지고 있는 지식과 감정은 에너지를 만들어 내는 중요한 요소이다. 자기 자신에 대하여 감사하고 사랑할 때 에너지는 만들어지며, 이러한 에너지는 현재 주어진 상황을 창조적이고 현실적이며 온정적으로 다루어가도록 한다.

3) 의사소통 유형 및 대처 방식

사티어는 사람들이 스트레스 상황에서 다른 사람과 관계할 때 회유형, 비난형, 초이성형, 산만형, 일치형과 같이 다섯 가지 방법 중의 하나로 의사소통한다고 했다. 이 중 역기능적 의사소통 유형은 회유형, 비난형, 초이성형, 산만형이고, 기능적 의사소통 유형은 일치형이다. 역기능적 의사소통유형은 일종의 생존유형(survival stances)으로 자존감이 낮으며 불균형적인 상태에 있을 때 주로 나타나고, 대부분 아동 초기에 학습되어 가족 간의 잘못된 상호작용을 통하여 더욱 강화된다.

(1) 회유형 (placating)

회유형은 타인과 상황은 인정하나 자기 자신은 인정하지 않는다. 즉, 자신의 느낌이나 생각을 무시하고 다른 사람의 기분을 맞춰주려고 애쓰는 유형이다. 결국 자기가치나 자신의 감정보다는 다른 사람이 기분 상하지 않게 하는 데 열중한다. 내면적으로 자신은 무가치하다고 여기며 곁에 누가 없다면 죽은 목숨과 같다고 느낀다.

회유반응은 상대방에게 죄책감을 갖게 하며 상대방이 죄책감을 가지면 자신을 아낀다고 생각한다. 그리고 회유반응은 자신을 위하여 자신의 욕구를 숨기는 것이다. 이들의 자원은 남에 대한 배려와 돌봄, 민감성이다. 회유형의 내담자에게는 감정을 통해 쉽게 접촉할 수 있다.

회유(Placating)는 사람들을 회유하고 비위를 맞출 때 자신의 가치에 대한 느낌을 무시하고 자신의 힘을 다른 사람에게 넘기고 모든 것에 Yes 한다. 외부적으로는 적절한 행동을 하는 것처럼 보이지만 마음과 행동이 일치되어 타인을 편안하게 해주려는 것과 달리 자신의 가치를 잃어가면서 하는 것이다.

회유형의 내적 독백 속에는 자신이 중요치 않으며, 항상 친절해야 하고, 전부 내 잘못이라는 것이 내재되어 있다. 우리가 회유방식을 사용하는 지와 회유하는 사람에 대한 반응을 인식하기 위해서는 회유형의 자세를 취해보면 알 수 있다. (전형적인 자세는 무릎을 꿇고, 한 손을 들어 간청을 하고, 한 손은 가슴 위에서 주먹을 꽉 쥐고 있음)

일치형의 사람은 잘 회유되지 않으며 회유형에 상호보완이 되어 잘 반응할 수 있는 상대는 비난형의 태도가 흔하다. 회유형의 태도는 분노를 스스로 억압하기 때문에 위장장애에서 자기파멸 등의 문제를 발생시킨다. 회유형의 치료자는 많은 문제에 부딪치는데 내담자를 회유하다 보면 쉽게 피로감에 빠지게 된다.

(2) 비난형 (blaming)

비난형은 회유형과 정반대 유형이다. 비난형은 자기 자신과 상황만을 중시하고 타인은 무시한다. 즉, 자신을 보호하기 위하여 다른 사람을 무시하면서 결점을 지적하고 독재자처럼 남을 통제하려 하며 명령을 한다. 일이 잘못될 때 남 탓으로 돌리고 요청을 거부하며 공격적이다. 그러나 내적으로는 나약한 자신의 모습을 인정하지 않으려고 남을 거칠게 비난한다.

비난형의 사람은 내면적으로는 외롭고 비성공적인 감정이 있다. 비난 행위는 다른 사람과 가까워지고 싶은 자신의 욕구를 숨기는 것이다. 이들의 자원은 강한 주장이다. 비난형의 내담자에게는 (미충족된)기대를 통해 쉽게 접촉할 수 있다.

비난형의 사람은 자신을 보호하기 위해서 다른 사람을 괴롭히거나 비난하고 환경을 탓한다. 자기 자신의 연약하다는 사실을 인정하지 않으며 싸우면서 세상을 헤쳐 나가는 것만이 인생에서 성공하는 유일한 방법이라고 결정하는 유형이다.

비난형의 자세는 등을 꼿꼿이 세우고 팔을 쭉 뻗고 손가락을 빳빳하게 내밀어 상대방을 지적한다. 상대를 겁주기 위해 한발을 내딛고 균형을 잡기 위해서 다른 손은 허리에 대고 있다. 눈썹은 치켜뜨고, 안면근육은 굳어 있다. 어떤 치료자는 잘못 훈련을 받았기 때문에 "비난자" 입장에서 치료를 하려 하는데 이는 내적 힘을 지니고 살아가는 상대를 만나게 되면 쉽게 흔들리고 무너진다. 비난자의 신체적 질병은 만성적인 근육경직이다.

(3) 초이성형 (super—reasonable)

초이성형은 자신과 타인을 모두 무시하고 상황만을 중시한다. 규칙과 옳은 것만을 절대시하는 극단적인 객관성을 보인다. 매우 완고하고 냉담한 자세를 취하며 독재적인 행동을 하지만 내적으로는 쉽게 상처받고 소외감을 느낀다. 이들의 자원은 지식이다. 초이성형의 내담자에게는 지각을 통해 쉽게 접촉할 수 있다.

자기와 다른 사람을 무시하고 단지 상황만을 존중하면서 대개 정보와 논리의 수준에서 기능하는 것을 의미한다. 사람들이 말을 걸면 현명하고 품위 있는 것처럼 거드름을 피워가며 장황하게 설명한다. 하지만 객관적이 되려고 노력하기 때문에 다른 사람이 말한 문장조차 그 안에서 책임이나 개입의 측면을 배제하는 식으로 정정한다. 다른 사람들로부터 스스로를 멀리하기 때문에 외로움과 고통을 당하며 신체적으로 내분비계통을 제한하게 된다.

신체조각을 설명하면 뻣뻣하게 움직이지 않는 상태로 서서 두 팔로 양 옆에 붙이거나 혹은 팔짱을 끼고 있는 모습이다.

(4) 산만형 (irrelevant)

산만형은 초이성형의 반대로 자신, 타인, 상황을 모두 무시한다. 산만형은 일반적으로 즐거워하는 것이나 익살맞은 것이 혼합되어서 혼돈스러운 상태를 말한다. 말이 되지 않는 이야기를 하며 산만하게 행동한다. 다른 사람들이 자신으로부터 떠나도록 만들며 이로 인해 외로움과 공허감을 동시에 느끼게 된다.

초이성형과 대조되는 태도로서 산만할 때는 계속 움직이며 현재 의논하려는 문제들로부터 사람들의 관심을 분산시키려는 목적을 갖고 있다. 생각을 자주 바꾸고 한꺼번에 많은 행동들을 하고자 한다. 또한 주제에 초점을 맞추지 못한다. 이들은 생존방식으로서 스트레스를 주는 사람으로부터 관심을 돌릴 수 있는 한 생존할 수 있다고 믿는 경향이 있다.

신체조각의 모습은 자세가 비틀어져 있고, 약간 구부정하지만 서 있는 모습을 취하고 두 다리는 서로 마주보고, 두 팔과 손은 위로 와 있다. 머리는 한쪽으로 기울여 쳐들고 있으며 두 눈은 튀어나와 있다. 입은 비틀어져 있고, 얼굴은 경련을 일으키고 있다. 이런 극심한 불균형을 어떻게든 균형을 유지하려면 지속적으로 산만하게 움직일 필요가 있다. 습관적으로 산만한 대화자들은 중추신경 계통의 질병을 앓는다. 산만형들은 자신의 외로움이나 공허감과 부딪치지 않으려고 끊임없이 움직이며 다른 사람들을 혼란스럽게 만든다. 이들의 자원은 즐거움이다. 상담에서 심리적으로 접촉하기가 가장 어려운 유형이다.

(5) 일치형 (congruent)

일치형은 자기 자신, 타인, 상황을 자각하고 돌보는 자세로 반응하는 것이다. 의사소통의 내용과 내면의 감정이 일치하는 유형이며, 대처방식이라기보다는 충만한 인간이 되어 전인성을 이루고자 하는 선택이다. 일치적 의사소통은 스스로를 방어하거나 다른 사람이나 상황을 통제하기 위하여 선택하는 것이 아니다. 자기 자신이 되기를 선택하는 것이며, 다른 사람들과 만나고 관계를 맺을 때 상호작용하기 위해서 선택하는 것이다.

일치형 의사소통을 하는 사람들의 특징은 의사소통의 내용과 감정, 의도가 일치하고, 자신의 사고, 감정, 기대, 원하는 것, 싫어하는 것에 대해 솔직하다. 타인의 말을 잘 경청하면서 존중하고 배려하며, 생동감 있고 유능하며 창조적인 행동양식을 가지고 있다. 자기가치감이 높고 심리적으로나 신체적으로 건강한 상태이다. 다른 사람을 조정하거나 자신을 방어하지 않으면서 타인과 진정한 관계를 형성하고, 자신의 말과 행동에 책임을 진다.

일치성에는 세 가지 수준이 있다. 일차수준에 있을 때 우리는 감정들을 자각하고, 알고, 수용할 수 있게 된다. 감정들은 우리에게 속해 있다. 우리는 이것을 부인하거나 투사하지 않고 기꺼이 다루며 솔직할 수 있다. 이차수준은 우리의 삶에 좀 더 극적인 영향을 미친다. 이차수준은 전인성의 상태, 즉 내적 중심을 이룬 상태이다. 이차수준은 좀 더 깊고 내적인 자아에 초점을 둔다. 삼차수준은 영적이고 우주적인 영역으로 옮아간다. 사티어(Satir)는 다른 무엇보다도 인간과 생명체 속에는 창조하고 지지하고, 성장을 촉진시키는 우주적 생명력이 존재하고 있음을 자각하도록 격려한다.

* 일치적 의사소통

일치성은 정서와 언어가 일치한다는 것이다. 정서적 표현은 목소리의 특색, 얼굴표정, 몸동작, 몸의 자세, 근육의 긴장, 피부색의 변화 그리고 호흡의 상태를 포함한다. 언어적인 표현은 자각의 일부분이며, 과거, 현재, 미래를 나타낼 수 있다. 정서는 항상 현재를 반영한다. 비언어적 표현들은 뇌의 우반구에서 나오며, 매순간 경험하는 감정들과 감각들을 연결시켜 준다. 불일치는 진실하지만 불완전한 메시지들인 언어적, 비언어적인 의사소통의 수준 사이에서 발생한다.

치료 목표중 하나는 사람들이 자신들의 모순된 메시지들을 자각할 수 있도록 도와주어 점점 일치성으로 나아가도록 하는 것이다. 성장의 과정에서도 똑같은 목표가 나타난다. 불일치적인 메시지는 부인 투사 무시의 형태로 나타난다. 불일치적인 행동은 위기에 처했을 때 생존하려고 하는 욕구를 나타낸다. 일치적으로 반응하는 것은 하나의 선택이다 이것은 또 다른 하나의 규칙이나 현재의 상황을 통제하기 위한 방법이 아니다. 의식적인 수준에서 선택한다는 것은 자기 자신과 다른 사람들 상황 그리고 스스로에 대한 책임을 자각하고 인정하며 수용하는 것에 근거한다.

매순간 자기가치감을 평가하고 지배 복종 모델에서 사티어(Satir)의 성장 모델로 옮겨가는 것이 필요하다. 회유형은 자신을 보살피는 자원을 부가함으로써 자신과 다른 사람을 돌보는 일치형의 사람으로 변화시킬 수 있다. 비난형은 다른 사람들에 대한 인식을 부가하면 일치성과 자기 주장성을 얻을 수 있게 된다. 초이성형은 자신과 다른 사람에 대한 인식을 부가할 때 그들의 풍부한 지성이 일치성을 심화시키도록 도울 수 있다. 산만형은 모든 측면들 자아, 다른 사람, 상황 등이 수용되고 통합되도록 할 필요가 있다. 창조성과 즐거움 그리고 적절한 유모를 상용하여 위의 모든 측면들이 수용되고 통합될 때 일치성을 획득할 수 있다.

일치형의 사람은 스스로를 지지하며 자신의 발로 설 수 있다. 신체는 균형과 조화를 이루고 유연성과 활기를 띤다. 일치형은 개방적인 의사소통의 한 형태이며 힘을 지닌 상태이며 하나의 존재상태이다.

사티어(Satir)는 사람들이 일치적으로 의사소통을 하도록 돕기 위해서 다음의 몇 가지 지침을 개발하였다. 첫째, 자기 자신, 다른 사람, 그리고 상황에 대해 자각하도록 한다. 둘째, 다른 사람과 대화를 할 때 충분한 관심을 보이도록 한다. 셋째, 신체 메시지를 자각하도록 한다. 예를 들어 Satir는 생존 방식을 개념화하고 그것을 실제로 해보게 함으로써 사람들이 자신들의 신체와 신체메시지를 자각할 수 있도록 한다. 넷째, 자신의 방어기제와 가족 규칙들을 자각하도록 돕는다.

(6) 생존방식의 형성과 전환하기

의사소통의 방식은 우리의 전인성을 실현하는 씨를 가지고 있는데, 회유형은 돌봄의 씨를, 비난형은 자기주장의 씨를, 초이성형은 지성의 씨를, 산만형은 창조성과 유연성의 씨를 내포하고 있다. 사랑하고 받는 근본적 바람이 위협 당하게 되면 각각의 생존방식대로 행동하면서 관계를 유지하고자한다.

사람들은 한 형태의 생존방식에서 놓여나고자 할 때 대개는 또 다른 방식으로 바꾸는데, 예를 들면, 회유형 → 비난형 → 초이성형으로 바꾸게 되는데 이는 실제로 산만한 상태를 보여준다. 사람이 일치된 상태로 존재하지 못하면 대개는 회유, 비난, 초이성, 산만의 방식에 얽매일 수밖에 없다.

자녀가 가정에서 최초에 맺는 중요한 관계는 우리의 부모나 양육하는 사람과의 관계이다. 자녀들은 생존하기 위해서 부모의 말을 잘 듣고

행해야 한다는 것을 배우게 된다. 어른이 되어서도 이런 어린 시절에 배운 것을 그대로 사용하게 된다. 부모가 우리의 욕구를 즉각적으로 채워주지 않으면 부모가 우리를 사랑하지 않는다고 결론짓는다. 이 결론이 잘못된 결론일 수도 있지만 이런 결론을 오랫동안 지니고 살게 된다. 부모들도 좋은 의도로 자신들이 배운 대로 최선을 다하는데 이런 학습방법들이 세대를 거쳐 전달된다.

자녀들은 부모들의 생존방식을 변화시키기를 원하지만 대게 실패하게 되는데, 이런 생존방식을 배운 어린이들은 어른이 되면 부모와 비슷한 행동을 하는 배우자와 결혼하고 다시 배우자를 변화시키려 노력하게 된다. 배우자를 변화시키려는 노력이 실패하게 되면 자녀를 변화시키기 위해 노력하게 된다. 이런 경우 우리가 치러야 하는 대가는 다른 사람의 행동에 대한 우리자신의 삶이 결정 지워지기 때문에 결국 우리 자신의 자존감을 잃게 된다는 것이다.

사티어(Satir)모델은 3세대를 포함하게 되는데, 부모로부터 배운 역기능 뿐만아니라 조부모로부터 배운 것까지 바라보게 하여 내담자로 하여금 어린 시절에 배운 것을 비판하는 대신 긍정적인 자원으로 사용토록 도와준다.

(7) 어린 시절의 오해와 무력감

인간 상호간의 의사소통은 메시지를 신경체계에서의 전달처럼 정확히 주고받지 않는다. 생존방식들은 상대방의 의도한 대로 메시지를 받는 것을 방해한다. 특히, 어린이가 부모로부터 아무 설명 없이 명령과 같이 듣게 될 때는 메시지를 잘못 이해하곤 한다. 우리가 원하는 것을 사람들이 분명히 알게 하기 위하여 사람들에게 마음의 그림을 보여줄 필요가 있다. 두 사람 모두 충분히 서로가 무엇을 의미하는지 그 뜻을 알거나 이해한다면 단순한 형태의 의사소통으로도 대화는 가능하다. 그러나, 그렇지 않으면 메시지에 대해 혼돈하게 되고 생존에 대한 불안을 느끼게 되어, 우리가 알고 있는 대처방식 중의 하나를 사용하게 된다. 이런 긴장상태를 다루는 하나는 그들의 믿음을 확인시켜줄 수 있는 경험들만을 선택하여 옳다는 것을 증명해 보이는 것이다. 어린 시절의 배움의 주요통로는 역기능적인 학습통로가 될 수 있는데, 어른들은 이런 것에 대해 별로 생각하지 않는다.

어린이는 어른이 되어서도 어렸을 때 배워 사용하던 대처방식을 그대로 사용하는데 어려서 위협적으로 결정한 것에 대해서는 어른이 되어서도 똑같이 반응한다. 또한, 부모들이 이를 어떻게 다루느냐에 따라 무력감을 더 키울 수가 있다. 어린이가 자라면서 초기에 눈높이를 어른의 무릎에 맞추다가 차차 성기부근, 배꼽, 가슴에 다다르면서 부모의 얼굴을 보려면 쳐다봐야 한다. 이전의 신체적 차이가 지배와 복종의 모델에 반영되는 상하 위치를 강화시킨다. 사람들이 자신의 부모를 부정확하게 말하는 이유도 어린 시절에 제한된 관점에서 형성한 후 계속 그대로 갖고 있기 때문이다.

(8) 어린이가 부모에게서 비판하는 것을 배운다.

어린이들은 부모로부터 비난하고 비판하는 것을 배운다. 어른들이 자주 어린이의 코앞에 손가락을 갖다 대고 야단치거나 잘못을 가르치려고 하면, 어린이는 비난을 당하는 느낌을 심하게 받기 때문에 가르침의 내용을 듣기보다 비난을 당하는 느낌부터 배우게 된다. 이에 대한 역기능적 대처방안은 손가락을 피하면서 얼버무리고 무시해 버리는 것이다. 또한 어른들이 귀엽다는 뜻으로 머리를 만지는 행위가 어린이는 사랑과 인정을 받는 의미보다 무시당하는 것을 느낄 수도 있다.

어린이가 무력감을 느끼는데 어른들이 의무감, 복종 등을 잘 감당하라는 메시지를 준 것으로 받아들이게 되면 어린이에게는 큰 짐이 된다. 부모들이 자녀를 사랑하면서도 상반된 메시지를 전달하는 것을 의식하지 못하고, 자녀 역시 상반된 메시지 전달방법을 배우고 있다는 것은 자각하지 못한다. 일치된 의사소통을 하기 위해서는 우리들의 사랑이 사람들의 가치를 존중하는 느낌에서 흘러나와야 한다. 부모의 사랑이 자녀들의 삶에 주인이 된다면 상대적으로 자녀는 많은 것을 포기해야 된다.

부모가 혼돈된 메시지를 습관적으로 자녀에게 보내면 결과적으로 불일치된 대화에 휩싸이게 되고, 사랑과 친밀감을 불성실과 거짓으로 여기게 된다. 이런 상황의 자녀들의 낮은 자기 가치감을 형성하게 된다.

⑼ 생존방식이 우리를 어떻게 보호하는가?

우리는 의사소통방식을 학교에 들어가기 이전의 상호작용과 그 해석으로부터 배운다. 이 의사소통은 우리 자신을 보호하기 위한 노력의 표현이라 할 수 있다. 인간의 신체가 항상 균형을 이루려고 하는데 이 균형을 이루기 위해서 누군가가 고통을 받는다는데 문제가 있다.

의사소통은 과거에 의해 받쳐지고 있는 빙산의 일각이며 과거의 힘은 대단히 설득력 있고 자동적, 습관적이다. 치료자는 사람들이 오래 전에 자신을 이런 자동조정장치에 의해서 조정 당하게 만든 영역이 있음을 깨닫게 도와주어야 한다. 대처하기 힘들어 하는 사람들은 대개 낮은 자존감으로 어려움을 겪는데 사람들이 좌절감을 느끼는 문제를 보면 문제 자체가 아니라 (문제에 대한) 대처하는 것에 어려움을 겪는 경우가 많다.

생존방식들은 자기를 표현하는 것과 자기를 억압 사이에 불안정한 균형을 유지하는 것과 같다. "자기표현"이 전인성이라는 건강한 목표를 향해 나가게 한다. 해야 하고 하지말아야 하는 것의 규칙과 신념들이 우리가 느끼고 표현하는 것을 제한하여 목표에 거스르게 된다.

사티어(Satir)의 다섯 가지 자유를 다음과 같이 말한다.

첫째, 지금 있는 그대로 보고 들을 수 있는 자유가 있다.
둘째, 지금 느끼고 생각하는 그대로 말할 수 있는 자유가 있다.
셋째, 지금 느껴지는 대로 느낄 수 있는 자유가 있다.
넷째, 허락 받기 전에 원하는 것을 요구할 수 있는 자유가 있다.
다섯째, 자기를 위해서 요청할 수 있는 자유가 있다

결국 이 다섯 가지 자유는 우리가 가진 내적인 자원을 긍정적으로 사용하고 창조적으로 선택할 수 있는 기회와 가능성이 있다는 것을 강조한다.

4) 가족규칙

사티어에 따르면 대부분의 인간은 비합리적인 규칙에 얽매여 비인간적인 삶을 살고 있으며, 이러한 규칙은 자아존중감에 부정적인 영향을 미친다. 규칙에는 합리적이고 융통성이 있으며 인간적이어서 인간의 성장에 도움이 되는 규칙이 있는 반면, 도움이 되지 않는 규칙도 있다.

부모는 자라면서 자신의 부모에게서 배운 규칙을 현재의 가족에게 사용한다. 그러나 부모는 각기 다른 가정에서 태어나고 자라면서 각자의 가정에서 통용되는 규칙을 배웠고 그 규칙에 익숙해 있으므로 현재 가족 안에서 자녀를 키울 때는 부부의 규칙이 상치되어 자녀에게 혼란과 갈등을 줄 수도 있다. 어린 자녀가 자랄 때는 규칙을 엄수함으로써 생존이 가능했다. 성인이 되어서도 비합리적이고, 비현실적이며, 비인간적인 규칙을 준수해야 한다면 이는 자녀에게는 성장의 방해물로 작용한다. 그러나 인간은 가족의 규칙에 너무 익숙한 나머지 이 규칙을 자동으로 참고하거나 사용한다.

2. 치료목표와 과정

1) 치료목표

사티어 경험적 가족상담에서는 모든 내담자 가족에게 적용이 되는 보편적인 메타 목표가 있다. 사티어 모델의 메타 목표는 다음과 같다.

(1) 자존감 수준 높이기

사티어와 볼드윈(Satir & Baldwin, 1983)은 가족상담을 받으러 오는 사람들의 공통된 특징으로 자존감이 낮은 것을 발견하였다. 자존감이 낮은 사람은 자기 스스로를 가치가 없다고 여기고 있기 때문에 다른 사람들이 자기를 죽이거나 짓밟거나 비난하리라고 생각한다. 이런 상태에 있는 사람은 상황을 정확하게 파악하지 못하며, 거절당하는 것에 대하여 두려워하고 객관적인 자료와 견해를 근거로 자기 자신, 타인, 상황 등을 파악할 수 있는 능력이 부족하다.

사티어(1988)는 자존감이 높은 사람은 스스로 결정할 수 있고 자기 자신이 가장 좋은 자원이라고 믿으며 자신의 가치에 감사하며 언제나 다른 사람의 가치를 인정하고 존중한다고 하였다.

정상가족에서는 가족원이 자신을 자유롭게 표현할 수 있는 분위기로 생활한다. 가족원이 서로에게 귀 기울여 주고 가족원이 스스로 표현의 자유를 가질 때 비로소 자신이 가치 있는 존재이고 사랑받는 존재라는 것을 알게 된다. 그러나 역기능적 가족에서는 자존감이 낮은 부모가 자녀를 존중감과 가치를 가진 독립된 한 인간으로 간주하지 않는다. 이런 가정에서 자녀는 결코 성숙될 수 없고 자기의식이 부족한 인간으로 성장할 수밖에 없다. 그러므로 높은 자존감을 가진 부모는 가족을 잘 돌보고 자녀를 잘 양육할 수 있고, 낮은 자존감을 가진 부모는 문제 가족을 만들어 낼 수 있다(Satir & Baldwin, 1983).

(2) 스스로 선택하는 사람이 되도록 돕기

선택은 인간에게 많은 의미를 주고 매우 중요한 과제가 된다. 만약 선택이 무의미하고 자신과 가족을 위해 가치가 없다고 느껴지면 인간은 불안하게 된다. 따라서 가족은 개인의 선택을 지원해 주면서 개인에게 의미를 부여한다. 선택은 인간의 잠재력에서 나오는 것으로 인간이 선택의 자유를 갖지 못하면 문제가 발생하게 된다.

(3) 책임지는 사람이 되도록 돕기

책임지는 상황의 일부분으로 감정도 포함시킨다. 감정은 우리에게 속한 것이다. 우리는 감정에 대해서도 책임이 있으며, 이를 통해서 기쁨을 경험하기도 한다. 분노, 두려움, 불안, 슬픔, 외로움 등 갖가지 감정도 자신에게서 나온 것으로 그 감정에 따른 행동을 자신이 책임져야 한다.

(4) 일치적인 의사소통을 하도록 도와 자기가치 수준을 향상시키기

역기능적인 가정에서는 언어적 메시지와 비언어적 메시지가 일치하지 않고, 말과 행동이 다르며, 자신의 말과 내면의 의도가 일치하지 않는 비일치적인 의사소통이 많이 이루어지고 있다. 내담자에게 일치적인 의사소통을 하도록 돕기 위하여 자기 자신, 다른 사람, 상황에 대하여 자각하도록 하고, 다른 사람과 대화를 할 때 충분한 관심을 보이도록 한다. 또한 신체적 메시지를 자각하도록 하고, 자신의 대처방식과 가족규칙들을 자각하도록 한다.

2) 치료과정

상담적 변화 과정은 도움 요청, 외부 요인의 개입, 혼돈, 새로운 선택과 통합, 변화 실행하기, 새로운 상태와 같은 다음 6단계로 진행된다.

(1) 1단계: 도움 요청

가족이 현재의 고통, 불편함, 증상 등을 통해 변화의 필요성을 인식하는 단계이다. 역기능적인 가족들은 엄청난 일이 벌어지기 전까지는 그들의 양식을 지속하려고 한다. 결국 고통이 너무 엄청나거나 위기의 상태에서 일어난 행동을 받아들일 수 없거나 혹은 심각한 갈등이 개인적으로 드러날 때, 그 체계 내의 누군가가 도움을 청하러 오게 된다.

(2) 2단계: 외부요인의 개입

가족이 상담자와 같은 가족 외적 요인의 개입을 수용하는 단계이다. 가족체계에 상담자가 개입하여 문제를 탐색하고 상담의 목표가 긍정적으로 설정되어야 한다. 상담자는 개입을 할 때 가족과 접촉을 잘 해야 하고, 가족의 기대와 변화의 장애물을 점검하며, 가족의 저항과 존엄성을 수용하고 인정해줌으로써 가족이 변할 수 있는 힘을 갖게 한다.

(3) 3단계: 혼돈

상담자가 성공적으로 개입하게 되면, 그 가족은 스스로를 객관적으로 바라볼 수 있는 단계까지 점차적으로 개방하기 시작한다. 가족체계가 외부세계에 개방되면서 취약해지거나, 종종 혼란과 불안감을 느끼고 현재의 안정성과 항상성의 균형이 흔들리게 된다. 상담자는 내담자의 두려움과 불안이 정상적인 것이라고 안심시키면서 내담자가 자신의 인식과 기대를 재정리하고, 재구성하면서 새롭게 하며, 변화시키도록 도와줄 수 있다. 혼돈의 단계는 가족체계를 역기능적 정체상태에서 새롭고 기능적인 상태로 옮겨가도록 하는 데 긍정적이고 창조적인 방식으로 사용 된다.

(4) 4단계: 새로운 선택과 통합

새로운 선택과 통합의 단계로 아직 발휘되지 않은 자원들을 사용하고 과거와 현재의 기대를 재평가하여 새로운 가능성을 발전시키는 단계이다. 새로운 희망, 새로운 자기 가치, 새로운 지각 등 새로운 형태의 통합과 높은 자존감을 경험하기 시작하는 시기이다.

(5) 5단계: 변화 실행

강력한 힘을 지니고 있는 과거의 방식에서 벗어나 새롭게 학습한 것을 연습하는 단계이다. 의지를 가지고 변화에 대한 자신의 새로운 선택을 실천하기 위한 노력을 해야 한다. 생활에서 새로운 것을 연습하면서 과거에는 낯설었던 것이 점차 익숙해지고 편안함을 느끼게 되며, 건강하고 새로운 상태를 형성하게 된다.

(6) 6단계: 새로운 상태

변화가 정착되어 좀 더 건강한 균형, 충분히 기능적으로 행동할 수 있는 개인, 건강한 관계들이 형성되는 단계이다. 건강하고 기능적인 상호작용과 대처방식이 정착되어 일치적인 의사소통을 하게 되면, 자기 가치 수준을 향상시키고, 가족이 성장할 수 있다.

3) 상담자 역할

사티어는 매우 카리스마가 있는 지도자였으며, 그녀는 자신을 내담자 가족들에게 따뜻하고 양육적이며 인간의 선량함과 '사랑의 치료하는 힘'을 믿는 사람이라고 소개했다

사티어(1988)는 "가족들은 절망하고, 무기력하며 외로워하면서 고통스러운 감정들을 숨기려고 애쓴다. 숨기기 위하여 소리치고 외치며 잔소리하고 비난하는 상태로, 서로에게는 무관심하며, 서로 비참과 절망 속에서 몇 년을 견디며 참아내고 갈등의 연속을 경험한다."고 하였다.

내담자 가족들이 자발적으로 개방하며 서로 간에 둘러싸고 있던 담을 무너뜨리듯이, 진짜 자신의 진솔한 감정을 경험하며 다른 사람들이 느끼고 경험한 것들을 서로 나누면서, 인간적인 참 만남이 이루어지도록 해야 한다고 하였다.

3. 치료기법

1) 심리내적 역동: 빙산 탐색 치료

사티어는 치료기법으로 빙산탐색, 원가족, 삼인군치료, 가족조각치료, 은유 등 다양한 기법을 사용하여 내담자가 변화를 경험하도록 하였다. 사티어는 의사소통의 내적 과정으로서 인간의 심리 내적인 체계를 중요시하였고 인간의 내면을 '개인의 빙산'에 비유하였다. 겉에 드러나는 행동이나 말은 단지 빙산의 일각이며, 오히려 보이지 않는 내면의 감정, 그 감정에 대한 감정, 지각체계, 기대, 열망 등이 우리의 행동이나 말에 더 많은 영향을 끼치고 있음을 강조하였다. 개인의 행동들은 수면 위에 떠오르는 빙산의 일부처럼 현상적으로 드러나는 대처방식들이다. 이런 행동들은 마치 빙산의 대부분이 물속에 감추어져 있는 것처럼 여섯 가지 요인인 대처방식, 자신의 감정, 지각, 기대, 열망, 자아라는 복합물의 결과라고 볼 수 있다. 사티어는 현재 내담자의 역기능적인 행동을 이해하기 위해서는 어떤 사건이나 상황에 대한 영향력들을 개인의 여섯 가지 요인인 내면 수준에서 탐색한다.

상담과정에서 내담자의 상황에 따라서 어느 한 수준에서부터 시작할 수 있고, 모든 수준을 포함할 수 있다. 내담자의 심리내적 경험과 감정, 지각, 기대와 열망을 표출화하고 통합하여 변화의 과정으로 이끌 수 있다.

예를 들어 20년 전 성폭행 당한 경험이 있는 여성이 그때의 사건을 지금도 생생히 기억하면서 괴로워하고 있다고 해보자.

이 여성이 경험한 사건은 대처행동, 감정, 지각, 기대, 열망, 자아라는 모든 내면에 영향을 끼친다. 내면의 모든 차원에서 자신의 행동을 어떻게 통제하고 있는지를 살펴보면, 남자들을 거부하고(대처방식), 분노와 슬픔, 괴로움을 느끼면서(감정), 자신을 피해자로 보고 있으며(지각), 아직도 모든 남자를 도둑놈으로 생각하고 있을 것이다(지각). 그리고 아직도 그 사건이 일어나지 않았으면 하는 충족되지 못한 기대를 가지고 있을 것이다. 그러나 진정한 내면에서는 사랑과 관계의 열망이 있는데, 이러한 열망이 충족되지 못하여 가장 깊숙한 내면에서는 상처 입은 자아가 성장하지 못하고 있을 것이다.

이와 같이 과거 사건이 현재에 미치는 두려움, 상처 등의 영향력을 분리시키는 과정으로, 현재 상황에 대하여 자기인식과 통찰에 책임을 질 수 있도록 해야 한다. 또한 내담자의 기대나 열망을 표출시키고 현재 가능한 것들을 어떻게 이루어 나갈 것인지를 구체화함으로써 과거의 사건이 현재에 미치는 영향력을 최소화할 수 있도록 변화를 시도한다.

(1) 행동과 대처방식에 대한 탐색

내담자의 과거나 현재의 행동방식, 반응양식, 대처방식들에 대하여 알아본다.

- 그때는 어떻게 하셨어요?
- 무엇을 해 보셨나요?
- 지금은 그 문제를 어떻게 다루시나요?
- 힘든 상황에서는 어떻게 대처하시나요?

(2) 감정과 감정을 일으키는 감정 탐색

감정은 내면 작용에 의해 발생되는 느낌이므로 감정에 대한 탐색을 하면서 감정을 일으키는 기대, 지각, 열망 등의 내면 탐색도 함께 필요하다. 예를 들어 어머니에 대한 분노 감정을 다루고 싶어 하는 내담자가 있다면 분노 감정만을 들여다 볼 것이 아니라, 내면의 충족되지 못한 기대가 분노 감정을 촉발시켰음을 들여다보도록 한다. 충족되지 못한 기대는 실망이나 분노 등의 감정으로 나타나기 때문에 잘못하면 이 감정에 초점을 맞추어 시간을 보낼 수 있다. 내면의 충족되지 못한 기대와 그 외의 지각, 열망 등을 탐색해 나가면서 점차 감정 자체에 변화가 생기도록 해야 한다. 만약 감정 자체만을 탐색하면서 작업한다면 감정에 변화가 생기기 어렵고, 그 감정 자체에 머무를 수밖에 없기 때문이다. 한편, 사티어의 경험적 가족상담에서 특징적인 것은 감정에 대한 감정, 감정을 일으키는 감정을 탐색하는 것이다.

- 이 일에 대해 어떻게 느끼십니까?
- 배우자에 대해 어떻게 느끼십니까?
- 외로운 감정에 대한 감정은 무엇입니까?
- 이런 감정을 느껴본 적이 있나요?

- 자신의 분노에 대한 느낌은 어떠합니까?
- 그 슬픔 이면에는 또 어떤 감정이 있는지 이야기해 주시겠어요?

(3) 지각에 대한 탐색

지각 체계는 상황이나 사건에 대한 개인의 사고방식, 신념, 가치체계로 상황에 대한 판단과 해석, 주관적인 관점이나 입장을 탐색한다.

- 그렇게 느끼는 자기 자신에 대해 어떻게 생각하십니까?
- 어떻게 보시나요? 어떻게 믿습니까?
- 당신은 스스로를 어떻게 보십니까?
- 당신은 다른 사람을 어떻게 생각하십니까?
- 당신의 행동이 자신(다른 사람)에게 어떤 영향을 미친다고 생각하나요?

(4) 기대에 대한 탐색

기대는 자신에게 갖는 기대, 타인에게 갖는 기대, 타인이 나에게 갖는 기대 등을 탐색한다. 기대는 바람(want)이라고도 할 수 있으며, 내면에서 충족되지 못한 기대를 보도록 하는 것이 필요하다.

- 당신이 원하는 것이 무엇입니까?
- 어떻게 해서 잘 이루지 못했나요?
- 당신이 바라는 것이 무엇입니까?
- 그런 바람이 현실적으로 가능합니까?
- 그런 바람이 다른 사람에게 해가 되지 않습니까?
- 그렇게 바라는 것이 얼마만큼 중요합니까?
- 바라는 것을 얻기 위해 무엇을 하시겠습니까?
- 당신의 바람에 대해 다른 사람이 뭐라고 할 것 같습니까?
- 다른 사람이 당신에게 무엇을 원합니까?

행동(Behavior)
표현되는 행동과
삶의 이야기

대처방식(Coping)

: 생존유형

감정(Feelings):
기쁨, 흥분, 분노, 상처, 두려움, 슬픔

감정에 대한 감정 : 감정에 대한 판단
(Feelings about Feelings)

지각(Perceptions):
신념, 가정, 사고가치, 주관적 현실

기대(Expectations):
자신에 대한, 타인에 대한, 타인의 자신에 대한 기대

열망(Yearnings):
사랑, 수용, 소속감, 창조성, 안정과 자유에 대한 열망
삶의 목적과 의미를 갖고 싶은 열망

자기(Self) : 나는 나
나의 생명력, 영성, 정신, 핵심, 본질과의 만남

개인의 빙산을 이용한 심리내적 상담

(5) 열망에 대한 탐색

열망을 탐색하기 위해서는 내담자가 가지고 있는 욕구(need)가 무엇인가를 찾아내야 한다. 열망은 보편적으로 모든 사람이 가지고 있는 욕구와도 비슷하기 때문이다. 그런데 사람마다 열망은 같을 수 있으나, 열망을 충족하기 위한 기대(원함)는 다르다. 예를 들어 사랑하고 싶은 열망(욕구)이 있다면 원하는 대상을 만나야 한다. 그러나 사랑에 대한 열망은 같으나 누구에게서 그 사랑을 받을 것인지는 사람마다 다 다르다. 내담자가 어머니로부터 받고 싶은 사랑의 욕구(need)가 있는데, 어머니가 이미 사망하였다면 어머니의 사랑을 받고 싶어 하는 기대(원함)는 충족되기 힘들다. 그러나 어머니 대신 자신의 딸을 통해 사랑에 대한 욕구(need), 즉 열망을 충족시킬 수는 있다. 열망의 충족은 다양한 방법(기대)으로 이루어질 수 있기 때문이다. 이와 같이 우리는 기대와 열망을 분리하여 생각할 수 있어야 한다.

- 당신이 정말 갈망하는 것은 무엇입니까?
- 어떻게 그 욕구를 채울 것인가요?
- 자신의 욕구들을 충족하기 위해 자신을 어떻게 돌보고 있나요?
- 그런 욕구에 대해 어떻게 생각하나요?
- 자신의 욕구 충족을 위해 어떻게 관계를 맺나요?

(6) 자기(self)에 대한 탐색

자아는 가장 심층에 있는 것으로 스스로를 어떻게 경험하는지와 관련되어 있다. 생명력, 정신은 가장 심층에 있는 에너지와 연결되어 있다.

- 당신은 가치 있는 존재입니까?

- 자신을 어떻게 경험하세요?
- 자신의 내면에서 자신을 깊이 만나는 순간은 어떤 때인가요?

2) 원가족 도표를 활용한 원가족 삼인군(primary triad) 치료

사티어는 원가족 도표 (family of origin map)를 통하여 가족의 역동성과 가족관계를 쉽게 이해하고 평가하며 이를 원가족 삼인군 치료에 활용한다. 원가족 삼인군이란 세명이 하나의 팀이 되어 상호작용하는 단위를 말한다. 삼인군의 유래는 부부와 아동 한 명의 단위에서 시작되었으며 이는 모든 사회생활의 기초가 되며(Baldwin, 1991), '삼인 학습체계'를 의미한다.

한 개인은 타인과 관계를 맺기 전에는 자신의 지각에 따라 사고하고 느끼며 행동한다. 그러다가 배우자를 만나 한 쌍을 이루고 자녀가 출생한다. 그러면 가족원 간의 다양한 상호작용과 지각의 차이 때문에 가정의 운영은 복잡해질 수 있다. 이 삼인군의 경험에 기초하여 자녀는 세계 속에서 자신의 위치를 결정할 뿐 아니라 타인과의 관계를 신뢰할 수 있는지를 결정한다. 또한 삼인군의 경험에서 자녀는 의사소통의 방법과 유형을 배우며, 스트레스를 받을 때 대처하는 방법, 자신의 감정을 다루고 통제하는 방법, 개인의 독자성과 동질성을 수용하는 방법, 친밀감을 다루는 방법, 자신과 타인의 영역을 분명히 규정하거나 또는 지키지 못하는 방법 등을 배우게 된다(정문자, 1993). 따라서 개인과 가족이 건강하게 삶을 영위하기 위해서는 기능적이며 양육적인 삼인군을 발달시키는 방법을 배워야 한다.

원가족 삼인군 치료의 목적은 역기능적인 원가족 삼인군 가족(어머니, 아버지, 자녀) 관계에서 세대 간에 전달되어 학습되는 역기능적 패턴을 검토하여 기능적인 삼인군의 특성을 갖게 하는 데 있다. 즉 원가족의 맥락 속에서 개인 심리의 내적 과정뿐 아니라 가족과의 상호작용 및 가족 역동성을 이해하고 평가하게 함으로써 역기능적인 가족규칙과 부모의 규제에서 벗어나 독자적 개별성을 갖도록 도우며, 의식적 선택을 통하여 내담자가 자신의 행동에 책임을 지고, 자신의 감정을 잘 관리할 수 있도록 돕는다. 또한 자신의 내적 · 외적 자원을 인정하고 개발하며, 일치된 의사소통을 할 수 있도록 하여 결과적으로 자존감을 높이는 데 있다.

3) 가족조각

가족조각(family sculpting)은 가족 간의 정서적 관계를 몸으로 표현하는 기법이다. 가족원들에게 행동과 감정을 표현하는 자세를 취하게 하고, 심리적 공간을 나타내는 위치에 가족원에 해당하는 물건들을 배치시키면 마치 '살아있는 가족 초상화'를 그리는 것 같이 가족의 모습이 명확히 드러나게 한다. 기록조각이란 어느 시점을 선택하여 그 시점에서의 인간관계, 타인에 대한 느낌과 감정을 동작과 공간을 사용하여 표현하는 비언어적인 기법을 말한다. 기록조각은 근육을 사용하여 감정을 표현하게 함으로써 감정을 직접 몸으로 느끼게 만든다. 또한 삼차원적인 시각적 모델을 제시함으로써, 내적인 감정을 표면화하고 은밀한 생각과 느낌을 외면화시킨다. 즉 정보를 말로가 아닌 행동과 관찰을 통해 경험하게 되는 것이다.

가족조각 기법은 David Kantor와 Fred Duhl이 고안한 것으로 1960년대 말부터 사용되어 왔다. Satir는 가족조각을 가족재구성을 위한 기법으로 가장 잘 활용한 치료사이다. 이 기법을 사용하는 목적은 가족구성원 각자가 자신의 내면적 감정에 접함으로써 실제 자신에 대해 알고 느끼며 새로운 대처방법을 생각해보도록 하는 것이다. 이러한 과정에서 가족의 역동성이 가시화되는데 구체적으로 가족의 의사소통 유형, 권력구조, 경계선, 소속감, 개별화, 규칙, 가족체계의 융통성 정도가 파악 될 수 있다. 그 외 가족 구성원간의 물리적 거리, 얼굴과 신체표정, 자세를 통해 가족관계, 동맹, 감정, 스트레스 상황에서의 대처방법 등을 알 수 있다. 가족조각은 가족치료에서 널리 사용되고 있는 효율적인 기법 중 하나이며 심리극에서도 많이 활용되고 있다.

4) 은유(Metaphors)

은유기법은 치료자가 직접적으로 지시하거나 평가하기보다는 간접적이고 비유적인 표현을 사용하는 것으로 내담자의 자존감이나 체면을 손상시키지 않게 되어 덜 위협적이다. 은유는 두뇌에 이미지를 제공하는 시각, 청각, 촉각 등의 감각을 활성화시키며 이것은 다시 지각의 변화과정으로 이어지는 변화를 증진시키는 강력한 도구이다.

새로운 관점에서 자기를 경험하고 전체상황과 사람들에 대해 새로운 의미를 부여하게 도와주는 것이다. 즉 문제초점에서 도움이 될 만한 어떤 일을 하는 쪽으로, 상황을 비난하는 위치에서 흥미를 유도하는 쪽으로 바꾸어서 새로운 가능성에 접근하도록 한다. 은유는 상황을 다른 관점으로 바라보도록 하는 것과 지각관점을 변화시키도록 돕는다. 또한 은유를 통해 얼마간의 희망을 발견하고 지금까지와는 다른 새로운 영상을 제공한다.

일단 지각이 변하면 신념이 바뀔 수 있다.

은유를 사용하는 것이 우뇌를 활성화시키는 효과적인 방법이며. 이것이 근본적인 단계에서의 변화를 가져온다. 대처방식, 부분들의 잔치 등 변화를 가져오는 도구들이 은유적 과정이다. 이러한 방법들은 사람들의 내적과정을 외현화시키고 관계들을 드러내어준다.

제9장
해결중심 가족치료

해결중심적 치료모델은 미국 Palo Alto에 있는 정신건강연구소(MRI)에서 시작한 문제 해결을 지향하는 단기치료 접근법을 모태로 하고 있고, 전략적 치료, 위기 단기치료, 체계론적 치료와 인식론을 기초로 하는 치료이다. 이 치료모델은 디쉐이저(Steve de Shazer)와 인수 버그(Insoo Kim Berg) 등이 주축이 되어 미국 밀워키(Milwaukee)의 단기 가족치료센터(Brief Family Thery Center)에서 개발한 단기 문제해결 모델이 확장된 것으로 기존의 접근법에 비해 매우 혁신적인 모델이다.

이 모델은 문제의 원인을 규명하기 보다는 내담자의 자원을 활용하면서 문제해결 방법에 중점을 둠으로써 상담 목적을 달성하고, 특유의 전제들과 가정들 그리고 여러 질문기법들과 치료절차를 지니고 있는 것이다. 그리고 내담자의 작은 변화를 지지하고 격려하면서 해결방법을 찾도록 돕는 단기치료인 것이 특징이다.

1. 해결중심 단기 상담의 원리

1) 효과가 있다면 계속 더 하라. 만약 효과가 없다면 그것과 다른 것을 시도하라

내담자는 문제해결을 위한 많은 노력들을 해 본 뒤 상담자를 찾게 된다. 그러므로, 그 노력을 인정하고, 노력의 내용, 성과를 살펴보아야 한다.

① 그동안 문제를 해결하기 위해 어떤 방법들을 시도해 보았는가? 그 결과는 어떠했는가?
② 시도해 본 행동 중에서 가장 효과적이었던 방법은 무엇인가? 만약 효과가 있었다면 그 방법을 계속 더 하라. 혹시 더욱 상황을 악화시켰다면 그것과 다른 방법을 찾아봐라
③ 이 문제를 해결하는 데 어떤 것이 도움이 될 것 같은가?

2) 긍정적인 것, 해결책 그리고 미래에 초점을 맞출 때 원하는 방향으로 변화가 촉진된다.

해결중심상담에서 가장 중요한 이슈 중 하나는 내담자들에게 문제가 해결된 미래에 대해 생각하도록 돕는 일이다. 많은 내담자는 과거에 사로 잡혀 있거나 미래에 대한 불안에 빠져있다. 내담자 스스로 문제가 해결된 상태의 그림을 그려볼 때 변화에 대한 희망을 갖게 되며, 스스로 구체적인 목표를 정하고, 변화를 위한 준비를 갖추게 된다. 긍정적인 관점은 내담자들에게 과거와 현재를 바라보는 시각을 바꾸게 하는 힘을 가진다. 문제가 해결된 미래를 그려봄으로써 현재의 어려움을 지속되는 곤경으로 보기보다는 지나가는 하나의 과정으로 여기게 되고,

단순히 고통스럽다는 식이 아니라 자신의 궁극적인 인생목표를 달성하는 능력을 키우는 데 도움이 되는 것으로 인식하기 시작한다. 미래에 대한 관점은 내담자들에게 가능한 해결책을 생각하도록 도우며, 이미 일어난 변화를 볼 수 있는 여유와 자신이 바라는 목표를 향해 그동안 얼마나 많은 노력을 하고 있었는지 깨닫게 해 준다.

> "상담을 통해 무엇이 어떻게 변화되었으면 좋겠는지 구체적으로 말해 주겠어요?"
> "오늘 저와 만난 후 무엇이 달라지면 '아, 오늘 상담 잘 받았구나' 하게 될까요?"

3) 문제를 정상적인 개념으로 재진술할 때 문제해결의 희망과 가능성이 열린다.

문제행동을 정상적인 개념으로 재진술할 때, 부정적인 것을 없애기보다 긍정적인 것을 돋보이게 한다. 이럴 때 내담자는 상담자에 대한 신뢰를 가지며, 문제해결에 대한 긍정적인 희망을 갖게 된다.

과다행동이 문제가 되어 상담실을 방문한 청소년의 경우, 과다행동 그 자체를 문제로 보기보다는 활동적이며, 에너지가 많고, 여기저기에 관심이 많은 것으로 재개념화 한다. 그러면 과다행동을 줄이는 목표보다는 흘러넘치는 에너지와 관심을 적절한 곳에 관심을 두게 함으로써 그 문제행동 자체를 상담자원으로 활용하게 된다.

> 예) ① 수업시간에 과다행동을 보이는 아이들 → 너는 에너지가 넘치는구나
> ② 화를 잘 내는 아이들 → 자기주장하는 힘이 있구나
> ③ 우울한 아이들 → 깊이 자기 탐색을 할 줄 아네
> ④ 남을 적대시하는 아이들 → 너를 보호하려는 마음이 강하구나

4) 상담자와 내담자는 모든 문제에서 예외를 찾아낼 수 있으며, 예외를 해결책으로 사용할 수 있다.

모든 문제에는 예외상황이 있으며, 그 예외상황에서 사용된 방법이나 단서를 문제해결을 위한 자원으로 활용할 수 있다. 즉 어렵고 힘들었다 하더라도 과거에 문제가 안되었던 예외상황이나 성공적이었던 경험을 생각하고 말할 때는 대처할 수 있는 힘이 나오고 덜 좌절하게 된다.

"문제가 일어나지 않았던 상황이 있었나요? 그 상황에 대해 말씀해 주시겠어요"

"종종 상담을 하면서 바람직한 변화가 이미 내담자의 삶 속에서 일어난 것을 본 적이 많은데, 당신의 삶 속에서 이미 시작된 변화는 어떤 게 있을까요?

"그것이 전혀 문제가 안되었던 경험이 있나요?"

5) 사람들은 자신의 문제를 해결할 자원을 지니고 있다.

내담자의 강점, 자원, 건강한 특성들을 도출함으로써 제시된 문제를 해결한다. 이 원리는 내담자가 이미 가지고 있는 자원, 기술, 믿음, 동기, 행동, 증상, 사회관계망, 환경, 개인적 특성을 활용하는 것이다.

"당신이 가진 좋은 성격특성은 무엇인가요? 현재의 문제를 해결하는 데 활용할 수 있는 것은 무엇인가요?"

상담 장면에서 내담자들은 무엇을 변화시키기를 원하고, 무슨 노력을 해야 하는지 아는 데 전문가라는 사실을 인식하지 못하는 경우가 많다. 그들은 이미 수많은 시도를 해보았고, 충고를 들었으며, 책들도 보았고, 다른 사람들과 이야기도 해보았다. 그러므로 이미 그들 속에는 문제해결능력을 가지고 있다.

"당신과 비슷한 문제를 가진 친구가 당신에게 충고를 듣고자 찾아왔다고 상상해 봅시다. 친구에게 뭐라고 말하겠습니까?"

6) 변화는 항상 일어나고 있다

해결중심적 접근에서는 변화란 내담자 삶의 일부이므로 변화를 막을 수 없다는 가정에 기초한다. 그러므로 상담이란 종종 자연스럽게 일어나는 변화를 단지 확인하고 그 변화를 해결책으로 활용하는 작업이다. 그래서 문제가 되지 않았던 시기(혹은 문제가 없었던 시기)를 탐색함으로써 문제일 때와 문제가 아닐 때의 차이점을 발견함으로써 상담자는 문제가 아닌 경우를 증가시키는 것이다.

"지난 상담 이후, 아주 작은 것이라도 좋은데, 뭔가 달라진 게 있나요?"라는 질문에 내담자는 약간이라도 달라진 점, 좀 더 괜찮았던 점을 생각하게 되고, 이러한 생각들은 내담자에게 변화할 수 있다는 가능성을 갖게 한다.

7) 작은 변화를 통한 큰 변화

내담자 자신이 할 수 있는 한도 내에서 작은 문제를 해결한 성공경험을 상기한다면 다른 문제의 해결을 시도해 보려는 의지가 생길 것이다. 그리고 아무리 복잡한 문제라도 작은 단위로 떼어놓고 한 번에 한 가지

씩 풀어나간다면 큰 변화를 이룰 수 있다. 내담자에게 일어난 작은 변화를 잘 관찰하고, 그 변화를 인정할 때 큰 변화는 자연적으로 일어나게 마련이다. 따라서 해결중심상담에서는 상담목표를 작은 것, 구체적이고 행동적인 것으로 잡는다.

---

1. 문제가 조금이라도 나아진 때에 대해 말씀해주시겠습니까?
2. 그럴 때 당신은 무엇을 하고 있나요?
3. (배우자, 친구, 부모)등은 당신이 어떻게 해서 상황이 조금 더 나아지게 했다고 이야기 하실까요? 아주 조금이라도.
4. 그럴 때 당신은 무엇을 보고 당신이 한 행동이 효과적이라는 것을 아십니까?
5. 당신은 어떻게 해서 상황이 더 나빠지지 않게 합니까?
6. 그렇게 계속하기 위해서는 무엇을 해야 합니까?

---

2. 상담자-내담자 간 협력적인 관계 형성하기

1) 상담자와 내담자 관계 유형

(1) 방문형

방문형 내담자는 해결하고자 하는 문제를 인식하지 않고 있거나 "문제"는 자신에게 있는 것이 아니라 다른 사람에게 있다고 생각한다. 즉 방문형은 변화하려는 목표도 없고 자신이 변화하려는 의지도 없다. 이러한 관계는 대체로 자신의 의사와는 상관없이 상담에 의뢰된 내담자와 형성될 가능성이 높다. 방문형 내담자와의 관계에서 가장 도움이 되는 상담자의 자세는 성실하고 진실하고, 그들의 편에 서서 이야기를 들어주는 것이 필요하다. 방문형 내담자에게는 무엇인가를 시키려 하지 말라. 온 것만이라도 칭찬하여라.

"직접 오겠다고 생각한 것도 아닌데 시간을 내어 와줘서 고마워요. 제가 보기에 당신은 무엇을 하라고 지시받는 걸 싫어하는 사람이라는 같군요. 전 당신이 원하는 것에 대해 이야기하고 싶어요."

내담자에게 의미 있는 상담목표를 재협상하라. 문제와 관련 없는 내용(취미, 관심거리, 장점, 재주, 친구관계 등)을 이야기하면서 좋은 관계를 형성하고, 그 문제를 해결하는 데 도움이 되는 내담자의 자원, 기술을 발견하라. 그 문제에 관심 있는 사람(부모, 교사 등)을 최대한 활용하라.

"선생님은 당신이 여기 와서 상담을 받고 무엇이 달라지기를 원할까요?"

상담자는 내담자가 받아들이기 힘든 정보나 관찰내용을 보고할 때도 내담자가 유능하다고 가정한다. 내담자의 지각을 의미심장하고 뜻깊은 것으로 존중하는 동시에 자신의 지각에 대한 책임을 지도록 한다.

ex) "공부를 적게 하면 시험을 더 잘 본다" → "공부를 적게 하는 게 당신에게 어떻게 도움이 되는가?"

상담자는 내담자가 자신을 어떻게 지각하고 있는지, 내담자가 원하는 것이 무엇인지에 대한 진지한 호기심을 가져야 한다.
내담자가 상담실에 오게 된 경로를 살펴봄으로써 내담자는 무엇을 문제라고 보고 있는지, 그리고 누가, 무엇이 어떻게 변해야 한다고 생각하는지 탐색한다.

2) 상담방법

상담을 할 때는 내담자가 생각하고 행동하는 것에 타당한 이유가 있다는 것을 가정하고 신뢰하여야 한다.

상담자가 내담자를 평가하거나 판단하면 내담자는 더 이상 깊은 이야기를 하려고 하지 않는다. 그러므로 상담자 자신의 판단을 배제하고 내담자의 조심스럽고 방어적인 태도 배후에 깔려 있는 내담자의 지각에 동의하라.

상담자는 내담자에게 자신을 위한 최선의 길이 무엇이라고 인식하고 있는지 반드시 질문하라. 내담자가 원하는 것이 무엇인가를 묻고 내담자의 대답을 수용하라

상담자는 내담자의 말을 자신이 말하는 방식으로 바꾸어 설명하려고 하는 대신에 내담자의 언어에 귀를 기울이고 내담자의 언어를 사용하라.

내: "제가 짱입니다."
상: "그래, 네가 짱이구나."

내담자가 원하는 것 얻기 위해 먼저 처음 할 수 있는 일은 무엇인가? 그리고 그것을 하는 게 어떻게 도움이 될 것 같은가를 탐색하라

만약 내담자가 자신에게 바람직하지 않은 것을 원하는 경우에는,

치: "어떤 것을 보면 술이 너에게, 너의 가족에게 도움이 된다는 것을 알수 있니?",
치: "만약 네가 술을 계속 마시는 게 여자친구(어머니)에게 어떻게 도움이되는지 물어보았더라면 네 생각에는 여자친구가 뭐라고 말할 것 같니?"

만약 내담자가 아무 것도 원하지 않는다면 그냥 칭찬하고 돌려보내라.

일반적인 메시지『영수야, 오늘 이렇게 와서 반갑다. 오늘 여기 오는 게 쉽지는 않았을 거야, 개인적인 시간도 포기해야 하고, 별로 하고 싶지 않은 말도 해야 하고, 네가 보기에 넌 다른 사람이 무엇을 하라고 시키는 것을 싫어하는 독립심이 강한 것 같아. 나 또한 네가 간섭받지 말고 혼자 내버려두기를 바란다는 의견에 동감해, 그러면 어떻게 하면 그렇게 될 수 있는지에 대해 좀 더 생각했으면 하는데, 다음주 같은 시간에 만나면 어떨까』라고 말하면서 종결할 수 있다.

(1) 불평형

☞ **불평형 내담자란?**

문제가 무엇인지에 대한 인식은 있으나, 문제해결책은 자신의 통제 밖에 있기 때문에 자신은 아무런 힘을 행사할 수 없다고 생각한다. 즉 내담자는 대화 속에서 문제 해결의 필요성에 대해서는 상세하게 설명하나 아직 자신을 문제해결의 일부로 보지 않는다. 내담자는 해결책은 대체로 다른 사람―부인, 남편, 자녀, 상관, 친구 등―의 변화를 통해 이루어질 수 있다고 본다. 불평형은 변화시키고 싶은 목표는 있으나 자신이 변화하려는 의지는 없다.

☞ **불평형의 특성 살펴보기**

내담자는 문제를 일으킨다고 생각하는 사람들 내담자 자신을 제외한다는 사람, 상황, 조건을 상담자가 변화시켜주기를 바란다. 그래서 상담자가 그들을 만나기를 원한다. 혹은 문제 있는 사람을 변화시킬 수 있는 방법을 가르쳐달라고 요구한다. 좌절, 실망을 토로하면서 단지 상담자가 자신의 힘듦을 들어주기만을 바란다.

☞ 불평형에 대한 상담전략

상담자는 내담자 아닌 타인을 변화시키는 것이 불가능할 뿐만 아니라, 문제의 탓을 타인에게 돌릴 때는 문제가 해결되지 않는다는 것을 알린다. 내담자의 지각을 존중하면서 내담자의 초점을 문제 있는 타인으로부터 자신과 긍정적 변화를 가져오기 위한 자신의 역할로 전환시킨다. 만약 내담자가 해결중심적 대화참여를 거부한다면, 계속해서 내담자가 타인을 비난하고 탓하기만 한다. 그렇다면 치료자는 내담자에게 "상담자인 내가 어떻게 도울 수 있다고 생각합니까?"라고 물을 수 있다. 혹은 척도질문을 활용하며 상담자의 문제해결능력을 어느 정도로 보고 있는지에 대한 내담자의 지각을 탐색한다. 내담자가 문제에 대해 다른 입장에서 볼 수 있도록 새로운 관점 및 해석을 제공할 수 있으면 제공하는 것이 좋다.

"당신이 상담자라면, 이런 문제 때문에 힘들어하는 사람에게 뭐라고 말할까요"

☞ 예외도 없고, 목표도 없을 때의 과제 제시(생각하기 / 관찰하기)

불평형 내담자는 문제에 대하여 자세히 묘사하기는 하지만 문제가 다른 사람들이나 조직과 같은 외부의 원인 때문에 생긴 것이며, 자신은 문제 발생에 어떤 역할을 하고 있다고 생각하지 않고, 문제 해결 능력도 없다고 생각한다. 오로지 타인의 변화만을 바란다. 문제에 대한 예외상황을 알지 못하거나 사소하게 여긴다.

내담자의 문제가 내담자의 생활에 미친 영향을 얼마나 주의 깊게 관찰 했는지 그리고 그것에 대해 얼마나 열심히 생각했는지에 대해 말해 주면서 진심으로 내담자를 칭찬해준다(긍정적이고 존중하는 분위기조성). 그 다음에 문제가 심각하고 어려운 문제라는 것에 동의하고 <관찰과제>를 제시한다.

"지금부터 우리가 다음에 만날 때까지 당신의 삶 속에서 일어나는 일들 중 이 문제가 해결될 수 있다는 것을 알려주는 것들에 대하여 주의를 기울여 관찰해보기를 바랍니다."

내담자가 문제가 있다는 생활부분에 내담자의 초점을 집중시키고, 괴롭고 문제되는 것 대신에 매력적인 것이 있는가 찾아보도록 제안한다. 이런 경우 상담자는 내담자가 상담실을 방문하기 위해 경주한 노력과 시간은 물론 그가 시도한 일들과 생각을 칭찬해주는 것으로 시작해야 한다.

"지금부터 우리가 다시 만날 때까지 당신의 삶 속에서 계속 일어나기 바라는 일 중 어떤 것이 일어나고 있는지 다음에 나에게 말할 수 있도록 잘 관찰해 오시기 바랍니다."

☞ 예외도 있지만, 목표는 없을 때의 과제 제시(관찰하기/ 예측하기)

내담자와 함께 문제를 정의하고 내담자가 예외 상황을 인지할 수 있는 경우이다. 그러나 내담자는 문제는 외부에 있다고 보고, 문제의 해결을 위해 자신이 할 수 있는 일은 없다고 생각한다. 이런 경우 확인된 예외를 중심으로 관찰과제를 준다.

"지금부터 다음에 우리가 다시 만날 때까지 상황이 보다 나아졌을 때를 잘 살펴보세요. 특히 그런 때는 무엇이 다른지, 그러한 상황이 어떻게 일어나는지, 다시 말해서 그러한 상황이 일어나도록 하기 위해서는 누가 무엇을 하는지 잘 살펴보시고, 다음에 나에게 말해주세요"

<동전던지기─예측하기 과제>의 효용성: 내담자가 예외가 일어날 것이라는 것을 이미 인정한 것을 과제로 준다. 예측과제를 제시함으로써 상담자는 예외가 또 다시, 아마도 다음 주 안에 일어날 것이라고 암시하는 것이다. 자기충족적 예언을 실행에 옮길 수 있는 가능성을 갖고 있는 것이다.

"영수야, 나도 네 말에 동의해. 너의 담임선생님이 보다 분별 있고 정중하게 행동하는 날이 있는가 하면 그렇지 않은 날들이 분명히 있는 것 같애. 그러면 지금부터 다음에 우리가 만날 때까지 다음과 같은 일들을 해보면 어떨까. 매일 밤 잠자기 전에 내일은 담임선생님이 너에게 보다 분별 있고 정중하게 행동하는 날이 될 것인지, 그렇지 않을지에 대하여 예측해 보는 거야. 그리고 그날 잠자리에 들기 전에 다음날 상황을 예측하기 전에 그날의 예측이 맞았는가를 생각해 보는 거야. 너의 예측과 그날의 상황이 달랐던 이유에 대해서 생각해 보고, 나한테 이야기해줘"

(2) 고객형

고객형 내담자는 문제가 무엇인지 잘 알며, 자신을 문제해결의 일부로 생각하고 문제해결을 위해 적극적으로 노력한다. 즉 자신이 원해서 도움을 요청한 경우이다. 이러한 내담자는 상담을 통해 무엇을 이루고 자 하는지에 대해 생각해 보았고, 목표를 달성하기 위해서 자신의 노력 이 필수적이라는 것도 깨닫고 있다.

내담자의 문제에 대한 아이디어나 잠재적인 해결책을 탐색하고 활 용하는 것이 좋다. 만약 자신이 상담자라면 이 문제에 대해 무엇이라고 말하겠는지 물어본다. 상담을 통해 원하는 내용이 무엇인지, 그리고 그 것을 해결하기 위해 어떤 노력들을 시도해 보았는지 물어본다.

☞ 기적그림은 명확하지만 예외가 없을 때의 과제 ⇒ 기적이 일어난 것처 럼 해보기

내담자는 예외 특히 의도적인 예외를 인정하는 못하는 경우, 기적질 문을 통해 기적 이루어졌을 때의 변화를 구체적 일을 물어본다. 기적그 림이 명확한 것을 칭찬해주고 내담자에게 기적이 일어난 것처럼 해보 라고 제안한다.

"학부형님. 기적이 일어나면 집안에서 달라질 일들과 아이들을 어떻게 다르게 대하실 것인지에 대해서도 여러 가지로 말씀해 주셨는데요. 저도 당신이 무언가를 해야 한다는 것에는 동의하지만 그 해결책이 무엇인지 잘 모르겠어요. 그러니까 우선 이렇게 하는 게 어떨까요? 가족들 누구에 게도 말하지 말고, 다음 주에 하루를 정해서 기적이 일어난 것처럼 행동 해 보십시오. 그리고 그렇게 하루를 보내면서 집안에 무엇이 달라지는지 를 잘 살펴보시고, 다음에 저를 만나면 말씀해 주십시오"

☞ 내담자가 높은 동기를 가졌지만 잘 형성된 목표가 없을 때 ⇒ 뭔가 다 른 것을 해보기

내담자는 해결책을 찾기 위해 많은 것을 시도했지만 성공을 거두지

못한 경우이다. 이런 경우 내담자가 그동안 시도한 노력들을 자세히 설명해 보도록 제안한다.

"학부형님, 당신이 그동안 문제를 해결하기 위해 얼마나 열심히 노력해 오셨으며 상황을 개선하기 위해 지금까지 어떤 일을 해오셨는가를 구체적으로 설명해 주신 것에 감명을 받았습니다. 지금 왜 당신이 낙심하고 좌절해 있는지 알겠습니다. 이 문제는 매우 힘든 문제라는 것에 동의합니다. 이것은 매우 힘든 문제이니까 지금부터 다음에 우리가 만날 때까지 문제가 일어나면 무언가 다른 것을 해보실 것을 제안하고 싶습니다. 당신이 하는 것이 아무리 이상하고 기이하고 괴상해 보이더라도 말입니다. 중요한 당신이 무엇을 하기고 결정을 하든 뭔가 다른 것을 해 볼 필요가 있다는 것입니다"

☞ 잘 형성된 목표와 의도적 예외가 있는 경우 ⇒ 같은 것을 더 많이 해보기

"학부형님, 전 당신이 자녀와 좋은 관계를 유지하기 위해서 당신이 말한 것들을 해야 한다는 생각에 동의합니다. 그러므로 지금부터 우리가 다시 만날 때까지 지금까지 효과가 있었던 것들을 계속 하시기 바랍니다. 그 외에도 당신이 관계가 나아지게 하는 또 어떤 다른 행동들을 하고 있는지 관찰하시고 오셔서 저에게 이야기해 주시기 바랍니다"

3. 상담목표의 설정

1) 내담자가 중요하게 여기는 것을 중요시하라.

상담목표는 내담자에게 중요한 것일 뿐만 아니라 유익한 것이어야 한다. 상담목표가 자신에게 중요한 것일 때 내담자는 존중받고 있다는

느낌을 받으며, 자신의 목표를 성취하기 위하여 더욱 열중하게 된다.

치료 목표는 내담자에게 중요하며 유익한 것이어야만 한다. 왜냐하면 이미 형성된 어떤 원칙에 근거하여 치료자의 목표나 프로그램의 목표를 주장하기 보다는 내담자에게 중요한 목표를 치료 목표로 설정하는 경우 내담자는 목표를 성취하기 위하여 보다 더 노력하게 되기 때문이다. 실제로 치료자가 내담자에게 접근해 가면서 협조할 때 내담자는 치료자에게 협조적이 되며 치료과정이 훨씬 쉬워지므로 치료기간이 단축된다.

"상담을 통해 당신의 생활에서 무엇이 어떻게 달라졌으면 좋겠습니까?"를 질문한 다음, 내담자가 원한다고 이야기하는 것을 그의 말 그대로 기록한다.

2) 작은 것을 목표로 설정하라.

내담자가 설정하는 목표가 작을수록 내담자가 쉽게 목표를 성취할 수 있다. 성취감은 내담자로 하여금 성공의 경험을 가지게 함으로써 희망과 변화하고자하는 동기를 증가시킬 수 있게 된다.

내담자가 자신의 문제를 설명하고, 자신의 삶 속에서 달라지기를 원하는 것은 언급할 때 '자신의 생활에서 중요한 타인'을 언급한다. 예를 들면,

"딸아이가 제 말을 좀 더 잘 들었으면 좋겠어요"
"제 남편과 항상 싸워요"

☞ 상호작용적인 관계로 상담목표를 진술하도록 권유한다(관계성 질문).

내: "제 딸이 말을 안들을 때 화를 내며 야단치는 대신 조용히 이야기하는 것"

상: "만일 그렇게 한다면 당신과 딸 사이는 어떻게 달라질까요?"

"그렇게 되면 다른 식구들과의 사이에서 또 어떤 것이 달라질까요?"

"무엇이 또 달라질까요?"

☞ 자신의 입장에서 자신을 보다가 중요한 타인의 눈으로 자신을 보게 되면, 이전에는 없었던 가능성을 만들어낼 수도 있다.

내: "제 자신에 대해 기분이 좋아지는 거예요"(제 일에 대한 태도가 달라지는 거예요)

상: "당신이 자신에 대해 기분이 좋아진다면 다른 사람들은 당신에게서 어떤 다른 점을 보게 될까요?"

"그 외에 또 어떤 점에서 달라졌다고 생각할까요?"

3) 긍정적인 표현으로 : 없애는 것보다 있는 것에 관심두기

내담자가 목표란 힘든 일이라고 인식하는 것이 중요하다. 문제시되는 것을 없애는 것에 관심을 두기보다는 하기 바라는 또는 긍정적인 행동에 관심을 둔 목표가 더 성취하기가 쉽다.

☞ 상담목표는 언어로 표현할 때 긍정적인 형태, 즉 내담자가 무엇을 하지 않거나 생각하지 않을 것인지가 아니고, 무엇을 하거나 생각할 것에 대해 진술해야 한다. 내담자가 자신이 하고 싶은 것에 대한 영상을 전개시켜 나가기 시작하면, 그 영상자체에 매우 강력한 힘이 있어 그가 도달하고자 하는 곳에 관한 영화에서 자신이 맡은 역할을 하게 된다.

☞ 내담자가 부정적인 영상을 그릴 때, 긍정적인 영상으로 이끌어 내기

위해 사용하는 단어는 "그 대신에"라는 용어이다.

예) "친구들에게 놀림을 당하고 싶지 않아요" 그 대신에
"뭔가 특별히 잘 하는 게 있으면 좋겠어요. 그러면 친구들이 나와 친하게 지내려고 할 거예요"

내1: 내 아들이 나에게 거짓말하는 것이 정말 싫어요. 그 애가 더 이상 거짓말을 안 하면 모든 것이 잘 될 거예요. 그렇게 아무렇지도 않은 얼굴로 거짓말을 할 때는 소름이 끼쳐요.

상1: 당연하죠. 충분히 걱정할 만한 이유가 되는 것이죠. 그런데 모든 일이 잘 되면 아들이 그(거짓말을 하는) 대신에 어떻게 행동할까요?

내2: 물론 좀 더 정직해지겠죠.

상2: 어떻게요? 아들이 어떤 행동을 하면 더 정직해졌다고 말씀하시겠습니까?

내3: 글쎄요…… 가끔씩은 자기가 거짓말하는 것을 인정하고 사과를 하겠죠.

상3: 그 외에 또 어떻게 행동할까요?

내4: 잘 모르겠어요. 생각해보지 않아서. 아마 그 애 목소리가 단호하게 곧아지겠죠. 지금처럼 얼버무리거나 웅얼거리지는 않을 거예요. 그리고 내 눈을 똑바로 쳐다볼 테고 대신 허리를 펴겠죠. 저에게 좀 더 솔직하게 이야기할 거예요

상4: 아들을 잘 알고 계시는군요. 아들이 어머님을 똑바로 보고 말소리도 단호하고 허리를 똑바로 펴게 되겠군요. 모두 맞는 말이에요. 아들을 아주 잘 아시는군요.

내5: 물론이죠. 전 그 애 엄마예요. (웃으면서) 엄마들은 뒤통수에도 눈이 있지요. 제가 늘 아이에게 하는 말이에요.

4) 목표달성을 위한 시작에 중점을 둔다.

내담자들이 상담실을 찾을 때 문제를 해결하기 위한 최초의 시도이 기보다는 마지막 선택인 경우가 많다. 따라서 즉각적인 해결을 원한다. 그러나 내담자가 원하는 즉각적인 해결책을 얻는다는 것은 비현실적 이다. 그러므로 상담자가 내담자에게 제공해야 할 것은 좀 더 성공적인 해결책 구축을 시작하는 새로운 방법을 찾도록 도와주는 일이다.

내담자들은 치료에 올 때 문제가 완전히 사라지거나 성취하기를 바라는 최종 결과에 목표를 둔다. 그러나 내담자가 목표를 향해 나가도록 도움을 받지 않는 한 내담자의 목표는 희망일 뿐 아무 것도 도움이 되지 않을 수 있다. 치료자는 내담자의 견해를 전적으로 수용하는 한편, 원하는 결과를 성취하기 위하여 처음단계에서 필요한 것을 명확하고 구체적으로 설명해야 한다.

상1: 아들을 잘 알고 계시네요. 분명히 그 애가 어머니께 늘 정직하게 되기까 지는 시간이 걸릴 것입니다. 그러나 어머니께서 "흠…. 그 애가 나에게 조금 더 솔직해지기 시작하는구나." 라고 말씀하시게 할 작지만 처음 나 타나는 징조는 어떤 것일까요?

내1: 네, 시간이 좀 걸리겠지요. (웃으면서) 어제는 그 애가 당장 달라지기를 바랐지만요. 첫 징조는 우리가 얘기할 때 제가 그 아이 눈을 볼 수 있도 록 그 애가 나를 쳐다보는 것일 것입니다.

상2: 그러면 지금은 볼 수 없지만 어떤 것을 아들의 눈에서 볼 수 있으면 그 애가 어머니께 좀 더 정직해지기 시작했다는 것을 알 수 있을까요?

내2: 편안하고 거리낌 없고, 숨기기보다는 있는 그대로 이야기하려는 의지를 볼 수 있다면….

상3: 네, 두 사람이 대화할 때 정수가 어머니를 더 많이 쳐다보게 된다면 그게 어머니께 어떤 도움이 될까요?

내3: 그렇게만 된다면 얼마나 좋을까요. 제 삶은 아주 편안해질 거예요. 정수에 대하여 그렇게 걱정하지도 않겠죠. 다른 사람에게도 그런 행동을 할까봐 겁이 나요. 예를 들면, 선생님한테 말이에요. 그 애가 장차 어떻게 될지 걱정할 필요도 없을 거예요. 제 아들이라 남편한테 뭔가를 더해줄 수 있을 거예요.

상4: 그러면 아들이 어머니를 더 많이 쳐다보게 된다면 그 아이는 어머니가 어떻게 다르게 행동하는 것을 보게 될까요?

내4: 잘 모르겠네요. 제 생각에는 지금처럼 소리 지르는 일이 없을테고, 좀 더 차분해지겠죠.

5) 현실적이고 생활 속에서 성취 가능한 것을 목표로 한다.

내담자의 생활환경에서 어떤 것이 현실적이고, 성취가 가능한지, 혹은 비현실적이고 성취가 불가능한지를 결정하는 것이다.

내담자가 설정하는 목표는 현실적인 것이어서 내담자가 충분히 성취할 수 있는 것이어야 한다. 목표가 성취되는 과정을 통해 내담자는 성공하고 있다는 자신감과 희망을 갖고, 변화하고자 하는 동기가 부여된다. 그러므로 내담자의 능력, 의지, 또 처해있는 상황을 고려할 때 달성 가능한 목표인지에 대해 확인하는 과정이 필요하며, 내담자로 하여금 자신의 변화가 중요한 타인과의 상호작용에 미칠 영향을 고려해보도록 현실적인 목표를 설정할 수 있도록 도와준다.

6) 구체적이고 명확하며 행동적인 것을 목표로 하기

목표가 '행복하게 되는 것' 또는 '정상적인 생활을 하는 것'과 같이 애매모호하게 설정되면 목표를 성취하고 있는지와 치료결과를 파악하는 것이 불가능하므로 내담자로 하여금 성공의 경험을 할 수 없게 한다. 그러므로 치료자와 내담자가 진행하고 있는 것을 쉽게 평가할 수 있는 목표를 설정하는 것이 유용하다.

목표를 구체적으로 기술하면 할수록 내담자에게 보다 강력한 영향력을 발휘하게 한다. 그러나 내담자들이 구체적으로 그들이 원하는 것을 어떻게 할 수 있을지 또는 어떻게 할 것인지에 대한 초점을 맞추기까지 상담자의 지도와 안내가 필요하다.

☞ 구체적인 대답을 이끌어내는 방법은 직접적으로 묻는 것이다.

> 상: "당신의 자존심이 향상된다는 것은 무엇을 의미하는지 구체적으로 말씀해 주시겠어요?
> 상: 당신의 자존심이 향상되었다는 것을 무엇을 통해 구체적으로 관찰할 수 있을까요?"
> 상: "아들이 좋아지는 것을 알 수 있는 가장 작은 신호는 무엇일까요?"
> 내: "좀 더 미소를 띠고, 동생에게 욕하지 않고, 아이가 시간이 있을 때 식구들과 함께 식사하는 것입니다"

7) 목표수행은 힘든 일이라고 인식하기

☞ 변화하기란 힘든 일이라는 것을 내담자가 인식하는 것은 중요하다.
  내담자가 변화를 위하여 노력하는 것은 힘든 일이다.

☞ 목표를 성취하는 것이 어려운 일이라고 언급하는 것은 첫째, 내담자가 진전이 없는 경우에도 실망하지 않아도 되며, 둘째, 빠른 진전을 보일 때 내담자의 자존심이 고양되고, 셋째, 변화의 책임이 내담자에게 있음을 즉 변화가 일어나기 위해서는 내담자 자신이 참여해야 한다는 것을 강조하는 효과가 있다.

* 집단활동 — 목표설정

1. 당신의 삶 속에서 변화되기를 바라는 문제 상황을 하나 떠올려라. 그 문제 상황이 좋아졌다는 것을 알 수 있는, 처음으로 나타나는 작은 신호는 무엇인가?

2. 당신의 파트너로 하여금 내담자의 역할을 하게하고, 상담자를 만나러 온 목표에 대하여 이야기해 달라고 요청하라. 이때 내담자의 목표를 해결중심적인 목표 기준으로 이끌어라.

1) 새로운 이름 지어주기

* 당신이 호소하는 문제에 별칭을 붙인다면 무엇이라고 하시겠어요?

* 당신의 문제가 해결되었을 때, 그것을 축하하기 위하여 우리가 새로운 이름을 짓는다면, 어떤 이름이 좋을까?

* 당신이 지금의 문제에서 벗어나 변화되었을 때, 그 변화된 모습에 어울리는 별칭을 붙여 본다면 뭐가 좋을까?

2) 과거보기

* 당신의 문제가 당신의 과거와 많은 관계가 있군요. 그럼 시각을 바꾸어 그 과거로 인하여 얻을 수 있었던 이득은 어떤 게 있을까요?

* 당신이 인생을 살아오면서 경험한 것들 중에서 당신의 문제를 해결하는데 도움이 될 만한 기억들을 찾는다면, 어떤 게 있을까요?

* 당신이 그런 어린 시절을 보냈다는 것이 유감스럽습니다. 하지만 그런 시절을 보냈기에, 단순히 행복한 어린 시절을 보낸 사람보다 당신이 처한 어려운 문제를 더 쉽게 해결할 수 있지 않을까요?

* 당신의 어려운 어린 시절을 보낸 것이 당신을 강하게 만든 것 같습니까? 약하게 만든 것 같나요?

3) 중요한 문제부터 먼저 다루기

* 당신은 여러 가지 문제를 동시에 갖고 있군요. 그 문제들 중에서 이 시간 나와 함께 해결하고자하는 것은 무엇입니까?

* 당신이 이야기한 여러 가지 문제 중에서 먼저 풀고 싶은 것은 어느 것입니까?

* 당신은 여러 가지 문제를 동시에 갖고 있는데, 그 중에서 어느 문제가 가장 시급합니까?

* 당신이 갖고 있는 문제 중에서 어떤 것을 먼저 해결하면 다른 문제에도 긍정적인 영향을 줄 것 같습니까? 혹은 어는 것을 먼저 다루는 게 가장 파급효과가 클 것 같습니까?

4) 내담자로부터 자원 찾아내기

* 힘드셨을 텐데, 어떻게 그렇게 잘 견뎌내실 수 있었나요?

* 그렇게 잘 견딜 수 있는 그런 강한 힘은 어디에서 나왔는가요?

* 오랫동안 그 문제를 잘 참아왔군요. 그러기 위해서 어떤 자원을 활용했는가요?

* 당신이 잘 하는 것은 무엇인가요? 당신의 문제를 해결하기 위해 어떤 기술(능력)들을 활용할 수 있을까요?

* 당신이 가진 성격적 특징은? 당신은 그런 좋은 특성들을 문제를 해결하는 데 활용한 적이 있나요? 혹은 문제를 해결하는 데 활용할 수 있는 성격특성은 무엇인가요?

* 이전에 문제를 해결해 본 비슷한 문제가 있는가요? 이 경우에도 그 해결책을 쓸 수 있을까요?

* 당신 생각에 누가 이 문제를 가장 잘 해결할 수 있다고 생각하는가요? 당신은 그가 문제를 어떤 식으로 해결할 것 같은가요?

5) 내담자에게 능력을 인식시키기

* 당신과 비슷한 문제를 가진 친구가 있다면, 그 친구에게 뭐라고 충고해 주고 싶습니까?

* 당신이 그 문제의 전문가라면, 강사로 초청받았을 때, 뭐라고 말하겠어요?

* 이 시간이 끝나고, 당신이 성공적인 대화를 하였다는 기분이 들었다면, 우리가 어떤 토픽으로 이야기를 했겠는가?

* 당신이 가진 해결책 중 어느 것이 가장 효과적이었나? 그밖에 무엇을 더 시도해 볼 수 있을 것 같은가?

* 꼭 당신의 문제에 해당되는 것은 아니지만, 당신이 시도해 본 해결책 리스트(목록)을 작성해 봅시다.

6) 문제가 해결된 상태 그려보기

* 어떻게 이 변화를 설명할 수 있겠습니까? 혼자서 어떻게 하셨나요? 당신이 가족이 도왔나요?

* 당신이 상담을 받는 동안 당신의 자녀가 매우 빠른 속도로 진전되어 갔습니다. 이러한 변화를 어떻게 설명하시겠습니까?

* 우리는 당신이 도와준 모든 사람들에게 감사하기를 원합니다. 그 각 사람들에게 뭐라고 하겠습니까?

* 상상해 봅시다. 미래 언젠가 문제가 완전히 해결되었습니다. 그래서 당신은 그 변화를 축하하기 위해서 식사초대를 할 계획입니다. 누구를 초 대하겠습니까? 초대장의 인사말은 무엇을 쓰실까요?

* 상상의 날개를 펴봅시다. 이 문제가 다 해결된 상태에서 여행을 한다 면, 당신은 누구와 그 기쁨을 나누고 있겠습니까?

7) 문제를 친구로 간주하기(viewing the problem as a friend)

* 옛말에 '고진감래'라는 말이 있듯이, 이 문제를 참고 견뎠으므로 당 신이 얻을 수 있는 것은 무엇일까요?

* 만약 이 문제가 당신의 인생에, 당신 자신에게, 다른 사람들에게 중 요한 어떤 것을 가르쳐준다면, 그것은 무엇일까요?

* 우리가 시간이 한참 지난 후에라야 비로소 그 문제를 통해 우리가 무 엇을 배웠는지 알게 됩니다. 지금부터 시간이 한참 지나서 우리가 다시 만나서, 내가 당신에게 그 문제를 통해 무엇을 배웠는가 하고 물어 본다 면, 당신은 뭐라고 대답할 것 같습니까?

* 시간이 지나서 당신이 자녀와 손자를 두었습니다. 당신은 그들에게 이 문제를 통해 당신이 배웠던 인생의 중요한 가치들을 가르쳐 주기를 원 합니다. 그때 당신은 뭐라고 말씀 하실까요?

4. 변화를 위한 유용한 질문들

1) 첫 상담 전 변화에 관해 질문하기

해결중심 단기가족치료의 기본가정은 변화란 불가피한 것임으로 계속적으로 일어나고 있다고 본다. 따라서 내담자가 면담을 약속한 후 지금까지 일어났던 변화에 대한 질문은 때로 아주 중요한 단서를 제공한다. 면담전의 변화가 있는 경우는 내담자가 이미 지니고 있는 해결 능력을 인정하고 칭찬하고 강화하고 확대할 수 있도록 격려한다.

> 상: 우리의 경험에 의하면 처음 상담을 약속했을 때와 상담을 받으러 오기까지의 시간동안에 어려운 상황이 좀 나아진 사람들이 많았습니다. 당신도 그런 변화를 경험하셨습니까?
> 문제가 최고로 심각하여 처음 상담을 약속한 때가 1이고, 문제가 다 해결된 상태가 10이라고 한다면, 지금은 약 몇 점정도 될까요?

해결중심상담은 계속적으로 변화가 일어난다는 것을 기본원리로 삼는다. 따라서 내담자가 전화로 접수한 후 첫 상담에 오기 전에도 변화가 있었는가에 대한 질문은 아주 중요한 단서를 제공한다. 상담 전 변화가 있는 경우는 내담자가 이미 지니고 있는 문제해결능력을 인정하고 칭찬하고 강화하고 확대할 수 있도록 격려한다.

> 상1: 지난번 상담을 받겠다고 전화한 뒤로 당신에게 어떤 변화가 있었나요?
> 내1: 상담을 받기 위해 전화한 뒤로 어떤 친구 덕분에 음주가 줄었습니다.
> 상2: 음, 그 얘기를 좀 자세히 해 주세요. 무슨 뜻입니까?
> 내2: 저는 3년 내내 독한 술만 마셨습니다.

상3: 그러면 전화한 뒤로 어떻게 술을 덜 마시게 되었습니까?

내3: 친구 덕분에 두 주간 어려움 없이 술을 마시지 않았습니다.

상4: 대단하시군요. 두주동안이나 전혀 술을 마시지 않았어요. 그 친구가 당신에게 매우 중요한 사람이란 소리로 들리는군요.

내4: 그렇습니다. 내 여자친구는 내가 완전히 술을 끊기를 바랍니다.

상5: 그러면 지금은 어느 정도 마십니까?

내5: 말했듯이 나는 독한 술을 많이, 너무나 많이 마셔왔죠. 이제는 맥주만 마십니다.

상6: 독한 술은 포기했나요?

내6: 예

상7: 술을 안 하는 것이 어렵지는 않던가요?

내7: 그다지 어렵지 않았어요. 여자친구와 함께 있으면 전혀 마시지 않습니다. 형제나 친구들과 있을 때만 마십니다.

상8: 그러면 당신이 술을 전혀 안할 때 당신이 어떻게 달라졌다고 여자친구가 말하겠습니까?

내8: 그녀는 내가 다른 사람이라고 말할 겁니다. 나쁜 버릇이 없을 테니까요.

2) 기적질문(내담자가 원하는 것을 확대하는 질문)

(1) 기적질문의 정의

기적질문은 문제와 떨어져서 해결책을 상상하게 하는 것이다. 기적질문을 통해 상담자는 내담자에게 바꾸고 싶어 하는 것을 스스로 설명하게 하여 문제에 대한 집착으로부터 벗어나 해결중심영역으로 들어가게 한다. 즉, 내담자의 마음상태를 '문제중심'에서 '해결중심'으로 전환하게 만드는 효과가 있다.

기적질문은 문제 자체를 제거시키거나 감소시키지 않고 문제와 떨어져서 해결책을 상상하게 하는 것이다. 이 질문을 통해 치료자는 내담자가 바꾸고 싶어 하는 것을 스스로 설명하게 하여 문제에 대한 집착으로부터 벗어나 해결 중심 영역으로 들어가게 한다.

'이제 좀 다른 질문을 하고자 합니다. 이번에는 상상력을 발휘해야 할 것 같군요. 오늘 치료 후에 집에 가서 잠을 잔다고 상상해 보십시오. 잠자는 동안 기적이 일어나 당신을 여기 오게 한 그 문제가 극적으로 해결됩니다. 당신은 잠을 자고 있어서 이런 기적이 일어났는지를 모르겠지요. 그런데 아침에 일어나서 지난밤 기적이 일어나 모든 문제가 해결되었다는 것을 어떻게 알 수 있을까요? 당신이 처음 무엇을 보면 기적이 일어났다는 것을 알 수 있을까요'

(2) 기적질문의 유용성

이상과 같은 기적질문은 내담자에게 변화의 가능성에 대하여 제한 없이 이야기함으로써 자기가 원하는 변화를 확인할 수 있다. 또한 미래, 즉 내담자의 문제가 더 이상 문제가 되지 않을 때에 초점을 두게 된다.

(3) 기적질문의 내용

기적질문은 약간은 호기심을 갖게 낮은 목소리로 천천히 다음과 같이 질문한다. "제가 좀 이상한 질문을 하겠습니다. 이번에는 상상력을 발휘해야 될 것 같아요. 우리가 이야기를 한 후에 집으로 돌아가서 나머지 일을 하고 주무시게 되겠죠. 오늘밤 가족들이 모두 잠든 사이에, 집이 조용하고, 한밤중에 기적이 일어났습니다. 그래서 상담을 받으러 왔던 당신의 문제가 해결되었습니다. 그러나 당신은 자고 있었기에 기적이 일어난 줄 몰랐습니다. 아침에 일어나서 한밤중에 기적이 일어났고, 상담을 받으러 왔던 문제가 해결되었다는 것을 어떻게 알 수 있을까요?"

(4) 기적질문 사용시 주의사항

기적질문을 할 때 주의할 점은 내담자 또한 문제중심적 사고에 젖어 있으므로 기적질문에 답하기란 어렵다. 따라서 잔잔한 목소리로 천천히 부드럽게 이야기하는 것이 중요하다. 또한 "제가 엉뚱한 질문을 하나 하겠습니다. 상상력을 발휘하셔야 할 것 같습니다"에서 기적질문 탐색과정에서 극적인 효과가 나도록 한다.

"어떻게 달라질까요" 등 미래형 어미를 사용한다.

기적이 일어나서 당신이 여기에 가지고 온 문제가 다 해결되었다고 여러 번 강조한다.

내담자가 다시 문제로 되돌아가려고 하면 문제가 해결되면 무엇이 다를 것인지에 관하여 내담자의 관심을 돌려놓는다.

(5) 기적질문에 대한 내담자의 다양한 반응들

내담자가 "잘모르겠는데요"라고 대답하기 쉽다. 그러면 지금 "여기서 한번 생각해 보세요"하면서 조용히 기다린다. 아니면 내담자가 "기적은 없어요 / 제 인생에서 너무나 오랫동안 상황이 나빴기 때문에 기적이 일어나지 않는다는 것을 제가 알아요"라고 했을때는 "그러면 기적이 일어났다고 생각해 보세요. 아주 작은 일이라도"라고 질문하고 내담자가 문제중심(문제가 얼마나 고통스럽고 어려운가를 이야기하려고 함)으로 말하려고 하면 기적대신에 "문제가 해결되었거나, 덜 심각해질 경우 생활이 어떻게 달라질까요?"라고 질문을 조금 바꾸어 본다.

(6) 기적질문 사용할 때 주의할 점

— 기적의 현실성을 논하지 말라
— 성급한 결말에 대한 유보 — 계속적인 탐색이 더욱 중요하다.

내1: 저한테 일어났으면 하는 기적이 뭔지 아십니까? 정말 알기를 원하십니까?

상1: 물론이죠. 그것은 현실적인 기적이기 때문에 당신이 여기 오게 된 문제가 해결됩니다. 문제가 해결되기 시작한다면 첫 번째로 나타나는 작은 일은 무엇일까요?

내2: 남편이 침대로 아침을 갖다 주는 것입니다. 그것은 내가 어릴 때부터 꿈꿔온 것으로 내겐 매우 낭만적으로 여겨지거든요. 그래요. 나는 생활 속에서 더 많은 낭만을 갖고자 합니다. 처음 결혼했을 때는 남편이 그렇게 해주곤 했지요, 참 행복했어요.

상2: 그러면 기적이 일어나 남편이 어느 날 침대로 아침을 가져온다고 가정해 봅시다. 그렇다면 당신은 무엇을 하게 되리라고 생각합니까?

내3: 남편에게 그다지 화를 내지 않을 겁니다.

상3: 화를 안 내는 대신 무엇을 할 수 있죠?

내4: 남편이 시집식구와 잘 어울릴 수 있도록 하고 저도 함께 방문할거예요

상4: 그밖에는요?

내5: 그를 사랑할 것이고 과거를 뒤에 접어두고 우리 생활을 계속 할 거예요.

상5: 그러면 당신은 어떻게 달라질까요?

내6: 남편의 일에 더 관심을 보이고 내게 성관계를 요구할 때 더 적극적인 반응을 보일 겁니다. 애들은 집에 두고 영화 보러 가기고 하고요

상6: 그러면 그런 일들을 처음으로 시도할 때 남편은 당신에게 어떻게 달라졌다고 할 것 같으세요?

내7: 남편은 내가 더 행복해 하고 더 많이 웃고 애들에게 잘해주고 모든 사람에게 더 친절하다고 얘기할 것입니다.

---

* 학생들에게 쉽게 활용할 수 있는 기적질문

☞ "자, 엉뚱한 질문을 하나 해볼게. 상상을 해야 할 거야. 오늘밤 자는 동안 기적이 일어나서 학교문제가 다 해결되었어. 이 기적이 일어난 상황을 어떻게 말할 수 있겠니? 무엇이 달라질까? 아침에 눈을 떴을 때 기적이 일어났다는 것을 뭘 보면 알 수 있을까? 너의 부모님(친구/선생님)는 너에게 기적이 일어났다는 것을 뭘 보고 알 수 있을까?"

☞ "이 문제가 갑자기 사라졌다면, 내일 학교에서 평상시와 다르게 뭘 할까? 기적이 일어났다는 첫 신호는 뭘까? 그리고 또?"

☞ "마술사가 마술지팡이를 휘둘러서 이 문제가 사라졌다면, 너는 어떤 게 달라졌다고 말하겠니?"

☞ "기적이 일어나서 당신의 딸/아들/학생이 달라졌다는 것을 어떻게 알수 있을까요?"

☞ "너의 인생을 영화로 만든다면 두 종류의 영화로 제작할 수 있겠다. 영화 #1은 현재 이 문제에 둘러싸여 있는 영화, 영화 #2는 문제가 사라진 생활을 담은 영화일 것 같다. 나는 그동안 영화#1에 대한 이야기를 많이 들었는데, 지금부터 영화 #2에 대한 이야기를 해줄 수 있겠니? 그 영화에는 누가 등장하니? 그들은 뭘 해? 영화 #2에서는 네가 어떻게 다르게 행동하니?"

☞ 대부분의 경우 내담자(특히 청소년의 경우) 기적질문에 대해 재미있게

반응하지만 모든 내담자들에게 좋은 반응을 기대할 수 없다. 어떤 학생들의 경우 시시하게 여기거나, 기적질문에 대해 잘 이해하지 못하는 경우도 있다. 이런 경우 무리하게 기적질문에 대한 반응을 요구하기보다는 다른 방법을 시도해 보는 게 좋다.

☞ 기적질문은 내담자로 하여금 보다 나은 미래에 초점을 기울이게 한다. 즉 문제가 없는 생활을 상상해보고 구체적으로 표현하도록 함으로써 구체적이고 의미 있는 목표를 추진하도록, 괜찮은 미래에 초점을 두도록 하기 위함이다.

☞ 내담자들이 기적이라고 말하는 내용 중에는 이미 내담자의 삶 속에서 일어나고 있는 게 있다. 이것이 바로 문제에 대한 예외상황이다. 이런 경우 "좀 더 해보도록" 제안하거나 다음주 한 날을 택해 마치 기적이 일어난 것처럼 행동해 보도록 권유하고, 그날(기적이 일어난 날)의 상황을 잘 관찰해서 다음 회기에 보고하도록 한다.

3) 예외질문 : 내담자의 강점과 성공에 기초한 해결방법 찾기

(1) 예외의 정의

예외란 내담자가 문제로 생각하고 있는 행동이 일어나지 않는 상황이나 행동 그리고 문제가 덜 심각했던 상황들을 의미한다. 어떠한 문제에도 예외는 있기 마련이라는 것이 해결중심상담의 기본전제이다. 여기에서는 한두 번의 중요한 예외를 찾아내어 계속 그것을 강조하면서 내담자의 성공을 확대하고 강화시켜 준다.

대부분의 상황에서 "전혀", "결코" 학생이 바람직하게 하루를 보낸 적이 없다고 보고하지만 보통 때와 조금이라도 더 괜찮았던 경우는 반드시 있다. 예를 들어, 한 번도 숙제를 한 적이 없다고 보고하지만 최근 몇 주 내에 적어도 한번 숙제를 했던 적은 반드시 있다. 학교문제와 관련하여 내담자들은 문제는 항상 고정되어 있고, 변하지 않는다고 생각한다. 왜냐면 우리들 대부분은 <문제 결정론적인 시각>을 가지고 있기 때문이다. 상담교사가 먼저 <해결결정론적 시각>으로 전환되어야 한다.

예외란 내담자가 문제로 생각하고 있는 행동이 일어나지 않는 상황이나 행동을 의미한다. 어떠한 문제에도 예외는 있기 마련이라는 것이 해결중심 치료의 기본 전제이다. 해결 중심 단기 가족치료에서는 한 두 번의 중요한 예외를 찾아내서 계속 그것을 강조하면서 내담자의 성공을 확대하고 강화시켜 준다. 내담자가 행한 우연적인 성공을 찾아내어 의도적으로 계속 실시하도록 격려한다. 이것은 예외적인 상황을 찾아내어 그것을 밝히고, 내담자가 가지고 있는 자원을 활용하여 내담자의 자아 존중감을 강화하는 것이다. 예외질문은 첫 면접에서 대체로 상담목표 설정 후에 사용되고 2회 면담부터는 '무엇이 조금이라도 더 좋아졌는가?'라는 식으로 물을 수 있다.

(2) 예외상황 탐색 과정

▶ 제1단계: 잘 듣기

대부분의 경우, 학교 문제를 기술할 때 예외상황에 대한 단서를 제공한다. 그러므로 상담자는 문제 기술 속에 포함되어 있는 예외상황을 주의 깊게 경청하여야 한다.

예) "저의 부모님은 거의 제가 원하는 것을 하지 못하게 해요",
   "제 딸은 수학은 제외하고는 모든 과목에서 낙제 수준이에요.",

"이 학생은 수학 숙제만 해오는 나머지 숙제는 전혀 하지 않아요."

▶ 제2단계: 예외상황에 대해 질문하기

예외상황을 발견하는 또 다른 방법은 예외상황에 대해 직접적으로 질문하는 것이다.

예) "문제가 일어나지 않았거나 덜 심각했던 때가 언제인가요?"
"문제가 일어나지 않았거나 거의 의식되지 않았던 때는 언제인가요?"
"당신 아들이 학교에서 소란을 피우지 않았던 경우에 대해서 말해 주실래요?"

▶ 제3단계: 예외상황을 정교화하기

예외상황이 발견되면, 그와 관련된 상황을 탐색함으로써 예외상황을 정교화 하도록 상담을 진행시킨다.

예) 과학시간을 제외하고는 모든 수업시간에 소란을 피우는 학생의 경우
— "과학시간은 다른 시간과 어떻게 다른가?
그밖에 또?"
— "과학선생님은 다른 선생님과 어떻게 다른가?"
— "과학 수업 형태는?"
— "다른 과목과 비교해 볼 때 과학과목에 얼마나 흥미가 있는가?
특히 어떤 점에서 흥미로운가?"
— "과학시간에는 제멋대로 행동하고 싶은 유혹을 어떻게 견뎌내는가?"

예) "집에서 아이가 부드럽게 행동했을 때 누가 주위에 있었습니까?"
"학생이 좀 괜찮아졌을 때 당신은 어떻게 다르게 행동했던가요?"

▶ 제4단계: 예외상황을 확장시키기

① 다른 상황으로 확대시키기

② 좀 더 자주하기

> 예) 중3 생물교사. 수업시간을 어떻게 진행해야 될지 난감해 하는 초임교사
> "수업시간 중 좀 더(약간이라도) 반 분위기가 차분했던 적이 있었는가?"
> "소그룹 활동, 실험할 때는 문제 행동이 덜 심각했었다"
> "교실에서 소그룹활동이나 실험수업을 좀 더 자주 하면 어떻겠느냐?
> 이런 스타일로 수업해도 학습 진도나 학습목표를 성취하는 데 별 무리
> 가 없겠는가?"
> 결과 : 좀 더 괜찮은 방식 창안. 몇 달 뒤 항상 특별활동의 형태로 수업 진행
> 그룹활동이나 실험활동은 수업시간중 후반부에 함
> 일주일동안 수업에 잘 참여한 것에 대한 보상으로 특별활동형식으
> 로 수업을 진행

③ 예외탐색의 위력

　　대부분의 내담자들은 자신의 문제를 묘사하는 데만 초점을 두고 있
기 때문에 예외에 대해 쉽게 인식하지 못하므로 먼저 기적질문을 통해
상담의 결과 변화될 모습을 설명하면서 자연스럽게 예외를 탐구하는
시간을 가지며, 이런 경우 내담자는 상담의 목표와 직접적으로 관련된
예외를 말할 가능성이 높아진다. 예외를 탐색함으로써 현재, 그리고
과거의 성공의 좀 더 잘 알 수 있게 해주며 나아가 내담자의 미래가 조
금 더 희망적이라는 단서를 제공해준다. 예외가 일어나도록 자신이
무엇을 했는지 설명 과정을 통해 내담자의 강점과 자원 발견한다.

④ 예외 탐색과정에서의 주의할 점

　　너무 서두르지 말라. 내담자가 예외를 언급하지 말자 이러한 차이

를 해결책으로 전화시키려는 욕심을 조심하라. 내담자로 하여금 자신에게 일어난 예외의 의미와 중요성에 대하여 충분히 이야기할 수 있는 기회를 마련하여라.

상1: 평일에는 술을 안 마신다고 그러셨죠. 술을 마시지 않았던 날에 대하여 말씀해 주시겠어요? 그때 어떻게 하셨나요?

내1: 네, 몇 년 동안 그런 적이 없었습니다. 어떻게 내가 그렇게 했을까요. 단지 결심을 했을 뿐입니다. 다음에는 술에 대한 생각을 전혀 안했습니다. 그리고 음주란 선택이 아니라고 스스로에게 말했지요.

상2: 와! 매우 놀랍군요. 어떻게 그렇게 했지요?

내2: 나를 신용하지는 마세요. 단지 일에 몰두했지요.

상3: 그건 더 놀랍군요. 자신을 지키려고 일을 열심히 했군요.

내3: 때때로 친지들의 모임에 나가서 술이 있을 때 유혹을 받습니다. 그러면 술을 마시는 사람들과 떨어져서 콜라만 마시면서 사람들에게 관심을 가지려 합니다. 적어도 한사람의 말벗을 찾아 그들의 얘기에 집중하려고 합니다.

상4: 놀랍군요. 어떻게 그렇게 하는 것이 당신에게 도움이 된다는 것을 아셨죠?

내4: 쉽지 않았어요. 저는 여러 번 시도했어요. 평일에는 제 일에 몰두하기로 마음먹었죠. 직장에서 출세하려면 최선을 다해 일을 해야 합니다.

상5: 네, 바로 맞는 말이죠. 그래요. 그런데 평일에 집에 있을 때 술을 마시지 않는 대신에 뭘 했나요?

내5: 내가 할 일에 몰두했을 뿐입니다. 요리, 집안일, 편지쓰기, 친구에게 전화하기, 목욕, 시장보기 등 나를 필요로 하는 모든 것을 했습니다. 아. 지금 기억이 나는데요, 헬스클럽에 가입했습니다. 운동은 도움이 되죠. 운동을 하고 나면 기분이 좋아지고 그러면 술 마실 필요가 없습니다.

상6: 당신이 이런 일을 해냈을 때, 친구나 직장동료들은 당신이 어떤 점에서 달라졌다고 합니까?

내6: 그 사람들이 내가 달라진 것을 아는 것 같지는 않아요. 왜냐하면 저는 주

로 주말에 외로울 때만 술을 마시지요

상 : 그랬어요. 그렇다면 어떻게 해서 주말에도 술을 마시지 않을 수 있었나요?

내7: 주말에도 주중과 같은 마음의 자세를 가지면 가능할 것입니다. 아시다시피 외롭고 의욕이 없을 때 그때가 문제입니다. 저는 주말에도 소일하러 나가야 합니다. 사실 주말에 외로움에 잠겨있는 것보다 삶에 흥미를 갖는 것이 내게도 유익할 겁니다.

＊집 단 활 동 〈예외 상황 탐색〉

1. 현재 경험하고 있는 어려움을 하나 선택하라. 문제가 발생하지 않았거나, 덜 심각했거나, 덜 문제시되었던 상황을 떠올려라.

1) 그때는 무엇이 달랐는가? (그 상황에서 내가 어떻게 다르게 행동하고, 상황을 어떻게 다르게 이해하고, 상대방에게 어떻게 다르게 반응했었던가?)

2) 그 상황이 좀 더 일어나도록 하려면 뭘 어떻게 해볼 수 있을까?

2. <상담 전 변화 탐색>

당신이 내담자(학생, 학부모, 동료 교사)를 만나 상담을 진행할 때 도입 부분에서, 지난 회기 이후 그 문제와 관련하여 작은 변화나 진전이 있었는지 물어보아라. 만약 작은 변화들이 있었다면 그 예외 상황을 구체적으로 탐색하라

3. 개학 후 만나게 될 학생(학부모, 동료교사)를 떠올려라. 그들에게 학교 문제와 관련하여 그들이 이제까지 대처해왔던, 변화해왔던 과정에 대해 칭찬하고 격려하는 메시지를 작성하라. 이 코멘트를 받고서 그들이 보일 반응을 예상해 보라, 파트너와 함께 지금의 경험들을 함께 나누어라

4) 척도질문

(1) 척도질문의 정의

척도질문은 숫자의 마력을 이용하여 내담자에게 자신의 문제 심각도, 가장 먼저 해결해야 할 문제의 우선순위, 성공 가능성, 자아존중감 등을 수치로 표현하는 것이다. 이러한 질문을 통해 상담자는 내담자의 문제해결에 대한 태도를 보다 정확하게 알아볼 수 있으며, 내담자의 변화과정을 격려하고 강화해주는 구체적인 정보를 얻을 수도 있다.

척도질문은 숫자의 마력을 이용하여 내담자에게 자신의 문제, 문제의 우선순위, 성공에 대한 태도, 정서적 친밀도, 자아 존중감, 치료에 대한 확신, 변화를 위해 투자할 수 있는 노력, 진행에 관한 평가 등의 수준을 수치로 표현하도록 하는 방법이다. 이러한 척도 질문을 통해서 치료자는 내담자의 문제 해결에 대한 태도를 보다 정확하게 알아 볼 수 있으며 내담자의 변화 과정을 격려하고 강화해 주는 구체적인 정보를 얻을 수도 있다. 첫 면담에서는 면담 전 변화 상태나 동기에 대한 파악을 한다.

(가) 문제해결에 관한 전망에 관련된 척도질문

"1부터 10까지의 척도에서 10은 문제가 다 해결되었다고 확신하는 것을 말하고, 1은 문제가 가장 심각할 때를 말한다. 오늘은 몇 점에 해당하는가?"

"같은 척도에서, 이 문제가 어느 정도 해결될 수 있다고 생각하는가?"

"내담자가 현재의 상태를 6점이라고 했다면, 무엇이 달라지면 6점에서 7점으로 변화할 수 있을 것 같은가?"

"남편이 여기 있다면, 그는 이 문제가 해결될 가능성을 몇 점이라고 말할까?"

(나) 동기에 관련된 척도질문

"같은 10점 척도에서, 이 문제를 해결하기 위해 어느 정도 노력할 수 있 겠는가?"

"남편은 당신이 어느 정도 노력할 것이라고 말할까?"

"남편은 당신이 1점 높이기 위해 무엇이 필요하다고 말할까?"

(다) 진전상태를 평가하는 척도질문

"10을 치료목표가 성취된 상태라고 하고, 1을 치료받으러 왔을 당시의 상태라고 한다면, 오늘의 상태는 몇 점인가?"

"1점을 높이기 위해 무엇을 다르게 해야 하는가?"

"1점이 올라간다면 누가 변화를 가장 먼저 알 수 있을까?"

(2) 척도질문의 활용 영역

▶ 상담을 통한 변화 척도

상1: 영희씨, 다른 질문을 좀 하지요. 어떤 경우를 1점에서 10점까지의 척도 로 측정한다고 합시다. 1점은 당신이 저와 만날 약속시간을 정한 날처럼 기분이 좋지 않은 날이라고 하고, 10점은 전에 제게 말한 기적 같은 날 이라고 합시다. 오늘은 어느 정도나 될까요?

내1: 음…. 약 6점정도요.

상2: 6점이라고요? 아주 높은데요. 그러면 6점과 0점의 차이는 무엇인가요?

내2: 가만히 앉아 있지 못하고, 무슨 일인가 해야만 하죠…. 여기 오는 것이라 든지 내게 무슨 잘못이 있는가를 알아내려고 노력하는 것 등이죠.

상3: 여기 오는 것 말고 다른 어떤 것들이 6점이 되도록 하나요?

내3: 시누이와 이야기하는 것이요. "말하고 싶은 것이 있으면 함께 이야기하 자"고 해요. 그리고 자주 산책을 하거나 외출하려고 하는 거요.

상4: 그러면 최근 자주 외출을 했나요?

내4: 예, 주말에 남편과 아이들과 함께요. 호수 같은 곳으로요.

상5: 그밖에 다른 것은?

내5: 예, 기도를… 전보다 기도를 더 많이 해요.

▶ 상담동기에 대한 척도

상1: 또 다른 척도질문을 하겠습니다. 당신이 가지고 온 문제를 해결하고자 하는 마음이 얼마나 많은지에 대한 것입니다. 자, 10점은 해결책을 찾기 위해 당신이 무슨 일이라도 기꺼이 할 의도가 있다는 것을 의미하고 1점은 무엇인가 할 의지가 하나도 없다는 것을 의미합니다. 즉 그냥 앉아서 좋은 일이 일어나기를 기다리는 것이지요. 1점부터 10점 사이에 얼마나 열심히 하기를 원하시나요?

내2: 10점이에요.

상1: 10점이요? 그런 적극적인 마음은 어디에서부터 기인한 것인가요?

내2: 전 꼭 변해야 해요. 달라진 모습을 남편과 아이들에게 보여주고 싶어요.

▶ 자신감에 대한 척도

상1: 만약 1점이 해결책을 찾을 것이라는 자신감이 전혀 없는 것을 의미하고, 10점이 자신감이 철철 넘친다는 것을 의미한다면 지금 당신의 공포스러운 감정에 대한 해결책을 찾을 것이라는 자신감은 얼마나 됩니까?

내1: 10점이요. 저는 완전히 괜찮아질 때까지 멈추지 않을 거예요.

상2: 당신은 어떤 일을 하겠다고 결심하면 그렇게 할 수 있다는 자신감을 갖고 있는 사람인가요?

내2: 전 그래야만 하고, 그러고 싶어요. 저는 제 인생의 나머지를 그냥 앉아서 보낼 수만은 없어요. 전 해답을 원해요….

상3: 좋아요, 그럼 그 해답을 찾겠다는 자신감은 어디에서 온 것인가요?

내3: 글쎄요. 저희 어머니, 저희 어머니는 제게 학교를 끝마치라고 하셨어요.

그런데 전 그렇게 하지 않았어요. 엄마가 옳았어요. 전 제 경험을 통해 교훈을 얻은 것이지요. 전 그것을 원하고 그래야만 해요.

상4: 당신은 매우 의지가 확고한 것 같군요

내4: 그래요

▶ 변화촉진을 위한 척도질문

"현재의 상태를 6이라고 했다면, 6점에서 7점으로 변화할 때 무엇이 어떻게 달라질 것 같은가?" / "1점이 올라간다면 누가 변화를 가장 먼저 알 수 있을까?"

상1: 당신이 상담을 시작할 때 여기 가져온 문제가 1이고 상담을 끝나고 바라는 대로 되면 10에 도달한다고 가정해 봅시다. 오늘은 1에서 10사이에 어디에 있다고 말하겠습니까?

내1: 아직은 더 좋아져야 하므로 4에 두겠습니다.

상2: 좋아요, 그렇다면 4에서 5로 되기 위해 당신이 해야 할 것은 무엇일까요?

내2: 시간이 더 필요합니다. 여기까지 온 적은 전에도 많았지요. 이번에는 완전히 확고하게 되었다는 것을 확인하면서 천천히 가야 합니다.

상3: 전적으로 동의해요. 그러면 5로 올라갈 준비를 하려면 4에서 얼마나 머물러야 할까요?

내3: 두 달 정도는 필요해요

상4: 그럴 것 같군요. 그러면 당신이 지금부터 두 달 후에 5에 가 있다고 상상해 봅시다. 당신이 5에 있다는 것을 가족들은 어떻게 알 수 있을까요? 뭐가 달라질까요?

내4: 더 책임감 있게 행동하고 빚을 청산하고 아이들을 버려두지 않고 집밖으로 나가려 하지 않는다고 할 것입니다.

상5: 와! 그건 5를 넘어서 7이나 8이상으로 갈 것으로 보이는데요.

내5: 예, 제 생활을 잘 해내기를 갈망합니다. 이런 엉망진창인 상태에 지쳤습니다. 다른 사람과 같은 정상적인 생활을 하고 싶습니다.

상6: 지금 말씀하신 그런 일들을 모두 할 때 당신은 어떻게 달라져 있을까요?

내6: 자신감에 차 있을 것입니다. 아침에 일어나 좋은 엄마가 되고 가족을 더 자주 돌봐줄 것입니다. 정상적인 생활을 하려고 할 것입니다.

＊척도질문 실습

1. <척도질문 활용> 문제가 가장 심각한 경우를 1이라 하고, 문제가 해결된 상태를 10이라고 한다면, 현재 당신의 문제의 심각도는 몇이겠습니까? 척도가 1이 올라가기 위해서는 무엇이 어떻게 달라져야 하겠습니까?

2. 문제 상황이 좋아질 때 당신(혹은 주요타자)은 어떻게 다르게 행동할 것 같은지 구체적으로 기술해보세요.

---

5) 대처질문

대처질문은 내담자의 관심을 불행으로부터 끌어내어, 그런 고통스러운 상황 속에서 생존하기 위해 자신이 하고 있는 일이 무엇인지에 초점을 맞추는 질문이다.

이 질문은 자신의 미래를 매우 절망적으로 보아 아무런 희망이 없다고 하는 내담자에게 주로 사용한다. 이런 절망적인 상황에 빠져 있는 내담자에게 희망을 심어주기란 결코 쉬운 일이 아니다. 대처 방안에 관한 질문을 통해서 치료자는 내담자의 신념 체계와 무력감에 대항해보는 동시에 내담자에게 약간의 성공을 느끼도록 유도할 수 있다. 이러한 질문을 통해서 치료자가 내담자에게 심어 주고자 하는 것은 내담자 자신이 바로 대처 방안의 기술을 가졌음을 깨닫게 하는 것이다.

예) 당신은 그 어려운 상황 속에서 어떻게 지금까지 견딜 수가 있었습니까?

"그런 날들을 어떻게 견뎌 내셨나요?"

내담자에게 그런 심각한 삶의 문제를 가지고 어떻게 가까스로 대처해 왔는지에 관한 질문을 통해 내담자는 스스로 나날을 간신히 지탱할 수 있었던 작은 방법을 알게 된다. 자신의 내적 자원과 힘이며, 그 방법이야말로 자신이 계속 해야 되는 기본적인 것임을 깨닫게 된다. 이것이 아무리 사소한 것이라 할지라도 내담자가 가까스로 생활을 꾸려나가게 한 것이며 이 작은 일을 근거로 앞으로 성공적인 방법을 만들 수 있다. 그러기 위해서는 이 작은 일을 지속해야 한다.

"어떻게 그렇게 오랫동안 잘 대처해올 수 있었습니까?"

상담자는 내담자에게 지금까지 어떻게 대처해 올 수 있었는지에 대해 물어볼 수 있다. 현실에 기초한 이 질문은 내담자로 하여금 자신이 어떻게 해서든지, 이미 오랜 기간 동안 극복하기 어려울 것 같이 보이는 많은 어려움에 대처해 오고 있음을 깨닫도록 권유한다. 이 질문은 그에게 이야기할 가치가 있는 과거의 성공적인 경험과 강점들이 있다는 것을 암시한다.

"어떻게 더 나빠지지 않았나요?"

어떤 경우에는 내담자가 잔인한 성폭행, 아동기의 반복적인 학대와 같은 과거의 끔찍한 경험들을 너무나도 생생하고도 강렬하게 기술할 때, 그 사람이 삶을 지탱하고 있다는 것조차 놀라울 때가 있다. 이때 상담자는 호기심과 진심으로 이해하기를 바라는 마음에서 이 질문을 하게 된다면 내담자로부터 용기와 인간의 존엄성을 보여주는 감동적인 이야기를 듣게 될 것이다.

"어떻게 학교를 그만 두지 않을 수 있었니?"

고2 여학생, 1년 휴학 후 복학. 학교출석률이 저조하여 또 한 번 자퇴의 위기에 처하였다. 담임선생님이 보기에는 이 학생의 지능지수가 높아 학업성적도 충분히 높일 수 있을 것 같으나 근본적으로 학교에 다니는 의미를 모르는 것 같아 한심해보인다.

상담자를 만난 첫 회기에는 현재 당면한 몇 가지 어려운 문제에 대해 이야기를 나누었다. 이 학생이 갓난아기였을 때 아빠가 가출하는 바람에 아빠의 얼굴조차 기억하지 못한다. 그 후 엄마는 재혼. 재혼한 엄마 집에서 살다가 새아빠의 구박이 너무 심해 작은 아버지 댁으로 옮겼다. 거기에서는 눈치가 보여 다시 엄마집으로 전전긍긍. 엄마와 작은아버지 모두 경제적으로 어려운 상황이라 자신의 존재를 부담스러워 하는 것 같다고 여겼다. 아무도 자기를 원하는 사람이 없다고 느꼈다. 지금은 엄마집에 머무르면서 학교가 끝나면 12시까지 편의점에서 아르바이트를 하고 있다. 축어록은 2회기 내용이다.

상1: 지난주 우리가 나누었던 이야기를 생각해봤어. 한 가지 궁금한 것이 있는데 내가 살아온 인생과정을 들으니 참 마음이 안타까웠어. 그런데 넌 어떻게 그런 상황에서 학교를 그만 두고픈 유혹을 견뎌낼 수 있었니? 어떻게 학교를 그만 두지 않을 수 있었니?

내1: 왜 제가 학교를 그만 둬요? 지금 잘 버텨내면 얼마나 좋은 일들이 많이 생길지 모르는데…. 전 꼭 졸업할거예요. 지금 열심히 돈 벌고 있는데 대학에도 갈 거예요. 왜 제가 포기해요? 제가 여기에서 포기한다면 누가 내 나머지 인생을 책임져줘요? 난 잘 살 거예요. 결혼도 하고 아이도 낳고, 그 아이들이 대학에 들어갈 수 있도록 돈도 많이 벌 거예요.

상2: 미래에 대해 많은 기대를 갖고 있구나.

내2: 예

상3: 너를 이렇게 지탱시키는 힘은 어디에서 나오는 거니?

내3: 만약 제가 2, 3년 전이었다면 저도 포기했을 거예요. 물론 작년에 휴학을 한 적이 있지만….

이 내담자는 그동안 인생의 고비마다 자신이 대처해왔던 과정을 말하기 시작했다. 거기에는 나름대로 학교를 빠지지 않으려고, 성적을 올리려고 안간힘을 썼던 흔적도 있었다. 이런 학생들에게 효과적인 개입전략은 내담자를 있는 그대로 수용하는 것이다. 이 내담자의 경우, 만약 상담자가 "너 왜 이렇게 학교에 자주 빠지니? 성적이 왜 이 모양이야"라는 식으로 질문하고 다그쳤더라면 상담이 조기 종결되었을 것이다. 그러나 이 상담자는 그 대신에 그런 어려운 상황에서도 어떻게 학교를 포기하지 않고 계속 다닐 수 있었는지를 물었다. 이런 과정들을통해 내담자는 학교 출석과 성적관리의 중요성을 스스로 깨달을 수 있는 기회를 가졌던 것이다. 상담 이후에도 여전히 학교생활에서 문제행동을 나타내고 있지만 그럭저럭 잘 버텨내고 무사히 졸업하였다.

"매일 아침 눈을 뜨면 어떻게 일어날 수 있나요?"

상1: 가족사와 당신의 끔찍한 경험을 들어보니 아무것도 도움이 안 된다고 믿는 당신을 이해하겠습니다. 그래서 말인데, 그런 날들을 어떻게 견디어 내십니까?

내1: 죽지 못해 살지요. 제 생활을 선생님도 알게 되었으니 말인데요. 아무것도 변화하지 않을 것이고 나는 결코 달라지지 않을 겁니다. 평생 이렇게 살겠지요. 이런 운명을 생각하면 너무 괴로워요.

상2: (호기심과 놀라움을 보이며) 어떻게 살아 나가시나요?

내2: 말씀드린 대로 아무런 희망도 없이 그냥 사는 거죠.

상3: 왜 그렇게 믿는지 알겠군요. 그런데 나날이 힘겹게 살아가는 데 그러기 위해서는 무엇을 하시죠?

내3: 술을 마십니다. 그것이 유일한 해결방법이죠. 무슨 소용이 있습니까? 내겐 희망이 없어요. 나 같은 집안 출신에게는 어떤 변화도 없어요. 나는 결국 아무것도 안될 것이란 생각을 계속 했어요.

상4: 그러세요? 그런데 나는 당신의 생각에 동의하기가 어렵군요. 내 생각은 달라요. 당신이 매일 매일 살아가기 위해서 무엇을 하지요? 매일 아침 눈을 뜨면 어떻게 일어날 수 있습니까?

내4: 어떡해요, 할 수 없지요. 일어서서 가까스로 직장에 갑니다. 이건 지옥이지요. 내가 이렇게까지 할 필요가 있는지요. 생활이 즐거워야 합니다. 아침에 일어나는 것이 즐겁고 그날 일과를 기대하고 그래야 하지 않겠어요?

상5: 네, 그래요, 공감합니다. 그런데 어떻게 매일 아침 일어나 직장에 가실 수 있어요? 그렇게 할 수 있는 방안이 무엇입니까? 당신이 겪어온 학대, 제대로 양육 받지 못한 것들을 생각하면 매일매일 살아가는 것이 놀라울 따름입니다.

내5: 그건 그리 대단한 일이 아니죠. 전 단지 잠자리에서 일어나 내가 책임져야 할 사람들을 생각하려고 노력하지요. 금년 들어 지금껏 한 번도 결근을 한 적이 없습니다.

상6: 바로 그걸 제가 말씀 드리려는 것입니다. 어떻게 그럴 수 있죠? 당신과 같은 그런 힘든 과거가 없는 사람들도 직장에 매일 출근하는 걸 어려워

하는 사람이 많이 있지요.

내6: 선생님은 그것이 대단한 일인 것처럼 말씀하시는데요. 저는 그냥 할 뿐입니다.

상7: 당신은 자신이 결정하면 그대로 실행하는 사람이란 뜻이군요. 그렇죠?

내7: 제가 그걸 즐기기 때문이 아니라 단지 해야 되기 때문에 하는 것입니다.

상8: 그건 굉장한 것이죠, 대단하십니다.

6) 관계성 질문

이 질문은 내담자에게 중요한 다른 사람들에 대한 질문이다. 사람이 자신의 희망, 힘, 한계, 가능성 등을 지각하는 방식은 자신에게 중요한 타인이 자신을 어떻게 보고 있을 것이라는 생각과 밀접한 관계가 있다. 때때로 내담자는 문제가 해결되었을 때 자신의 생활에 무엇이 달라질 것인지에 대하여 전혀 예측하지 못하는 경우가 있다. 그러나 내담자는 자신의 입장에서 자신을 바라보다가 중요한 타인의 눈으로 자신을 보게 되면, 이전에는 없었던 가능성을 만들어 낼 수도 있다.

예) 상담자는 '당신 어머니가 여기 계시다고 가정하고 제가 어머니께 당신 문제가 해결되면 무엇이 달라지겠느냐고 묻는다면 어머니는 뭐라고 말씀하실까요?'라고 질문을 한다.

내담자는 '아마 제가 텔레비전을 덜 보게 될 것이라든가, 일자리를 찾아 나설 것이라고 하시겠지요'라고 대답할 수 있을 것이다. 그때 상담자는 다시 묻는다.

'아버지는 뭐라고 하실까요?'

'동생들은 뭐라고 할까요?'

위와 같이 변화에 따른 관계의 변화를 묻는다.

7) 간접적인 칭찬: 어떻게 그렇게 할 수 있었습니까?

내담자에 대한 어떤 긍정적인 것을 암시하는 질문이다. 간접적인 칭찬은 내담자로 하여금 자신의 강점이나 자원을 발견하도록 이끄는(자기칭찬) 질문형태를 취하기 때문에 직접적인 칭찬보다 더 바람직하다.

간접적인 칭찬을 하는 방법은 첫째, 내담자가 이야기한 바람직한 결과에 대하여 더 많은 질문을 하는 것이다. 예를 들면 '어떻게 집안을 그토록 조용하게 유지할 수 있었어요?'

둘째, 관계에 관한 질문을 통하여 어떤 긍정적인 것을 암시하는 것이다. 즉 상담가는 내담자로 하여금 다른 사람의 입장에서 질문에 답하도록 요청할 수 있다. 예를 들면 "만약 당신의 아이들이 여기에 있어서 제가 그들에게 당신이 좋은 엄마가 되기 위해 무엇을 했느냐고 묻는다면, 그 아이들이 뭐라고 대답할 것 같습니까?"

셋째, 내담자는 스스로에게 가장 좋은 것이 무엇인가를 안다는 것을 암시하는 것이다. 예를 들면, "당신의 아이들 개개인을 특별한 아이들인 것처럼 대하는 것이 중요하다는 것을 어떻게 아셨습니까?"

5. 상담 효과의 유지 및 강화 전략

해결중심상담에서는 내담자의 문제를 분석하기보다는 내담자의 성공적인 경험과 강점을 끌어냄으로써 해결책을 구축할 수 있다는 것을 강조한다. 1회 이후의 상담에서는 내담자로 하여금 자신의 강점을 토대로 해결책을 구축해 나가도록 격려하는 형태로 진행된다.

1) "우리가 지난번 만난 이후로 무엇이 조금이라도 나아졌습니까?

내담자에게 과제를 완수하였는지 분명하게 묻지 않는다. 제시된 과제와 관련하여 내담자가 '전문가'라는 견해에서 보면 그 과제를 완수하는 게 유용한지 아닌지를 알 수 있는 사람은 내담자 자신이기 때문이다. 과제에 관하여 명백하게 묻지 않음으로써 내담자와 같이 어색한 상황에 놓이는 위험을 피할 수 있고, 내담자에게 어떤 일이 발생하여 과제가 적절하지 않게 되어 내담자가 다른 방향으로 해결책을 마련할 수도 있기 때문이다.

두 번째 상담부터는 "달려졌거나 조금 더 나아진 것이 무엇인가요?"라고 질문하며 상담을 시작한다. 이 질문은 변화가 일어나고 있으며, 무엇인가 좋아지고 있거나 적어도 달라지고 있다는 것을 전제로 한다. 이 질문은 긍정적인 분위기를 조성하며 이전 상담에 이어 긍정적인 것, 예외적인 것, 그리고 해결방법을 찾는 과정을 계속한다.

이러한 상담자의 질문에 대해 내담자의 보고는 "조금 나아지고 있어요", "아무것도 달라진 것이 없어요", "전보다 나빠졌어요"의 세 종류이다. 각 대답에 대해 상담자는 어떻게 상담효과를 유지하고 강화시킬 수 있는지 알아보려고 한다.

2) "조금 나아지고 있어요"

"와!" "와! 대단하군요" :

상담자는 내담자들이 인생의 도전에 임하여 보여주는 기질과 용기와 그들이 처한 믿기 어려울 정도로 어렵고 괴로운 환경 속에서 어쩌면 그렇게 잘해 가고 있는가에 감탄할 줄 알아야 한다. '와! 대단하군요'만으로도 자존감이 낮은 사람들에게는 치료가 있으므로 와 치료(Therapy)라고도 한다.

상담자는 '응원단장역할'도 해야 한다 :

상담자는 내담자가 목표를 향해, 적지만 중요한 진전을 이루어 나가는 과정에서 내담자의 저력, 기지, 그리고 상식을 존중해 주어야 한다. 내담자가 만들어 낸 작지만 뚜렷한 변화들을 이끌어 내고 확장시키는 것은 내담자가 기술하는 사건들에 대해 세밀하게 질문함으로써 달성될 수 있다.

"그것이 언제 일어났나요? 당신은 무엇을 했나요? 누구 다른 사람이 알아차렸나요? 당신이 그것을 하는 것을 그들이 보았을 때 뭐라고 하던가요? 당신 속에서 일어난 변화를 그들이 알아차렸다는 것을 당신은 어떻게 알았나요? 또 다른 무엇을 했나요?

"당신은 어떻게 이 일을 하셨나요?" :
내담자가 이룩한 긍정적인 변화들은 내담자 자신이 시작한 것이라는 것을 확신시켜 준다.

"이것이 유효하리라는 것을 당신은 어떻게 알았습니까? 당신은 그것을 그런 방법으로 하겠다는 것을 어떻게 생각해 냈습니까? 그것은 당신에게 새로운 것인가요?, 어떻게 그것이 당신 가족을 도왔나요? 당신 남편은 당신이 그런 방법으로 일을 처리하는 것을 보고 뭐라 하던가요?"

"또 다른 무엇?" :

이 간단한 질문은 내담자가 인식하지 못했던 자신의 자원과 능력을 발견하도록 돕는 가치 있는 도구이다. 내담자들은 자신들의 성공을 누구나 할 수 있는, 별로 중요하지 않는, 사소하며, 일상적인 것으로 염두에 두지 않는 경향이 있다. 그러나 평범하고 작은 단계들이 능력과 성공의 느낌을 갖게 한다는 것에 주의해야 한다. 상담자는 믿기지 않거나 존경스러운 표정으로

"당신이 무얼 했다구요? 다시 한번 말해보세요"

같은 질문은 내담자가 자신의 능력을 느끼도록 강화시켜 주는 강력한 방법이다.

"궤도에 머무르기 위해 당신을 무엇을 해야 합니까?" :

이 질문은 성공했다는 보고에 뒤이어 자주 등장하는 내용이다. 상담목표가 달성되고 나면 상담자는 내담자에게 자신의 목표를 상기시켜야 한다. 내담자에게 새로운 생활방식이 자신의 일상생활에 완전히 동화되었다는 확신이 생길 때까지 내담자의 과제는 "궤도에 머물기 위해" 했던 작업을 더 하는 것이다.

3) "아무 것도 달라진 것이 없어요"

내담자가 상황이 '나아진 것이 없다'고 보고할 때, 대부분의 경우는 내담자의 기대만큼 변화가 극적이거나 빠르지 않다거나 너무 큰 변화를 기대하고 있기 때문이다. 그러므로 상담자는 내담자가 만들어낸 작은 변화에 주목할 필요가 있다.

상담자는 일주일 동안의 일을 자세하게 검토한다. 비록 작지만 그들이 다르게 행동함으로써 어떤 변화를 창조해 낸 예가 있다는 것을 발견하게 된다. 실망하지 말고 구체화하는 것을 끈기 있게 나가야 한다. 그리고 변화는 필연적으로 일어난다는 사실을 기억하라.

상1: 제가 당신에게 묻겠는데, 화요일은 어떠했습니까?
내1: 뭐 괜찮았지요.
상2: 어떻게 괜찮았나요?
내2: 어떻게 그렇게 별 일이 없이 지낼 수 있었어요?
　　　(성공적으로 움직일 분위기가 생기면 그것을 잡아 좇아감)
상3: 수요일은 어땠어요?
내3: 뭐 괜찮았죠.
상4: 어떻게 별일 없이 지낼 수 있었어요?"

좀 더 구체적인 질문방법을 통해 양가적인 감정을 가지고 있는 내담자와 상황이 더욱 악화되었다고 말하는 내담자까지도 몇 가지의 예외를 말할 수 있다.

4) "전보다 더 나빠졌어요"

내담자가 자신의 실패에 대해서만 말하려 하고 더 나아진 것을 탐색하려는 시도에 반응하지 않을 때는 내담자의 이야기를 신중하게 들어주고 그의 실망감을 수용하고 정상화시켜주는 것이 중요하다.

상담자는 내담자의 이러한 말에 동요하지 않는다. 마치 그런 것들을 예상이나 한 것처럼 행동한다. 더 나빠지는 것이 충분히 있을 수 있는 일임을 알려준다.

어떻게 더 나빠졌는지, 누가, 언제, 어떻게, 무엇을 했는지 자세히 질문한다. 얼마나 많이 나빠졌는지에 대한 내담자의 지각에 의심을 표시하기 시작한다. 만약 그것이 새로운 문제라면 일단 제쳐놓고 원래 동의한 문제로 되돌아간다. 상담자는 "더 나빠졌을 때 어떻게 대처했나요?", "어떻게 한 주일을 견뎌왔습니까?", "어떻게 더 나빠지지 않았나요?" 등의 질문을 통해 내담자의 대답 가운데 내담자가 대처해 왔던 방식을 찾아낸다.

"그때 싸움이 어떻게 멈추었어요?"
"어떻게 그 다음 술을 한 잔도 마시지 않을 수 있었는지요?"
"말대꾸하는 아이를 때려주고 싶었는데 어떻게 그 방에서 나올 수 있었지요?"

내담자 자신의 행동을 통제할 능력을 갖고 있음을 알려준다. 즉 내담자가 스스로를 멈추게 할 수 있는 능력에 대해 깨닫게 되면 자신의 일상적인 패턴을 따르는 대신 자신이 멈추었던 상황을 예외이자 해결책을 구축할 수 있는 기초로 인식하게 된다.

상담자가 관찰한 달라진 점을 지적하고 비록 작은 변화일지라도 내담자를 칭찬한다. 그리고 내담자가 옛 상태로 돌아가기 전에 자신이 이룬 성공적인 경험들을 되돌아 볼 수 있도록, 가능한 한 원래의 목표로 되돌아가도록 도와준다.

5) 메시지 주기

(1) 메시지의 기본원리

해결 중심상담에서는 40~50분 상담을 하고 잠깐의 휴식시간을 갖는다. 휴식시간을 통해 상담자는 내담자에게 줄 긍정적인 메시지를 정리한다. 개입을 더 효과적으로 하기 위해 치료자는 메시지의 내용과 전달방법에 유익해야 하는데 그 방법은 다음과 같다.

첫째, 내담자의 말에 동의한다. 즉 내담자의 말은 내담자의 진실을 말하는 것임으로 항상 옳다고 생각한다.

둘째, 내담자의 목표에 동의한다. 긍정적인 방법으로 목표를 설정한다.

셋째, 내담자가 사용하는 단어를 모방하여 사용함으로써 내담자에게 합류한다.

넷째, 내담자가 목표를 향하여 움직여 온 긍정적이고 성공적인 것이나 노력을 지적하고 칭찬한다.

다섯째, 내담자의 절박한 욕구를 제일 먼저 거론하고 목표성취는 어려운 일을 해야 이루어지는 것임을 강조한다.

여섯째, 과제를 주는 이유와 논리적 근거를 설명한다.

일곱째, 상담자가 메시지를 전달할 때는 권위를 가지고 신중하게 말하고 주요 철학을 적용한다. 즉 내담자가 문제시하지 않으면 문제로 삼지 않는다. 효과가 있으면 계속 그것을 반복한다. 효과가 없으면 다른 방법을 사용한다.

(2) 유형별 과제주기

치료자와 내담자의 관계성 유형에 따라 과제를 다르게 줄뿐만 아니라 기적에 관한 질문에 분명한 대답을 하는가 그리고 예외적 상황이 있는가, 그 예외는 우연히 발생하는 것인가 아니면 의도적인 노력의 결과인가 하는 차이가 과제의 형태를 다르게 하는 요인이 된다.

(가) 방문형 관계의 내담자

: 내담자가 문제 해결의지가 없기에 과제를 주지 않는다. 하지만 어떻게 자신이 지냈는데 살펴보거나 무엇이 조금이라도 좋아졌는지 살펴보라고 한다. 특별한 과제는 주지 않는다.

(나) 불평형 관계의 내담자

생각하고 관찰하는 관제를 준다.

첫째, 기적에 관한 질문에 분명한 대답을 하고 예외적 상황이 의도적이고 분명한 내담자에게는 다른 사람의 예외적인 다른 행동을 관찰하고 무엇이 다르며 어떤 일이 일어났는지에 대해 알아오게 한다.

둘째, 기적에 관한 질문에 분명한 대답을 하고 예외적 상황이 우연히 일어나지만 분명한 내담자에게는 우리 팀은 결정을 내리기 어렵다고 말하고 돌아가서 다시 생각하고 관찰해 보고 다시 와서 말하도록 과제를 준다.

셋째, 기적에 관한 질문에는 분명한 대답을 하나 예외적 상황이 불분명한 내담자에게는 지금부터 다음 면접할 때까지 어떤 사람이 조금 개선된 행동을 하는지 관찰하고 알아맞히는 과제를 준다.

넷째, 기적에 관한 질문과 예외 발견에 관한 질문에 대해 모두 불분명한 내담자에게는 다음 면접 시까지 가족 내에서 어떤 것이 개선되었나 관찰하고 구체적으로 보고하는 과제를 준다.

(다) 고객형 관계의 내담자에게는 행동과제와 관찰과제를 준다.

첫째, 기적과 예외적 상황에 대해 분명한 대답을 하고 의도적 노력으로 예외를 경험해본 내담자에게는 그 행동을 더 많이 하도록 하는 과제를 준다.

둘째, 기적에 관한 질문에 분명한 대답을 하고 예외적 상황이 우연히 일어나나 분명한 내담자에게는 다음날이 좋은 날일지 나쁜 닐일지 예측하게 하거나 좋은 날과 나쁜 날을 지정하게 하여 좋은 날은 바람직한 행동을 하는 과제를 주고 무엇이 달랐고 어떻게 그런 일이 일어났는지에 대해 보고하도록 한다.

셋째, 기적에 관한 질문에는 분명한 대답을 하나 예외적 상황이 최근에 없다는 내담자에게는 그날을 잡아서 기적이 일어났다고 가정하고 다른 사람에게 그날을 말하지 않고 기적이 일어난 것처럼 행동하는 과제를 준다.

6) 발전을 유지시키기 위한 전략

두 번째 면접부터는 개선과 긍정적인 변화에 관한 질문을 하고, 변화에 대한 지지와 격려하기, 과제주기 등의 전략을 사용한다. 이러한 방법은 어떠한 변화라도 있다는 것을 전제로 하고 내담자가 변화가 없었다고 하면 아주 작은 변화를 발견하기 위하여 1주일 중 하루 그리고 오전과 오후 등으로 구분하여 추적해나간다.

두 번째 면접이후 발전을 유지시키기 위한 전략은 다음과 같다.

(가) 지난 번 치료이후 변화한 것을 질문한다.

예를 들면

"지난번 상담이후 아주 적은 것이라도 나아진 것은 무엇인가?"
"당신의 아내는 당신에게서 무엇이 좋아졌다고 말할 것 같은가?"
"지난번 상담이후 뭐가 조금 달라졌나요?"

등이다. 이중에 지난번 상담이후 무엇이 달라졌는지를 묻는 것에 내담자가 쉽게 대답하지 않을 수 있다. 그때 아주 조금이라도 변화한 것이 무엇이 있느냐고 물어야 한다.

(나) 긍정적인 변화에 대해 자세하고 구체적으로 질문한다.
"언제. 누가 어디에서. 어디에서, 어떻게"를 사용하여 충분히 긍정적인 변화가 묘사되도록 질문한다.

(다) 긍정적인 변화에 대해 언어적 비언어적으로 인정해주고, 변화와 치료목표를 연관시켜 가치를 확인하고 칭찬한다.

(라) 척도질문을 한다. 확산 동기, 진행과정, 희망 등이 어느 수준에 있는지 질문하고 실현가능한지 질문한다. 종료 무렵에는 변화의 유지 가능성과 종료 가능성을 질문한다.

(마) 내담자가 변화하고 개선되다가 후퇴하고 악화되는 경우가 있다 이때 치료자는 다음 사항을 고려한다. 나빠진 상황을 자세히 질문하고 대처방법에 관하여 질문하고 작은 해결책을 발견한다. 치료간격을 늘려서 극복시간을 주거나 면접요일이나 시간을 바꿔본다. 내담자와의 관계유형과 치료목표를 검토하고 고객형 관계로 발전시킨다.
대처질문과 예외질문을 한다. 예를 들면

"이번의 후퇴는 과거의 그 상황과 무엇이 다른가?"
"이번 후퇴경험을 통해서 무엇을 배웠는가?"
"좀 더 노력하기 위해 무엇이 필요한가"
"조금이라도 도움이 된 것이 있었다면 무엇인가"
"앞으로 어떻게 하겠는가?"
"조금이라고 좋았던 날은 언제였는가?"

등이다.

실제 이런 질문을 통하여 내담자는 문제중심의 감정에 지배된 생각들이 확실한 근거를 바탕으로 한 이성적 사고방식으로 변화하고 자신의 잠재능력과 자원을 인식하고 활용할 수 있게 된다.

(바) 두 번째 면접부터 개입하는 방법은 변화가 있는가 여부와 그 변화가 치료목표와 관련되는 가에 따라 결정된다. 그 지침은 세 가지 기본 철학에 바탕을 둔다.

7) 종 결

변화가 생기고, 해결책이 생기며, 상담자와 내담자가 함께 해결책을 구축하는 길로 전진해 나가면서 상담자는 "이 내담자가 어떻게 하면 여기에 더 이상 올 필요가 없다고 생각할까?" 또는 "이 내담자가 어떻게 하면 자신의 변화가 실제로 나타난 것이며 지속된다는 것을 알 수 있을까?"라고 자문해 보아야 한다.

상담의 종결은 내담자가 해결책을 얻기 위한 궤도에 올랐거나 원하는 것을 얻었다고 상담자와 내담자가 생각할 때 이루어진다. 내담자에게 변화를 계속 하는 것에 대해 얼마나 확신을 갖느냐고 질문하면, 내담자는 상담을 종결해도 괜찮다고 믿는 자신의 기준에 맞게 반응한다.

상담을 종결하기에 앞서 몇 가지 선택사항이 있는 피드백을 내담자에 준다.

첫 번째 선택사항은 내담자가 어떻게 지내는가 또는 다른 변화가 일어나는가를 점검해 보는 것으로 4, 5주 또는 6주 뒤에 다시 상담을 하는 것이다.

두 번째 선택사항은 이전과 같은 간격으로 상담 약속을 하지만 만약 내담자가 상담이 필요 없다고 생각하면 전화로 취소하는 것이다.

세 번째 선택사항은 다음 상담 약속을 하지 않는 것으로 내담자가 원할 때 전화로 상담날짜를 잡는 방법이다. 상담자는 앞으로 언제든지 상담 받으러 오거나 전화로 약속할 수 있다는 선택가능성을 제시하면서 상담을 종결한다.

6. 치료이론에 대한 평가

해결중심 가족치료는 치료자와 내담자의 협력을 증진하고 내담자를 강화시키며, 인간의 강점과 기능성에 초점을 두고 자신에 대한 예언을 실현하도록 돕는다. 이 치료모델은 낙관적 현실을 창조하고, 작은 변화에서 시작해서 큰 변화를 가져오도록 하는 여러 질문 기법과 과제 패턴들을 개발하였다.

밀워키에 있는 치료센터에 오는 내담자들은 주로 빈곤계층에 속하고 대부분 법정에서 치료를 의뢰한 사람이었다. 여러 조사결과는 엄격하게 과학적이지 않지만 해결중심 치료가 상당히 성공적인 치료효과를 나타내는 것을 보여준다(Nichols & Schwartz, 1993. pp.485).

해결중심 가족치료운동이 최근 확대되고 인기가 상승하는 것은 몇 가지 이유가 있다. 즉 보험회사와 정신건강 기관에서 치료자에게 단기 치료를 권장하고, 다른 치료모델과 달리 치료자의 부담이 많지 않으며, 치료과정 절차가 분명하고 공식화되었다는 점도 작용한다. 이 접근에 대한 비평은 그 간결함과 결과주장의 신뢰성에 관한 것이 대부분이다.

결론적으로 해결중심 치료는 치료자들로 하여금 내담자를 강화시킬 수 있는 치료와 일련의 질문들과 과제들을 지향하도록 기여했다. 이 모델은 다른 치료모델과 달리 기간이 짧으면서도 효과가 있고, 전체 가족이 참여하지 않아도 적용할 수 있다는 장점이 있다. 한국에서는 미국에서 직접 치료자들을 초청하여 여러 번 워크샵을 개최하였고, 그 결과 다른 치료모델에 비해 구체적인 기법을 쉽게 배울 수 있기 때문에 실제 임상에서 활용이 시도되고 있고 그 효과에 대한 보고도 상당수 발표되고 있다. 앞으로 이 치료모델이 적용되는 문제유형과 한국 문화의 배경에 효과적으로 적용될 수 있는 여러 기법에 대한 연구가 필요하다.

제10장
가족세우기에서 본 가족 사랑의 질서

버트 해링거(Bert Hellinger)는 신부 출신으로 가족세우기를 통해 새로운 가족치료를 발전시켰다. 가족세우기에서는 가족관계의 사랑에 질서가 있다는 것이다.

1. 사랑의 질서에서 가족의 중심은 부부이다.

가족세우기에서는 오른쪽이 먼저이고, 왼쪽이 나중으로 생각한다. 부부간의 관계가 가정을 만드는 중심이고, 부부 중에 남자가 오른쪽, 여자가 왼쪽으로 자리를 잡는다. 그 이유는 남자는 역사적으로 외부와 연결되면서 강한 힘으로 가족을 보호해오는 역할을 해왔기 때문이다. 여자는 내부적으로 자녀를 낳고 양육하면서 돌봄의 역할을 해왔기 때문이다. 현대에 와서는 남자와 여자의 역할이 변화하고 있지만 대부분의 사랑의 질서는 남자와 여자가 자리 잡는 순서를 남자는 오른쪽, 여자는 왼쪽으로 정한다.

하지만 여자는 아이를 잉태하여 10개월 기르고, 양육과 돌봄을 오랜 인류역사를 통해서 해왔다. 그러므로 자녀들에 대한 영향력은 아빠보다 엄마가 더 크다. 사랑의 흐름이 엄마에게 더 강하게 연결되어 있다는 것이다. 특히 현대사회에 와서 결혼제도의 붕괴로 동거, 이혼, 재혼으로 가족관계가 변화하고 있는데 엄마의 영향력은 자녀에게 강하게 나타난다.

부부관계가 원만하지 못한 부모는 자녀와 깊은 애착관계를 맺고, 자녀와 분리를 못하는 경우가 많다. 보웬이 말한 분화가 덜 된 부모와 자녀관계가 되어 자녀와의 관계에서 얽힘을 만들 수 있다. 부모의 부부관계가 힘들어지면 자녀들은 부모의 한쪽을 대신하여 역할을 하려고 한다. 만일 부부에게 남매가 있다고 할 때, 부부관계가 나빠지면 아들은 엄마 편에 서서 아빠의 대신역할을 하려고 하고, 딸은 아빠 편에 서서 엄마의 대신역할을 하려고 하기 쉽다.

부모가 부모의 위치에 있지 않고, 자녀의 위치를 내려와서 받으려 한다. 자녀는 그런 부모에게 자녀의 입장에서 벗어나 부모의 위치가 가서 부모에게 주려고 한다. 부부간의 갈등을 완화하는데 자녀가 도움이 된다는 입장에서 관계를 계속하기 쉬운데 그렇게 되면 자녀는 부모와 얽힘이 일어나게 되고, 쉽게 부부 갈등이 해결되지 않는다.

자신의 부모가 갈등하는 것을 보고 자녀는 힘들어 하기 쉽다. 자녀는 갈등하는 부모에게 얽히지 않도록 뒤로 물러나서 부모의 일에 관여할 권리가 없다는 것을 인정해야 한다. 부모를 존중한다는 것은 자녀로서 무엇인가 할 수 있는 것은 아무것도 없다는 것이다. 부모가 자녀를 위해 내린 결정을 자녀는 무조건적으로 동의해야 한다.

2. 부모는 주고, 자녀는 받는다는 사랑의 질서이다.

부모가 자녀에게 주는 최초의 선물은 생명을 주는 것이다. 부모 됨은 자녀에게 생명을 주기 때문에 생기는 것이다. 생명으로 탄생하는 과정에서 자녀는 자신이 하는 것은 아무것도 없다. 자녀는 탄생부터 양육, 독립의 과정에서 부모가 모두 주는 것이다. 부모는 자녀에게 모든 것을 주기만 하고, 자녀는 모든 것을 받기만 하는 일방적인 흐름이 가족세우기에서의 사랑의 질서이다.

부모에게서 많이 받은 자녀는 부모에게 돌려주고 싶어 하지만 그렇게 할 수 없다. 자녀는 부모에게 돌려주고자하는데 그것을 얽힘을 만든다. 부모를 도우려는 자녀들의 노력은 자녀들의 죄책감을 없애는데 도움이 되지만 부모 됨의 질서를 어기는 것이 되므로 얽힘을 만들게 된다. 자신이 받은 것을 자녀를 낳아 자신의 자녀에게 부모로서 주는 것이 사랑의 질서이다. 엄마는 자녀를 가지고 태아를 양육하기 위해서 많은 희생으로 사랑을 했다. 낳은 후에는 양육하기 위해서 많은 힘든 일을 하면서 자녀를 사랑한다. 자녀가 성장한 후에는 독립을 하는데 까지 돕고, 결혼과 그 이후의 생에서도 많은 사랑을 준다. 부모는 자신이 가진 능력과 역량 하에서 자녀에게 사랑을 준다. 그 부모가 자신의 부모로부터 받았던 교육, 경제적 환경, 사회적 조건에 따라 자신이 할 수 있는 사랑을 준다. 자녀는 그 부모가 어떤 부모이든 받는다. 그 받은 것에 대해서는 자녀가 감사해야 한다.

또 어떤 부모는 사랑을 주었는데 자녀는 사랑으로 여기지 않고, 상처를 많이 받았다고 싫어하거나 미워하기도 한다. 그 사랑을 많이 받은 자녀도 있고, 적게 받은 자녀도 있지만 부모는 줄 수 있는 환경에서 최선을 다해 자신의 사랑을 자녀에게 주고 있다. "부모는 주고, 자녀는 받는다"는 것이 사랑의 질서이다. 부모는 자신이 줄 수 있는 것을 자녀에게 준다. 부모는 자신이 줄 수 있는 능력이 있는 한 자녀에게 주고 싶어 하고, 실제로 준다. 하지만 자녀의 입장에서 보면 자신이 원하는 것이 아닌 것을 부모가 줄 수도 있다. 그럼에도 불구하고 자녀는 자신에게 주어진 것을 받는다. 자녀는 그렇게 자신의 입장에서 주신 것 외에 어떤 것도 요구할 권리가 없다. 자녀는 부모가 그랬던 그대로, 있는 그대로 동의하고 받아들여야 한다. 그렇게 받았다면 자녀는 성장하여 남녀관계를 갖고 자신의 자녀에게 부모처럼 주는 것으로 조절한다. 만약 자녀가 자손을 가지지 못한다면 다른 선행을 하여서 균형을 회복할 수도 있다.

자녀가 부모에게 받는 입장이 아니라 부모에게 주는 입장이 될 때 얽힘이 일어난다. 위에서 아래로 사랑이 흘러가는 것이 아니라, 아래에서 위로 사랑이 흘러가게 하는 것이므로 얽힘이 일어난다. 마치 거꾸로 흐르려는 시냇물과 같아서 결코 흐르고 싶은 곳에 도달하지 않는다. 가족에서 나중 된 자(자녀)는 먼저 된 자(부모)로부터 받고, 주는 자(부모)를 존경해야 한다. 그 대신에, 나중 된 자(자녀, 동생)가 먼저 된 자(부모, 형 등)에게 주려고 하여 동등하거나 우월하다고 할 경우에, 주고받음의 질서가 전도되어 얽힘이 생긴다.

예를 들어서 한 여인의 아버지는 눈이 멀었고 어머니는 벙어리였다. 그녀의 부모는 서로 보완하며 살고 있었다. 그러나 그 여자는 그녀가 부모를 돌보아야 한다고 생각했다. 딸은 부모보다 큰 것처럼 행동했고, 부모는 딸처럼 작은 것 같이 행동했다. 그러자 관계가 불편하게 되었고, 부모는 힘을 잃었다. 다시금 사랑의 질서를 회복하고자 부모가 부부로서 독립적으로 지낼 수 있음을 드러내고, 딸은 자신의 자리로 돌아가도록 하였다. 처음에는 불편해 했지만 원래의 자리로 돌아가면서 부모와 딸 모두가 편하게 되었다.

3. 부모는 크고, 자녀는 작다는 사랑의 질서이다.

부모는 자녀를 낳았기에 무조건 자녀보다 크신 존재이다. 부모가 없이는 자녀로서 탄생할 수 없었기 때문이다. 자녀의 입장에서는 자신보다 항상 부모가 큰 존재이고, 자신은 작은 존재라는 것이다. 어렸을 때는 그것을 인정해도 자녀로서 성장하였다면서 자신을 부모보다 더 큰 존재로 여기는 것은 질서에 어긋나는 것이다. 부모는 자신보다 먼저 태어났고, 자신이 태어나 존재하도록 했기 때문에 부모는 크신 존재이다. 그러므로 부모가 중독자가 되거나 약하고 무능한 노인이 되었다고 해도 부모는 자녀는 자신보다 큰 존재임을 받아들여야 하는 것이 사랑의 질서이다.

발달심리학이나 부모교육에서 부모가 이렇게 했어야 한다는 논리는 부모를 죄책감과 자책을 하게 만든다. 그때 부모는 그렇게 키울 수 없었다. 물론 교과서처럼 잘 키울 수 있었으면 좋았겠지만 부모의 환경, 심리 상태, 양육된 과정 등 때문에 부모는 그렇게 키울 수밖에 없었다. 그렇게 키웠기에 오늘의 나가 있게 된 것이므로 부모는 크시고, 나는 작다. 자녀는 부모에 대한 원망과 거부를 할 수 없다. 자녀로 태어났으면서도 부모가 마음에 들지 않는다고 부모를 거부하거나 원수처럼 여기는 것은 부모가 크시고, 자녀가 작다는 사랑의 질서를 어기는 것이므로 결코 좋은 결과를 맺을 수 없다. 자녀는 자신의 부모가 "했었던 그대로" 인정하고 "현재 있는 모습 그대로" 자신보다 크심을 인정하고 받아들여야 한다.

4. 부모에게 감사해야하는 것이 사랑의 질서이다.

자녀의 입장에서는 부모에게 감사해야 하는 것이 사랑의 질서이다. 자녀가 부모에게 "생명을 주셔서 감사합니다."라고 말할 수 있어야 한다. 만약 자녀가 가슴으로 부모에게 감사의 마음을 표한다면 자녀는 부모의 사랑을 온전히 받을 수 있게 되고, 자신 안에서 분리되었던 내면이 통합된다. 부모님께 "당신들이 없이는 나도 있을 수 없습니다. 생명을 주셔서 감사합니다."라고 말하면 자녀들은 편안해진다.

생명(生命)은 부모님이 자녀에게 주었고, 자녀가 부모님으로부터 받았다. 운명(運命)이나 천명(天命)처럼 생명을 살아있는 존재로서의 명을 받은 것이다. 그렇지만 생명(生命)은 부모님 것이 아니다. 생명의 시작은 부모님에게 속한 것이다. 부모님은 생명을 통해 자기 자신을 주었고, 자녀는 자기 마음대로 생명에 대해 더하거나 뺄 수도 없다. 그렇지만 부모님은 자녀의 생명에 대해 무엇을 더하거나 유보하거나 빼앗아 갈 수 없다. 생(生)으로 명(命)을 받았으니 어떻게 할 수 없는 것이다.

자녀들은 부모님으로부터 받은 생명에 대해 더할 수도 뺄 수도 거절할 수도 없다. 자녀는 부모님이 주신 생명을 온전함으로 받고 부모님을 부모인 그대로 어떤 다른 소원이나 거절이나 두려움 없이 인정하고 받아들이는 것이 사랑의 질서이다.

자녀가 부모를 받아들임은 겸손의 완성이고, 이는 부모님을 통하여 우리에게 주어진 생명으로 자신을 "받아들임"을 의미한다. 부모가 가난하거나 부자이거나, 노예이거나 농장주이거나, 상놈이거나 양반이거나 한국인이거나 미국인이거나 아프리카인 것이 전혀 문제가 안 된다. 부모에게서 태어난 존재로서 주어진 한계를 받아들인다. 자신에게 선물로 주어진 가능성을 받아들이고, 가족 안에서 운명적인 얽힘 속에서 탄생함을 받아들이고, 가족이기에 져야할 책임을 진다. 자신의 삶이 주는 가벼움과 무거움으로의 얽힘을 운명으로 받아들이고 "부모님 감사합니다."를 말해야 한다.

자녀의 탄생은 남자와 여자의 성으로 시작되었고, 뱃속에서 자라 인간으로 성장할 수 있게 되었다. 자녀로서 잉태됨은 그냥 되는 것이 아니다. 부모의 부모, 조부모 등 선대 조상들의 사랑과 삶의 역사를 간직한 채 자녀로서 태어나기 때문이다. 생명의 잉태는 사랑의 신비로 되어지는 것이고, 그 생명의 성장도 조상들의 신비가 함께 하면서 이루어지는 것이므로 감사하는 것이 당연하다. 특히 유전자기술의 발달로 나의 조상들의 기원을 알 수 있고, 내 성격과 삶의 모든 것들이 조상들의 역사와 연결되어 있다. 그러므로 나는 우연히 나 혼자 일 수 없고, 부모의 부모, 부모의 조부모 등 인류역사와 연결되어 있는 존재이기에 나를 있게한 모든 분들에게 감사하는 것이 중요하다. 특히 헬링거가 최근에 실시하고 있는 영혼의 가족세우기에서는 이런 조상들의 역사를 함께 인정하고 그런 후손으로 태어남을 받아들이고 감사하는 것이 중요하다.

이 사랑의 질서에 순응하는 자녀는 부모님 앞에 무릎을 꿇고 큰절을 하며 "부모님께 모든 영광을 돌립니다."라고 말하고, 일어나서 부모님의 눈을 보고 생명의 선물에 감사한다. 부모에 대한 불만에서 엄마 뱃속에서부터 출생하고 싶지 않았다거나 우리 엄마는 이래서 싫고, 우리 아빠는 저래서 싫고, 밉다, 원수 같다 등은 사랑의 질서를 깨는 것이다. 부모가 양반, 상놈, 폭력을 행하는 자, 당하는 자 등 어떤 분이든지 생명으로 탄생하게 해준 것에 대해 감사해야 하는 것이 사랑의 질서이다.

5. 성으로 맺어진 생명은 모두 가족에 소속된다는 것이 사랑의 질서다.

결혼 전이나 후에 성생활을 하여 생겨진 생명이 있다면 그 생명은 탄생하였던 탄생하지 않았던 모두 가족으로 소속되어야 한다. 그 생명의 잉태 순서에 따라 자녀들의 서열이 정해지는 것이 사랑의 질서이다. 자연유산이든 인공유산이든 유산된 아이도 그 가족의 일원이 되어야 하는 것이다. 그러므로 가족원으로 소속감을 가질 수 있게 하는 것이 중요하다. 가족원으로 소속이 되며, 살아있는 형제자매와의 순서도 잉태된 순서에 따라 결정된다. 성은 모든 어려움이 있음에도 생명을 가져오기에 위대하다. 남녀의 큰 사랑의 범주 안에 성이 자리한다. 생명을 잉태하게 하는 신비한 사랑은 많은 인류가 이 세상에 태어나도록 했다. 그 신비한 사랑은 남녀가 성행위를 하는 과정에 참가하여 생명을 만들었다. 그 신비한 사랑은 보이지 않기에 남녀의 성관계는 생명을 가져오게 하므로 그 힘이 크다고 한다. 성관계는 생명을 가져오기에 위대하다. 비록 그들이 서로 사랑하는 관계에서 성관계를 하였든 사랑하지 않는 관계에서 성관계를 하여든 관계없이 생명을 가져오기에 위대하다.

사랑의 실행(성생활)으로 인해 남여 사이에는 깊은 인연이 생긴다. 이 성생활로 맺은 인연은 결혼을 하지 않았다고 해도 끊어질 수 없다. 근친상간이나 강간의 경우에도 가끔 이 인연이 생긴다. 이 인연에 따라 생명을 가져오기 성은 위대하다. 사랑으로 이루어지는 성은 특별히 위대하다. 그런데도 사람들은 성은 더럽다. 불결하다는 상상을 한다. 성은 위대하기에 그 자체로는 더럽거나 불결한 것이 아니다. 성으로 생명이 생기게 되면 가족으로 소속될 권리를 가지고 있다. 태어나지도 않은 유산된 아이, 사산된 아이, 인공유산한 아이도 모두 가족으로 소속된다. 또한 어떤 형태로든 혈연관계를 맺게 되면 가족이다. 강간으로 생긴 아이이든 장애인, 범죄인, 서자이든 모두 가족이다. 병약하거나 자살을 하였거나. 일찍 사망하였거나 정신병자, 약물중독자, 알코올중독자, 가정폭력행위자라고 해도 가족으로 소속되어야 한다. 아이를 낳은 여자와 남자는 몇 명이든지 가족에 소속된다. 이들을 모두 포함하는 것이 사랑의 질서이다.

6. 자녀의 잉태는 깊은 인연을 맺게 하는 사랑의 질서가 있다.

성관계의 방법은 불문하고 남녀가 성을 통해 자녀를 잉태하였다는 것은 새로운 생명을 갖게 한 관계가 되므로 깊은 인연을 갖게 된다. 결혼 여부와 관계가 없고, 자의적인지 타의적인지 관계가 없이 생명이 잉태하게 된 성생활은 남자와 여자를 깊은 인연을 맺게 한다. 남자가 여자를 여자로 취하고 여자가 남자를 남자로 취하게 되면 남자와 여자로서 사랑을 실행하게 된다. 즉 성을 행하게 되고, 성과 연결된 사랑을 실행하는 것(성행위를 하는 것)은 영혼에 깊은 영향을 미친다. 이 사랑의 실행으로 여자와 남자는 뗄 수 없이 서로 연결되어 그들이 원해도 더 이상 자유롭지 않게 된다. 그들의 관계는 인연을 맺었기 때문에 결과가 나타난다.

맺어진 인연으로 둘은 깊은 영향을 자신들의 영혼에 담는다. 둘이 계속 사랑하면 그 인연은 더 깊어가고 기쁨이 있다. 그러나 부부나 연인이 헤어지게 되면, 마음이 아파서 어찌할 줄을 모른다. 심하게 싸운 후에나 헤어지면 울게 되고, 실패감과 죄책감을 느끼면서 힘들어한다. 그것은 남자와 여자가 인연을 맺었기에 그러한 것이다. 한 번 깊게 맺어진 인연은 쉽게 잊혀지거나 사라지는 것이 아니다.

한 여자와 한 남자가 사랑의 실행(성관계)으로 서로 맺어진 후 헤어졌다고 금방 인연이 끊어지는 것이 아니다. 서로 사랑해서 맺어진 인연이든 강제로 맺어진 인연이든 남녀의 성은 깊은 인연이 맺어지게 해서 쉽게 단절하기 어렵다. 남녀가 헤어졌다고 바로 다른 새로운 상대를 만나는 것이 쉽지 않다. 새로운 사람을 만났다고 해도 첫째 인연이 계속 영향력을 미치고 있기에 두 번째 상대와의 인연이 첫째 인연과 같지 않다. 이는 많은 사람들에게서 금방 확인할 수 있다. 두 번째 상대와의 인연은 첫 번째 인연만큼 깊지 않다. 두 번째 상대와의 이별할 경우에 느끼는 아픔과 죄책감은 첫 번째 이별의 경우보다 적다. 세 번째 상대의 경우는 더 적어지고 네 번째 부터는 거의 아픔이 없다. 온전하게 나중 상대와 깊은 인연을 맺고자 한다면 먼저 맺은 인연들을 감사로서 받아들여야 한다.

7. 부부간의 사랑이 자녀에 대한 사랑보다 우선해야 한다.

부부가 아이를 갖게 되면 부모의 역할을 위해 온힘을 다하기에, 부부를 위해선 거의 아무것도 하지 못한다. 그러나 부모의 자식에 대한 사랑은 부부사랑에서 그 힘을 얻는다. 부모로서 자녀를 사랑하는 것은 부부사랑의 연속에서 온 것이다. 그러므로 부부의 사랑이 자녀를 향한 사랑보다 우선이다. 부부관계가 갈등을 겪는 부모들은 자녀와 하나 되고, 자녀만을 위해서 살려는 경향성을 가진다.

특히 한국사회에서 아빠는 돈을 벌거나 사회적 성취에 집중하고, 엄마는 자녀 양육에 목숨을 걸 듯 매달린다. 그것은 가정을 유지하게 하는 힘이 있지만 가족관계에 얽힘이 생기게 한다. 부모는 부모의 세대로서 사랑을 하고 관계의 길을 찾고 자녀는 자녀의 세대끼리 사랑과 관계의 길을 찾아야 한다.

핼링거의 문장 중에 "부모는 주시고, 자녀는 받는다." "부모는 크시고, 나는 작습니다."가 있다. 부모와 자녀의 세대 간의 경계를 분명히 하는 표현이다. 부모세대는 부모로서 자신의 부부관계, 사랑의 관계, 삶을 독립적으로 할 수 있어야 한다. 자녀세대는 자녀로서 독립하여 스스로 자신들의 세대에 맞는 사랑과 삶을 살면서 부모와 관계를 맺어야 한다. 각자가 "홀로(독립적)" 이면서 "같이(질서 있는 가족관계)" "자유롭게" 살 수 있어야 한다.

부모가 된 다음에는 자신의 자녀에게 사랑을 주게 된다. 그럼에도 불구하고 부모의 부부관계가 좋지 않을 때, 부모 중 한 사람이 멀리 있거나 아프거나 사망하면 자녀는 부모를 사랑하기에 자신의 존재위치를 떠난다. 자녀가 부모의 한 편 대상이 되어 어머니나 아버지의 편이 되어 연합하거나 동맹을 맺어 대적하게도 된다. 이럴 때, 사랑의 질서가 깨지기에 부모와 자녀 간에 얽힘이 일어난다. 가족 간에 고통과 아픔이 더 커지게 된다. 부모가 자신들의 부부관계보다 자녀에 대한 사랑을 우선시해서는 안 된다. 자녀가 자신들의 세대 간의 관계보다 부모 중의 한 분과의 관계를 우선시해서는 안 된다.

부부관계가 자녀와의 관계보다 우선하면 자녀들은 편안하다. 부부관계가 우선되면 부모로서 자녀와 관계 맺는 것이 수월하게 된다. 무엇보다도 부모가 남녀로서 사랑하는 것을 경험하는 아이들은 매우 행복해 한다. 자녀는 부모의 다정하고 행복한 모습을 보는 것으로 자신의 길을 갈 수 있다. 부모가 갈등 속에 있으면 자녀는 자신의 갈 길을 가지 못하고 부모에게 매달리기 쉽다.

8. 주고받음에 균형이 있어야 한다는 것이 사랑의 질서이다.

사랑은 우선 무엇보다도 욕구이다. 친밀함을 향한 욕구, 연결되어 있음에 대한 욕구, 상대와 같이 있을 때 얻는 안전에 대한 욕구는 깊은 인간적인 사랑이다. 주고받음의 균형을 통해 이 욕구는 충족되고 우리를 성장하게 한다. 이러한 쌍방의 요구에 의해 사람들은 만나 서로를 사랑한다. 서로 사랑하는 사람들이 오랫동안, 더 많이 그들이 원하는 것을 서로 주고받을 때 그 사랑은 더 강해진다.

이 균형을 통해 욕구는 충족을 얻고 그들은 자유를 얻어 욕구를 넘어서는 다른 일에 자신을 열어 다른 사람에게 봉사한다. 그러나 기본적인 안전과 물러남의 기본적인 욕구가 보장되지 않으면 일을 할 수 있는 힘은 약해진다. 사랑의 실행에서 기본적으로 나타나는 동등한 관계는 삶의 다른 분야에로 넓어진다. 남녀관계는 사랑으로 연결된 끊임없는 주고받음의 조절을 통해서 발전해간다.

헬링거의 예를 들어 설명한다. 만일 한 남자가 한 여자를 사랑하기에 선물한다. 그는 선물하자마자 우월한 위치에 오게 된다. 남자는 주고 여자는 받는다. 여자는 받았기에 남자에게 의무를 느낀다. 그녀는 남자에게 선물함으로써 균형을 이루려고 시도한다. 그러나 그녀는 그를 사랑하기에, 남자가 그녀에게 준 것보다 조심스럽게 더 많이 준다. 그러면 남자는 다시 주어야하는 의무감을 느낀다. 그는 그녀를 사랑하기에 더 많이 주면서 조절하려고 한다. 그리하여 사랑으로 연결된 균형의 욕구에 의해 상승하는 교환, 즉 주고받음이 생긴다. 이리하여 남녀는 마음속 깊이 연결되며, 행복도 증가된다. 이런 좋은 교환은 좋은 남녀관계의 초석이 된다.

균형을 이루는 것 때문에 더 관계가 나빠질 수도 있다. 많은 남녀 관계를 보면 한 배우자가 다른 배우자에게 상처를 주는 경우가 있다. 여기에서도 상처를 받은 상대는 균형의 욕구를 가진다. 즉 복수의 욕구를 가진다. 이 배우자는 상대에게 상처를 주게 되는데 옳다고 느끼기에 더 많이 상처를 주게 된다. 이리하여 상처는 상승된다. 나쁜 면에서 교환이 점점 상승된다. 이와 같은 나쁜 교환은 남녀를 불행하게도 깊이 연결 시켜준다. 깊이 연결되어 있기에 나쁜 남녀관계의 초석이 된다. 계속 싸우고 갈등하면서도 헤어지지도 못하는 고통의 악순환을 반복하게 된다. 이런 악순환으로부터 벗어 날수 있는 간단한 방법이 있다. 좋은 교환에서 사랑으로 더 많이 주는 것과 같이, 나쁜 교환에서는 사랑으로 상처를 덜 주는 것으로 균형의 질서를 바꾸는 것이다. 그러면 나쁜 교환에서 다시 좋은 교환이 시작되게 하여 남녀관계는 새로워지는 효과가 많다.

가족에서는 질서와 균형에 관한 아주 깊은 욕구가 있다. 가족과 씨족은 그들이 마치 공동의 영혼을 가지고 있는 것과 같이 산다. 이 공동의 영혼은 가족에게 주는 것과 받는 것의 균형이 세대를 넘어 되도록 한다. 아버지가 둘째 부인을 얻었을 때, 딸은 어머니의 남편인 아버지의 입장에서서 가족관계를 힘들게 할 수 있다.

9. 가족에 있는 가족양심은 절대적인 선이나 악과 연결되어 있지 않다.

남녀는 각기 다른 가족의 양심에 따라서 살아왔다. 양심의 1차적 기능은 자녀를 그가 속해있는 가족에게 묶어주는 것이다. 가족 내에서 소속감을 유지하기 위해 견뎌내야 할 항목들에 민감하게 반응한다. 자녀는 자기 행위가 가족 내에서 자리를 보장 받을 때 양심적 행위를 했다는 자부심을 갖게 된다. 반대로 가족에 속할 권리를 상실할 수도 있다는 두려움이 느껴질 때는 양심의 가책을 받는다. 한 가족에는 소속감을 강화시켜주는 행위가 다른 가족에서는 소속감을 위협하는 행위가 될 수도 있다. 종교가 다른 가족의 사람이 만날 때 자신의 가족양심을 버린 듯한 불편한 느낌, 가족 내에서 자신의 자리를 잃을지도 모른다는 두려움이 생겨 두 사람 간에 종교의 우열에 대해 논쟁하는 종교 갈등이 생길 수 있다.

부부관계가 성공하기 위해서는 가족양심에서 떠나야 한다. 부부는 양쪽이 각기 원가족으로부터 떠나야 한다. 물리적인 것과 동시에 가족양심도 떠나야 한다. 새롭게 형성한 두 사람은 양쪽 가족에게 공정해야 한다. 동시에 새 가족에게 적합한 새로운 원칙들을 만들어야 한다. 이 토대위에서 두 사람의 친밀한 관계가 형성 유지될 수 있다.

결혼은 두 사람만이 아니라 두 가족이 결혼하는 것이다. 그러므로 자신의 원가족은 문제가 없는데 상대방의 가족에 문제가 있다고 생각하는 사람은 부부관계에 악영향을 끼친다. 두 가족 모두를 존경하고 사랑할 때 두 사람의 사랑이 피어난다.

만약 부부 중 한 사람이 불임이라면 자녀를 생산할 수 없는 특별한 운명의 짐을 진 배우자는 상대방에게 이러한 운명을 함께 지고 가자고 요구할 수 없다. 이때 운명의 짐을 진 배우자는 이것을 특별한 선물로 여기고 상대방에게 존경하는 마음을 가져야 한다. "내가 아이를 낳을 수 없는데도 당신이 나와 함께 머물러준다는 것은 내겐 정말이지 특별한 선물이어요. 나는 이 선물에 깊이 감사해요. 나는 무언가 특별한 방식으로 당신에게 이 감사한 마음을 표현할 것입니다." 이런 태도를 가지고 배우자를 대할 때 균형을 맞추게 되고, 계속 부부로 남게 한다.

가족에는 온당함을 회복하려는 욕구와 징벌하려는 욕구가 깊이 내재되어 있다. 가족 안에는 가족공동체의 영혼이 존재한다. 공동의 가족 영혼은 이득과 상실사이에서 균형을 유지하고 보호를 하려고 한다. 이 시도는 세대를 뛰어넘어 진행되기도 한다.

10. 사랑의 질서를 적용한 상담사례

한 남자가 첫 번째 부인과 헤어지는 과정에서 경솔한 태도로 부인에게 아픔을 주었다. 그러면 그 부인은 남자에게 화가 났을 것이다. 남자는 두 번째 결혼에서 얻은 딸이 아버지에게 화가 나있으며 첫 번째 부인과 유사한 느낌을 보여준다.

해결책은 첫 번째 부인을 보면서 "내가 당신을 부당하게 대했어요. 미안합니다. 나는 당신이 내게 준 모든 것을 귀하게 여기고 있어요. 당신의 사랑은 컸고, 나의 사랑도 마찬가지입니다. 그리고 영원히 그러할 것입니다."라고 진심으로 고백하는 것이다.

다음으로는 두 번째 부인과 자녀를 소개한다. "이 사람은 나의 새 아내이고 이 아이들은 내 자식들이오. 부디 우리를 다정하게 봐 주었으면 좋겠어요." 첫 번째 부인이 이에 동의하면 둘 모두에게 이로운 방식으로 두 사람사이에 남아있던 결속이 해소된다.

딸은 아버지를 바라보면서 "이분이 저의 어머니이고 저는 이분의 딸입니다. 저는 아버지의 첫 번째 부인과는 아무 상관이 없어요. 저는 아버지와 어머니 옆에 서있을 것입니다. 두 어른들 사이에 있었던 일은 저와는 아무 상관이 없어요. 아버지 부디 저를 아버지의 딸로만 바라보아 주세요. 그러면 저도 아버지를 제 아버지로만 바라볼게요."

딸은 어머니를 바라보면서 "당신만이 적합한 저의 어머니입니다. 저는 아버지의 첫 번째 부인과는 아무런 상관도 없습니다. 저는 엄마를 제 어머니로 바라볼 뿐입니다."

딸이 부모님께 "당신은 크시고 저는 작습니다." 라고 할 때 행복한 가정을 이룰 수 있다. 이는 사랑의 질서 때문이다.

이상과 같이 가족관계 사랑은 가족체계적 질서 아홉 가지와의 연관성 속에서만 모습을 드러낸다. 태어남과 생명을 주심에 대하여 감사해야 한다는 사랑의 질서를 지킬 때 부모의 사랑이 자녀에게 흐른다. 남녀의 성이 생명을 주므로 성은 위대하다. 부모와 자녀가 각기 "홀로"이면서도 가족이라는 면에서 "같이" 지낼 수 있고, 삶에 있어서 "자유"함이 있도록 세대 간의 질서가 이루어져야 한다. 주고받음의 순서를 거슬러 월권이 일어나면 실패와 몰락으로 자신을 무겁게 처벌하게 된다.

주고받음의 질서를 거스르지만 사랑으로 주고받기에 자기의 불손을 알지 못하며, 그것을 좋은 일이라고 생각한다. 그러나 질서는 사랑으로 극복되지 않는다. 영혼의 균형 감각이 사랑보다 힘있게 작용하여 행복과 목숨을 희생하더라도 사랑의 질서가 작용되도록 한다. 이렇게 질서에 대항하는 사랑의 투쟁은 모든 비극의 시작과 끝이다. 이것을 피할 수 있는 단 한 가지 방법은 질서를 알고 사랑으로 질서를 따르는 것이다. 질서를 아는 것이 현명함이며, 사랑으로 질서를 따르는 것은 겸손이라는 것이다.

제11장
가족상담의 과정과 실제

---

1. 가족상담의 과정

1) 초기 단계

초기단계는 상담 전 과정의 기초가 되므로 중요하다. 초기단계에서 상담접수, 치료적 관계형성, 문제의 탐색과 가족사정, 문제의 명료화와 상담목표 합의, 상담계약과 상담의 구조화 등이 이루어진다.

(1) 상담접수

대부분 상담은 가족 중 한두 명이 직접 방문하거나 전화로 상담예약을 하고 찾아오게 된다. 또는 다른 사람이나 기관에서 의뢰되기도 한다. 전화나 직접 대면으로 가족 한 사람과 사전 접촉을 하는 경우에 한 사람한테서 얻는 정보만으로 편견이 생길 우려가 있기 때문에 간략하게 약속시간 상담비 등을 알려주고 신청서 양식을 작성하게 한다.

(2) 상담자의 자기소개와 내담자 소개

먼저 상담자는 자신을 내담자에게 소개한다. 상담자로서 훈련받은 상담기법에 대한 내용을 알려준다. 또한 무슨 상담자격을 가지고 있고, 어떻게 내담자를 대하는지에 대해 설명한다. 내담자와 내담자 가족에 대해서는 가족원의 이름·연령·직업 등에 대해서 묻는다. 만약 접수 시 내담자에 관한 기록지가 있으면 이름과 얼굴을 맞추어 나갈 수 있다. 또한 가계도를 작성한 경우에는 가계도의 내용을 확인해도 된다.

(3) 대화 유도하기

처음으로 상담에 온 내담자들은 개인적으로 힘든 문제를 가져오고 상담자에 대한 막연한 기대만 갖고 있기 때문에 불안하다. 상담자는 가족들이 긴장하지 않고 편안한 마음으로 자신의 문제를 이야기할 수 있게 도와야한다. 그 방법으로 사교적인 몇 마디 대화를 나누거나 가벼운 화제를 유도하는 것이 필요하다. 마실 음료나 다과, 화장실 등을 안내하고, 본인들이 편안한 느낌을 갖도록 돕는다. 예를 들어 "오늘 오시는데 춥지 않았습니까?", "차나 커피 한잔 드릴까요?"라고 질문하고 대화한다.

(4) 공적인 사항 알리고 승낙받기

상담시간, 상담기간, 상담의 빈도에 대해서 알려준다. 상담내용에 대해서는 비밀을 보장한다는 것을 확인한다. 가족상담을 어떻게 하게 되었는지 의뢰한 사람에 대한 언급을 하여 상호이해가 되도록 한다. 상담비와 지불방식 등에 대해서 구체적으로 알려주고 확인한다. 상담의 내용을 녹음이나 녹화를 한다면 그 이유를 설명하고 동의를 구해야 한다. 만약 슈퍼바이저나 동료상담자가 일면경에서 보고 있다면 그에 관하여 설명하고 승낙을 구한다.

(5) 신뢰적 관계 형성

가족상담자가 신뢰적 관계형성을 위해서는 내담자 가족원들의 말을 경청하고 공감적으로 이해한다. 각 가족원들을 존중하고 수용적으로 대한다. 또한 각 가족원에게 일관성 있게 성실하고 정직하게 대한다. 적절한 때에 내담자에게 객관적이고 전문적인 태도로 이해하고 도움을 준다. 상담자 자신이 편안하고 온화한 표정으로 대하며 자신의 감정 변화에 민감해야 한다.

가족원의 표현을 받아들여서 있는 그대로 반영한다. 내담자의 말 바꾸어 말하는 환언기법을 사용하거나 내담자의 말을 축소하여 요약하는 방법을 사용한다. 애매한 표현이 있다면 명료화하는 기법을 사용한다. 이상과 같은 과정을 통해 가족원의 표현을 반영하고 인정한다. 인정한다는 것은 가족상담자가 자신은 동의하지 못하더라도 가족원이 그렇게 생각한다는 것을 이해한다는 것이다. 이런 이해와 인정을 바탕으로 가족원의 감정을 공감해준다. 충분히 공감을 한다는 것은 가족원이 표현한 그 사건, 상황과 관련하여 느꼈을 감정을 모두 공감해주는 것이다.

(6) 문제의 탐색

상담자는 내담자에게 어떤 문제로 오게 되었는지를 묻는다. 이런 질문은 상담자의 이론적 관점에 따라 다양하다.

가능한 가족원 모두에게 무엇이 문제인지를 말하게 하고 각 가족원이 문제를 보는 차이점과 유사점, 가족원간의 동맹관계, 제휴관계를 파악한다. 문제증상을 나타내는 사람(IP)에게는 가능한 나중에 물어봄으로써 방어적이 될 가능성을 줄인다.

상담에 오게 된 직접적인 동기를 파악하고 문제를 일반적인 것에서 세부적인 것까지 서서히 탐색한다. 최근에 경험한 문제를 중심으로 가족원의 정서와 행동, 상호작용 패턴을 탐색한다. 그리고 과거의 상담 및 치료경험 및 그 결과 그동안 문제해결을 위해 시도했던 방법과 그 결과 등을 파악한다.

(7) 가족사정

가족사정은 가족평가 또는 가족진단으로 불린다. 가족사정은 첫 면접에서 시작하여 초기에 지속적으로 이루어진다. 이를 위해 가족문제의 배경, 현재의 가족생활주기단계, 가족의 구성과 특징, 가족원간의 권력형태, 가족원 각자의 생활역사, 감정관리 패턴, 가족원의 긍정적인 측면과 장점. 극복경험, 외부의 영향력 있는 사람, 자원 등을 탐색한다. 가족역사를 들을 때는 그것이 현재의 가족관계나 문제와 어떤 관련이 있는지에 초점을 두고 듣는다. 이들을 자료로 하여 상담자는 잠정적 가설을 세운다.

가족사정시 흔히 질문방법을 가장 많이 사용하나 관찰방법, 가족조각하기, 가계도, 원가족 도표 등도 병행한다. 질문 형태는 가능한 한 개방적이어야 하고 단일질문이어야 한다. 되도록 간결하고 명확하여 알아듣기 쉬워야 한다. 직접 적인 질문보다는 간접 적인 질문일수록 좋다. '왜'라는 질문은 가능한 한 피하는 것이 바람직하다. '왜' 대신 "어떻게"를 사용하여 질문하는 것이 좋다.

(8) 문제의 명료화와 상담목표 협의

상담을 마치면서 그 시간의 대화내용을 요약하여 문제가 무엇인가를 설명해주고 전문적인 관점에서 문제를 재구성(reframe) 해줌으로써 내담자의 저항을 줄이고 내담자가 새로운 방향으로 문제를 보게 한다.

상담자는 가족들이 원하는 변화와 상담목표를 파악하고, 가족 각자가 치료를 통하여 무엇을 얻기를 원하는지를 분명히 하며 그러기 위해서 다음 단계에 할 일을 정해야한다. 가족원들이 바라는 목표가 다른 경우에는 서로 합의를 하도록 도우며, 내담자의 목표가 비현실적이거나 모호할 때는 현실 가능한 것으로 구체화시켜야 한다.

상담목표를 설정할 때는 내담자의 문제해결에 중요하면서 내담자가 원하는 것이어야 한다. 이때 바람직하지 않은 행동을 하지 않는 것(Don't do it)보다는 성공적이거나 긍정적 행동을 증가시키는 것이어야 하고 특히 가족상담 치료에서는 구체적이고 분명하게 측정할 수 있는 행동용어로 기술되어져야 한다.

내담자가 바라는 도움이 상담자의 능력으로 가능한 것이고 전문가적 윤리에 어긋나지 않으면 내담자와 상담자는 상담목표에 합의하고 상담계약이 이루어진다. 만일 내담자가 바라는 도움이 상담자의 능력 밖이라면 내담자에게 그 사실을 밝히고 다른 전문가에게 의뢰해야 한다.

(9) 상담계약과 상담의 구조화

상담계약은 상담목표, 시간, 기간, 상담비 등에 대해 계약을 맺는 것이다. 이때 상담자는 내담자에게 실현 가능한 것이 무엇이고 목표에 도달하려면 어느 정도의 기간이 걸리는지를 설명해주고 계약이 변경될 수 있다는 것에 대해 말해준다. 그때마다 다음 면접회기를 정하는 방법을 쓰거나 또는 몇 번의 면접 횟수를 미리 정하는 방법을 쓰기도 한다. 어떤 방법을 사용하던 보통 초기단계는 일주일 간격을 두고 면접회기를 정하고 상담이 진행되면 2주 이상의 간격을 둔다.

상담의 구조화란 상담관계를 바람직한 방향으로 안정시키기 위하여 상담에서 성취 가능한 범위와 제한점에 관해 내담자를 교육하는 것이다. 일반적으로 상담자와 내담자가 서로 편안하도록 제한점은 최소한도로 줄이고, 면담시간 내담자의 행동규범 등에 관해서는 구체적으로 정하는 것이 좋다.

① 시간의 제한

상담시간이 1회기에 50분으로 제한되어 있는 것과, 10회기 이상의 상담을 지속할 필요가 있다는 것을 분명히 말해준다. 또한 상담회기마다 일정한 비용을 지불하여야 하는 것을 명확히 한다. 때로는 10회기의 비용을 먼저 선불하고 상담하도록 권유하기도 한다. 그러면 내담자는 상담에 대한 동기가 강화되고, 상담을 계속 받으러 와야 한다는 것에 대한 책임감을 갖게 하는 효과가 있다.

② 내담자 행동의 제한

내담자를 중심으로 상담을 제공하기 때문에 많은 내담자의 표현을 허용한다. 하지만 공격적인 언어표현으로 상담자에게 위협을 주는 언어나 행동은 허락하지 않는다. 더 나아가 물건을 파괴하는 것 같은 내용은 제한시킨다. 내담자의 행동이 자신을 해치는 자해와 같은 행위는 절대로 용납해서는 안 된다. 내담자가 상담실 안에서 이야기한 내용을 빌미로 가정에 돌아가 가족들과 싸움을 하지 않아야한다고 규정한다.

③ 상담자 역할의 구조화

상담자 역할의 한계를 설명해준다. 상담자는 내담자가 스스로 답을 찾아가도록 돕는 사람이지 모든 책임을 지는 것은 아니다. 또 상담자는 내담자의 문제를 꼭 전부 해결해줄 수 있는 것도 아니다. 내담자가 원하거나 통찰을 이루어 변화하는데 도움을 주는 존재인 것을 말한다.

④ 내담자 역할의 구조화

상담자는 내담자를 존중하면서 상담한다. 하지만 의사소통이 파괴적이고 상호 지지적이지 못하면 상담관계가 제대로 역할을 하지 못한다. 그러므로 상담자는 내담자의 의사소통 규칙을 미리 정하고 시작하는 것이 효과적이다. 예를 들면 인물자체에 대한 비난보다는 구체적인 행동부분에 불만을 표현할 것, 남의 생각을 추론하여 미리 짚어서 말하지 않기, 여러 주제를 동시에 말하지 않기, 상대방의 말을 도중에 가로채거나 방해하지 말 것, 자신의 감정을 솔직히 인정하고 표현할 것, 상대방의 말을 인정해 주기 등을 준수하도록 정한다. 하지만 상처가 많은 내담자는 이 내용을 지키기 힘들어 한다.

⑤ 과정의 구조화

상담에서 도움 주는 가능한 범위를 교육하여 현실적 기대를 갖게한다. 예를 들면 가족 상담은 문제를 가족이 함께 의논하고 해결방안을 같이 찾자는 것이지 한 사람에게 전가하는 것이 아니며, 다른 사람의 변화를 요구하기보다 각자 자신이 변화하려는 노력이 필요하다는 점을 강조한다. 또 누구를 희생양으로 여겨서 그 사람만을 지적하고 비난하지 않고 가족이 협력하여 노력할 것을 요청한다.

2) 중기 단계

이 단계는 초기 단계에서 설정한 중간목표 달성을 위해 구체적인 활동이 이루어진다. 가족의 특성과 문제의 성격, 상담자의 능력과 전문적인 판단에 따라 적절한 이론과 기법을 선택하고 적용하게 된다. 이때 내담자는 가족문제에 대한 자각이 늘어나고 표면적인 문제행동이 완화되며, 문제해결을 위한 동기가 커지고, 다른 사람을 수용하며 기능적인 방식의 상호작용이 늘어나게 된다.

상담자는 변화를 촉진하는 역할을 담당하여 내담자가 긍정적인 변화를 자각하고 자율적인 문제 해결 능력을 습득하도록 돕는다. 간혹 내담자에게 퇴행현상이나 변화에 대한 저항도 나타날 수 있다. 상담자는 이를 이러한 상황에 잘 대처하여 긍정적인 변화 쪽에 초점을 두고 상담을 이끄는 것이 바람직하다.

이 단계에서 상담자는 가족의 기능과 문제점을 확실하게 이해하고 있어야 하고, 이것을 기초로 적절한 상담목표가 세워져 있어야만 한다. 이 시기에 고려할 사항은 다음과 같다.

(1) 가족참여

적어도 한번 이상은 전체 가족을 한꺼번에 참여시키는 것이 바람직하다. 가족들의 입장이나 역할을 살펴보고, 상담자가 개입을 할 여지를 탐색하는데 도움이 된다. 그러나 전체 가족의 참석이 한 번도 어려운 경우에는 찾아온 내담자를 중심삼고 상담할 수밖에 없다. 한 명의 참여 내담자에게 가족 간의 관계를 물어보면서 가족들의 역할과 책임을 이해하면서 같이 문제를 풀어갈 수 있다. 가족이 참여하지 않을 때는 한

명의 상담자가 각 성원을 개별적으로 찾아가거나 전화로 만날 수 있다. 만약 두 명의 상담자가 가능하다면 두 명이 서로 나누어서 각 가족원을 만나며 서로 협조하는 방법을 사용할 수 있다.

(2) 공동치료자

대부분의 가족상담은 상담자 혼자서 진행하지만 공동치료자(co—therapist)와 함께 진행하기도 한다. 흔히 공동치료자는 다른 성을 가진 두 사람으로 이루어진다. 공동치료자가 같이 상담을 진행하면 차이점을 개방적으로 다룰 수 있고, 바람직한 의사소통 모델이 될 수 있으며, 상담의 균형유지나 역할보완에 도움이 될 수 있다는 점이 긍정적인 면이다. 그러나 공동치료의 문제점은 공동치료자 사이에 역할분담이 모호하거나 분열이 일어날 가능성이 있고, 비용이 많이 드는 점들이다. 공동치료를 성공적으로 하기 위해서는 상담자간에 이해가 충분히 되어야 한다. 또한 공동치료자는 상담 전후로 서로 의논하고 검토하고 계획을 세우는 시간을 가져야 하며, 상호보완적 특성을 존중하고 개발을 격려하여야 한다.

(3) 다른 치료방법이나 다른 기관과 치료를 병행하는 문제

정신과 치료나 집단치료, 개별 행동치료를 가족상담과 병행하는 경우도 있고 복합적인 문제를 가진 가족의 경우 복지관이나 학교 · 병원 · 학교 등의 기관과 연관되어 있을 수 있다. 이 경우 치료자나 기관들 사이에 의사소통이 이루어져서 협조적인 분위기가 형성 되는 것이 바람직하다.

3) 종결 단계

이 단계는 상담을 마무리 짓고 통합하는 시기이다. 상담자는 가족상담을 종결해야 할 적절한 시기가 언제인지를 판단할 수 있어야 하는데 몇 가지의 구체적인 단서나 변화가 나타나게 된다. 종결 시기를 판단하는 기준, 종결을 위한 준비, 종결과정에 대해 살펴보기로 하겠다.

(1) 종결 시기를 판단하는 기준

상담의 종결을 위해서는 첫째, 상담목표가 이루어진 경우에 종결할 수 있다. 특히 가족원들이 상담을 통하여 새롭게 습득한 대처방법이나 행동방식을 계속 유지하는 경우에 종결하게 된다.

가족원들 간의 의사소통에서 비생산적인 다툼이나 갈등이 감소되고 의사표현이 솔직하고 갈등을 협상할 수 있는 능력을 가지게 된 경우에 종결해도 된다. 만약 가족상담 후에 가족의 구조와 규칙이 융통성 있고 기능적이 되고, 가족원들의 문제행동이 사라지거나 완화되고 긍정적인 상호작용이 이루어지는 경우에 종결할 수 있다.

둘째, 가족상담을 통해 가족의 발달단계에 적합하게 가족원의 역할과 기능이 이루어지거나 가족원들이 장래에 그와 비슷한 문제가 발생하더라도 잘 처리할 자신감을 보여주고 자발적인 활동이 증가하는 경우에 종결해도 된다.

(2) 종결을 위한 준비

상담자는 중기 후반 단계에서 상담목표에 근접하는 변화가 보이면 미리 종결계획을 세운다. 이때 상담자는 종결에 대한 자신의 감정에 직면하고 가족들이 종결한 준비가 얼마나 되어있는지를 평가하며 그들의 반응을 예측하고 종결방법을 계획하여야 한다. 그리고 내담자에게 상담 초기와 현재의 상태에 대하여 비교하게 하여 상담종결 가능성을 탐색한다. 또한 상담자는 가족들이 상담을 통하여 달성하고자 했던 목표에 얼마나 근접 해있는지 검토하게 하고 종결의 필요성을 얘기한다. 이때 종결 전에 가족이 남은 시간동안 달성할 수 있는 목표가 무엇인지를 결정하고 목표를 달성하도록 도와야한다. 상담자와 가족이 종결시기에 합의하는 것이 바람직하다.

(3) 종결과정

가족들은 상담이 종결되는 상황에 대해 불안을 느낄 수도 있고 앞으로 문제가 재발할 수 있는 가능성에 대해 염려할 수 있다. 상담자는 가족들의 이런 감정을 수용하고 자연스런 것임을 인정해준다. 그리고 가족원들이 치료 초기에 이룬 변화에 대해서 뿐만 아니라 치료 마지막 몇 주 동안 그들이 노력하고 변화된 것들에 대해 재검토하여야 한다. 이러한 평가작업을 통하여 가족치료자는 물론 가족도 성취감을 경험하고 자신감을 가지게 된다. 이 단계에서 상담자는 상담의 종결이 상담자 자신의 노력이나 능력보다는 내담자의 참여와 노력의 결과임을 말하고 그들을 존중해 주고 지지해주는 것이 좋으며, 달성된 목표를 유지시키기 위한 노력을 계속하도록 격려한다.

상담이 종결된 후 상담자는 가족들과 추후지도를 위한 면접약속이나 전화연락을 할 수 있다. 추후지도를 위한 면접약속은 상담이 종결된 시점으로부터 한 달가량 후에 가족들이 계속 변화를 유지하고 있는지를 검증해볼 필요가 있을 때 하게 된다.

사후지도를 위한 면접은 보통 상담보다 짧게 이루어지는데 이때 상담자는 가족의 근황을 듣고 그들의 성공적 대처와 노력을 축하해주고 격려해준다. 상담의 재개는 가족이 요구할 때 한시적으로 가능하다.

상담이 종결된 후에 가족이나 상담자가 서로 전화 연락하는 것은 추후지도의 목적으로는 가능하다. 그러나 미해결된 감정에 의한 전화 연락은 종결의 의미가 없어지므로 바람직하지 않다. 상담이 성공적으로 종결되지 못하고 도중에 중단되는 경우도 종종 있다. 상담자는 중단의 원인을 파악하고 가족이 가장 바람직한 방향으로 가도록 도와야한다. 이러한 조기종결을 줄이는 한 가지 방법은 초기단계에서 상담기간을 계약하고 상담을 위한 구조화 작업과 내담가족과의 신뢰적인 관계수립이 반드시 선행되어야한다. 이외에 불분명한 문제점이 작용할 수도 있으므로 사례분석과 슈퍼비전을 받는 등 상담자의 끊임없는 자기연마가 필요하다.

2. 가족상담의 기본 기법

가족치료에서 문제상황과 여러 접근법에 따라 기법들이 다양하게 적용되고 있다. 공통적으로 많이 사용되고 있는 기법들을 그 목적별로 구분하면 다음과 같다.

1) 문제의 재구성 및 인지변화를 위한 기법

현재의 신념체계를 파악하여 증상을 재정의하고 재명명하는 것이다. 문제 상황에 대한 가족들의 인지를 변화시키고 개인차를 수용하도록 하기 위하여 사용된다. 상담을 받으러 오는 가족은 문제를 심각한 것으로 인식하고 문제에 사고가 집중되어 있다. 문제를 재구성하고, 인지변화를 시도하는 기법은 주로 지적된 환자에 대한 가족들의 직선적 인과관계 사고를 체계론에 기초한 순환적 인과관계 사고로 바꾸는 결과를 낳는다. 예로 10대 자녀의 가출행동을 가족과 친밀하게 지내고 사랑을 받고자 하는 행동으로 재구성하거나 또는 아내가 남편에게 잔소리하는 것을 남편에 대한 관심과 사랑의 표현으로 재구성할 수 있다. 가족의 문제행동을 관심과 사랑을 받기 위한 표현으로 바꾸어 재구성하여 재명명한다. 그러면 가족관계가 새롭게 보인다.

2) 부적절한 상호작용 패턴 수정 및 가족의 재구조화를 위한 기법

모든 행동에는 부정적인 측면과 긍정적인 측면을 함께 가지고 있다. 상담자는 내담자의 긍정적인 면을 찾아서 강화해주는 긍정적 강화기법을 사용할 수 있다. 가족관계에서 적절한 계약을 하고, 서로의 역할과 영역을 존중하도록 도와야 한다. 또한 가족 중에 너무 밀착된 삶을 살고 싶어 하는 사람들은 경계를 넘어서서 관여하기 쉽다. 특히 시어머니는 며느리에 대해서 지나치게 간섭하거나 기대할 수 있다. 이때 경계설정 기법이 도움이 된다. 또한 시누이가 올케에게 지나치게 관여하는 것도 경계설정을 분명히 하는 것이 도움이 된다.

부모체계와 자녀체계의 관계에서 권위적이거나 통제적인 부모는 자녀하위체계가 가지는 특성을 무시하기 쉽다. 이에 부모체계와 자녀체계를 적절한 분화가 이루어지게 하는 하위 체계 강화 기법을 사용한다. 많은 가족은 서로의 입장에 대해서 이해를 못하고 자신의 입장에서만 상대를 지적하고 비난하기 쉽다. 그러므로 서로의 역할을 바꾸어서 말하고 바라보도록 하는 역할 바꾸기는 효과적이다.

가족에게 분노조절을 잘못하거나 과도하게 부정적인 감정을 표출하는 사람들이 있다. 이때 가족들에게 호흡법을 통한 부정적인 감정의 조절관리 방법을 알려주는 것은 중요하다. 또한 개방적이면서 일치적인 의사소통에 관한 교육 및 코칭 기법 등도 중요하다. 이를 통하여 가족을 재구조화하고 부적절한 상호작용 패턴을 수정한다.

가족조각기법은 전체 가족을 세우고 가족 간의 의사소통을 못하였던 내용을 충분히 할 수 있게 한다. 그러면 가족 간의 오해나 왜곡된 문제를 해결하고 일치적인 의사소통이 되게 하여 가족관계를 변화시킬 수 있다. 특정한 상황마다 적절한 기법을 적용함으로써 가족을 진단하고 재구조화할 수 있다.

3) 문제해결 능력과 자존감을 증진시키기 위한 기법

문제에 초점을 두고 있으면 문제의 해결책이 나오지 않는다. 문제를 해결했던 과거의 경험을 찾아서 자신의 자원으로 삼아 문제를 해결하는 능력을 증진시킨다. 과거에 성공했던 경험을 통해 문제를 해결하려는 노력을 지지하고 격려하는 기법은 효과적이다. 감정적인 대처방법에서 감정을 조절하고 이성적으로 대처하는 방법을 선택할 수 있도록 돕는다.

모든 가족들은 장점과 문제해결 능력이 있다. 그 가족들의 장점과 잠재적 문제해결 능력이 극대화될 수 있도록 지지한다. 각자가 가진 문제를 해결하는 능력을 찾아주고, 가족들 간에 긍정적 정서를 재경험하도록 한다. 가족들이 서로의 장점을 찾아 서로에게 말해주면서 사랑을 표현하게 되면 가족들은 자신감과 자존감이 증진된다. 해결중심 치료에서는 가족들이 가진 조그만 것이라도 칭찬하고 인정해준다. 아하! 라고 가족의 행동에 대해서 감탄해주고 지지해주는 것도 한 예가 될 수 있다.

4) 가족발달적 관점에서 문제를 이해하기 위한 기법

가족은 세월이 감에 따라서 모두 발달한다. 가족이 2인시대에서 3인
시대, 청소년기, 결혼, 장년기, 노년기를 거쳐 가면서 가족은 다양한 경
험을 하게 된다. 가족이 역사적ㆍ발달적 측면에서 변화한 것을 이해하
기 위해서 가계도는 매우 중요하다.

가계도를 통해 과거와 현재, 미래의 모습을 그릴 수 있다. 또한 살아온
날과 살아갈 인생선에서 좋거나 행복했던 내용을 '+'로, 안 좋거나 고통스
러웠던 내용은 '―'로 선을 그리는 Life―Line 작성하기도 도움이 된다. 이
인생곡선에서 과거와 현재를 반추하면서 미래의 목표를 설정할 수 있다.

역할극 기법은 자신의 입장에서만 모든 것을 보던 것에서 가족원의
입장에서 살펴볼 수 있는 기회가 된다. 또한 가족의 삶에서 의미 있는
영향을 주고 있는 가족사를 파악하는데 유용하다.

5) 과제주기 기법

과제는 관찰과제와 행동과제가 있다. 문제해결을 위한 자원을 활용
한 후 어떻게 변화하는지 살펴본다. 가족들 간의 관계를 변화시키기 위
하여 부부만의 외출이나 여행하기, 자녀들끼리 여행하기, 부모와 자녀
가 함께 친족방문하기 등 가족의 의식이나 행사를 개발하는 과제를 준
다. 이는 가족관계에 변화를 주기에 적합하며, 가족의 결속력과 개인의
자율성의 조화를 위하여 좋은 방법이다.

과제주기는 주로 가족들의 행동변화에 초점을 맞추어 관찰하거나
자신의 변화를 실험하도록 한다. 가족이 상담실 밖에서 실천하여 바람
직한 행동패턴을 반복하도록 하기 위하여 상담자가 과제를 처방한다.

3. 가족상담의 형태

1) 개인 대상 가족치료

가족상담의 현장에서 모든 가족원이 참여하는 것은 어렵다. 만일 한 명의 내담자가 왔는데 가족상담을 해야 한다면 개인대상 가족치료를 하는 것이다. 개인 대상 가족치료는 개인 한 사람을 대상으로 하는 점에서 개인치료와 유사하다. 하지만 개인치료처럼 개인의 정신 내적 측면에 초점을 두기 보다는 가족체계의 일부로 개인을 이해한다. 가족체계의 맥락에서 문제를 진단하고 개입하여 개인의 변화를 통한 가족체계의 변화를 목표로 한다는 것이 다른 점이다. 전체 가족이 참여하지 않기 때문에 가족원간의 역동적 관계구조를 파악하기 위하여 가족 간의 관계에 대해서 질문하는 관계성 질문이 많이 필요하다. 그렇지만 역동적 관계구조를 한 사람에 의지하여 살펴보기 때문에 문제를 진단하고 가족체계 구조를 변화시키는데 한계가 있다. 하지만 한 개인만을 대상으로 가족치료 하는 것도 가능하다.

2) 부부 치료

부부치료는 결혼생활 상담과 같은 의미를 갖는 것으로 주로 부부관계 문제에 개입한다. 다른 가족원과 분리시켜 부부만을 대상으로 치료를 해야 하는 경우는 첫째, 현재의 문제가 다른 가족으로부터 부부의 사생활을 보호할 필요가 있을 때이다. 둘째, 현재의 문제가 부부관계에 특징적으로 관련 되는 것일 때이다. 셋째, 부부와 다른 가족원 사이의 경계를 명확하게 하여 부부 하위체계를 강화시켜야 할 필요가 있을 때이다.

가트만과 이마고 부부치료기법은 상담자가 각 부부와 관계를 맺으면서 상담하지 않는다. 부부가 서로 대화하는 것을 중요시하고, 부부대화를 촉진하기 위하여 상담자는 조력하는 역할을 한다.

만약 가족들이 부부문제에 대하여 알고 있어서 영향을 크게 미치고 있다면 다른 가족원들도 참여시키는 것이 바람직하다. 부부치료를 선행하여 부부가 변화와 친밀함이 회복되면 가족체계 전체의 변화를 위해 전체 가족상담으로 변화시킨다.

3) 가족치료

가족치료의 전형적인 형태로서 전체 가족원이 참여하는 방법이다. 전체 가족원을 대상으로 하기 때문에 가족원간의 역동적 의사소통 패턴을 정확하게 파악할 수 있다. 전체 가족이 참석하여 자신들의 입장을 드러내게 하므로 가족 간의 역동과 문제를 진단하는 데 용이하다. 가족치료는 치료장면에서 가족원간의 개방적 의사소통을 촉진시키는데 주력한다. 가족들 간에는 의사소통이 왜곡되거나 가족비밀 등이 있어서 문제가 생기기 쉽다. 그러므로 솔직하게 일치적인 의사소통을 하도록 돕는 것이 매우 중요한 치료기법이다. 또한 가족원들에게 새로운 경험을 하게하여서 가족체계의 변화를 촉진시키게 된다. 개인 대상의 가족치료나 부부치료보다 전 가족원을 치료하기 때문에 가족체계의 변화가 용이하고 치료효과가 좋다. 다만 여러 가지 이유로 전 가족이 참여하기가 쉽지 않다는 어려움이 있다.

4) 가족 집단치료

벨(Bell)이 1950년대 처음으로 시작한 가족치료 형태로 현대 가족치료의 효시라고도 불린다. 집단치료 기법을 한 가족을 대상으로 적용하였다는 점을 강조하기 위해 "가족집단치료(Family Group Therapy)"라고 불렀다. 그의 목적은 가족이 역기능적 활동과 관계에서 벗어나 긴장을 덜 느끼고, 문제해결 기술을 효과적으로 사용하며 가족원간의 의사소통을 확대·개선시키는 것이 있다.

벨은 치료 장면에서 가족원들의 문제인식과 기대를 탐색하게 한다. 그리고 가족원들이 가족문제에 공동으로 대처하도록 촉진한다. 또한 가족의 목표를 명료화하여 목표달성을 위해 가족이 협력적으로 의사결정을 하고 가족이 행동으로 실천하도록 돕는다. 즉 가족이 목표를 위하여 집단으로 치료활동을 하게 한다. 상담자는 참여자로서보다 촉진자 및 과정지도자로서 역할을 한다.

5) 집단 가족치료

원래 병원에 입원한 정신분열증 환자와 그 가족에 대한 치료에서 발달하게 된 것으로 집단치료 기법을 가족치료에 적용한 것이다. 집단가족치료(Multiple Family Therapy)에서는 개인이나 한 가족을 대상으로 할 때보다 여러 가족의 상호작용으로 인해 바람직한 행동변화가 더욱 빨리 이루어진다.

보통 4−5 가족이 치료자와 매주 만나 서로 자기 가족의 문제를 이야기 하고 문제해결과정에서 서로 돕는다. 이때 치료자는 촉진자로서 역할을 하며 토론을 지도하고 면담이 종결될 무렵 관찰한 의사거래 패턴과정을 지적하고 검토한다. 이러한 접근방법은 집단 간의 동일시를 통해서 다른 가족도 우리 가족과 같다는 인식을 하게 된다. 또한 다른 가족의 모습을 보고 자신의 가족 안에서 더 나은 것을 찾아 지지한다. 또한 자기 가족과 다른 가족의 입장을 비교하면서 문제인식과 신속한 개입이 가능하게 한다. 나아가 다른 가족원들이 어떻게 의사소통하는지 관찰하면서 배운다. 또한 다른 가정이 문제를 해결하는 것을 보면서 해결방법을 학습할 수 있다.

6) 집단 부부치료

집단 가족치료를 변형시킨 방법으로 대개 3쌍 내지 5쌍의 부부를 한 집단으로 구성하고, 여성과 남성으로 이루어진 공동 치료자에 의해 지료가 이루어진다. 이 집단부부치료(Multiple Marital Couple Therapy)는 각 부부가 가진 문제가 자기들만의 독특한 문제가 아니고, 특정한 갈등은 부부관계에서 필연적으로 발생하며, 모든 부부가 여러 가지 영역에 적응하기 위하여 노력해야 한다는 사실을 배우는 기회가 된다. ME프로그램은 부부가 집단리더가 되어 자신의 부부갈등과 극복 경험을 이야기하고 각자가 나누도록 한다. 가트만과 이마고 집단부부치료는 워크숍형태로 진행되며 많은 수의 부부가 참여하여 서로의 입장을 나눌 수 있도록 한다. 또한 이 접근방법은 비용이 저렴하고 부부간의 차이와 갈등요소를 극복하는 방법을 배우게 한다. 동시에 참여부부에게 지지체계와 문제해결 모델을 제공함으로써 변화를 촉진시킨다는 이점이 있다.

7) 다중 영향치료

위기상황에 직면한 가족을 단기적이고 집중적으로 치료하는 방법이다. 이 치료는 2일 동안 전문가들이 팀을 이루어 번갈아가며 전체 가족을 면담한다. 먼저 정보 수집을 위한 첫 면담이 끝나면 각 가족원과 치료자들 간의 개별면담이 이루어진다. 그 후 치료자들이 모여서 발견한 사실을 토의하고, 가족도 함께 모여 대화하며, 다시 개별면담이 이루어진다. 이때는 치료자가 맡는 대상을 바꾼다. 계속해서 이런 방식으로 치료팀의 토의와 중복 면담 과정을 거친다. 나중에는 치료팀과 전 가족이 공동으로 면담을 실시하고 치료팀으로 부터 문제대처를 위한 실천전략을 조언 받는다.

최근 미국에서는 가족상담 내에서도 개인의 위치가 중요시되고 정신분석학. 자아심리학 등 개인상담 이론이 가족상담에 많이 통합되는 추세에 있다. 따라서 내담자의 문제상황에 따라 개인상담, 집단상담, 가족상담을 선택할 수 있고 가족상담의 경우에도 여러 가지 가족치료 형태를 선택적으로 실시할 수 있다는 견해가 지배적이다.

4. 가족상담의 참여범위

가족상담에서는 원칙적으로 가족체계상의 문제를 다루기 때문에 가족원 전체를 참여시키는 것이 바람직하다. 전 가족원이 상담에 참여함으로써 상담의 효과를 증대시킬 수 있다. 그러나 최근의 경향은 개인상담과 가족상담을 병행하거나, 가족의 일부분만 상담에 참여하여 그 효과를 전체 가족체계로 확산하는 방법도 사용하기도 한다.

가족의 문제가 대부분 부부간의 문제로 귀결되는 경향이므로 가족상담에서 부부상담과 치료가 필수적인 경우가 많다. 일부 가족원의 경직된 방어에 대응하는 한 방법으로 개인상담을 한다. 또는 청소년자녀가 독립된 자아정체감을 갖도록 돕기 위한 방안으로 가족상담 과정에서 개인상담을 하기도 한다. 그러나 이런 경우에도 최소한 1회 이상의 전가족이 참여하도록 한다. 바람직한 것은 상담의 초기단계와 종결단계에는 전 가족원을 참여시키는 것이다. 이런 방법이 가족문제의 정확한 진단과 상담효과의 지속성 강화를 위해 바람직하다.

가족상담에 의뢰된 표면적인 문제증상이 무엇이냐에 따라 참여대상이 달라질 수도 있다. 또한 치료목표와 치료자의 접근방법이 어떤 것이냐에 따라 자녀를 상담에 참여시키는 형태가 상이할 수 있다. 일반적으로 자녀가 가족상담에 참여하면 아래와 같은 이점이 있다.

즉 자녀는 체계의 참여자로서 경험한 것을 말하고 체계의 관찰자로서 기술하게 된다. 또한 가족원 각자의 성격, 역할, 가족원간의 위치에 대해 자녀의 입장에서 말해준다. 자녀는 가족원간의 상호작용에 대해 더 많은 정보를 제공할 수 있다. 또한 자녀가 영유아이어서 의사표현이 어려운 경우라도 상담에 참여하면 부모의 상호작용과 형제관계, 부모의 자녀양육과 훈육에 관한 정보를 얻을 수 있다.

조부모가 상담에 참여하면 세대 전수와 세대 간의 관점 차이를 파악할 수 있다. 성인 자녀나 손자녀와의 실제 상호작용을 용이하게 관찰할 수 있으며 조부모의 치료적 도움을 활용할 수 있는 이점이 있다.

5. 가족상담가의 준비

가족상담가가 되려면 개인적 발달, 개인적인 자각, 자아의 이용은 가족 상담가의 효율성의 기초가 된다. 상담가의 효율성은 상담가가 무엇을 이야기 하는가 보다는 가족과 어떻게 상호작용하는가에 따라 결정된다. 상담가는 가족체계, 개인 역동, 의사소통 및 위기에 대한 지식을 필요로 할 뿐만 아니라 최선의 도구인 상담가 자신을 잘 조정하는 것 역시 중요하다.

가족상담가는 내담자 가족을 사랑하는 마음을 가지고 그들의 모습을 보고 '자각' 할 수 있어야 한다. 자각이란 스스로 상호작용을 하는 자기 자신을 살피고, 자신이 무슨 말과 행동, 어떤 생각과 감정이 있는지를 끊임없이 자각하는 것이다. 가족 내의 상호작용 과정에서 무슨 일이 일어나고 있는가를 알아야 한다. 그러기 위해서 상담가는 가족이나 가족관계에 대한 지적인 이해, 상호작용의 이면에 대한 이해를 할 수 있어야 한다. 심상(Image Thinking)적 사고, 자발적인 사고(Spontaneous thought), 감정(feeling)이 자각되어야 할 필요가 있다.

1) 심상적 사고

가족상담지 진행되고 있는 내용이나 토의되어지고 있는 상황을 마음속에 그려 보는 것을 의미한다. 마음속으로 영상을 떠올리면서 사고하는 능력을 가진다는 것은 내담자들의 이야기와 상호작용을 심상적으로 떠올리면서 사고를 할 수 있는 것을 말한다. 극장에 들어가서 로얄석에 앉아 영화를 보는 것처럼 그 가족의 상호작용과 각자의 마음에 대해서 상상할 수 있다면 심상적 사고를 하는 것이다. 그 심상에 너무 빠져 들어서 자신이 너무 몰입되어버리면 객관성을 잃게 된다. 상담가의 심상적 사고는 자신의 심상에 주의를 기울이고, 살펴보는 것을 명상을 하듯이 자주 연습하게 되면 능력이 개발된다.

> 예) '나의 아빠는 단지 입에서 말을 흘리고 있을 뿐이다'라는 말은 '아빠는 자신이 말한 것을 실천하지 않는다.'는 것에 대해서 심상적 사고를 하는 말이다.

2) 자발적 사고와 감정

상담과정에서 상담가가 자발적인 사고와 편안한 감정을 가지게 될 때, 가족 갈등의 본질에 접근하는데 한층 도움이 된다. 그러기 위해서는 상담자가 먼저 자기 자신의 가족문제에 대한 치료 작업을 하는 것이 도움이 된다. 또한 내담자 가족을 사랑하는 마음을 가지고, 상담자가 자발적으로 생각해보는 것이다.

내담자 한 사람의 말에만 의존하면 편협한 이해를 하기 쉽다. 다양한 사람들의 이야기를 종합하여 자신이 주체적이고 자발적인 사고를 해야 한다. 내담자 가정을 중심하고 남에게 의존하지 않고 자신이 보고 들은 내용을 토대로 자발적으로 사고하고 내담자의 감정을 파악할 수 있을 때 내담자 가족의 상황을 잘 느끼게 된다.

예를 들어 상담과정에서 내담자가 화가 나거나 기쁨이 있을 때 상담자가 그 감정을 느낄 수 있을 때 내담자와 상담자가 공감할 수 있다.

3) 자아지각

상담가에게 필수적인 것이다. 상담가는 개인적인 갈등영역에 대해 인식할 필요가 있다. 자아의 한계점에 대한 인식은 상담가로 하여금 개인적인 판단의 오류, 잘못된 지식, 상담기술의 미숙함 등을 줄여준다. 특히 자아가 강하면 불가피하게 발생되는 모든 상황을 받아들일 수 있도록 도와준다.

가족상담가는 먼저 자아와 자기 자신의 가족체계에 대한 인식, 자각을 증진시켜야 한다. 가족상담가가 되기 위해서는 내담자의 경험을 하는 것이 가족상담기술을 발전시키는데 매우 중요하다. 내담자로서 전문적인 가족상담자에게 상담과정을 직접 경험하는 것은 다른 방법으로 도달하기 어려운 자신과 가족체계에 대한 자각을 제공하며 개인적 발달을 성취하도록 도와준다.

가족상담가는 가족에게 객관적인 지각을 제공하며, 가족이 그들 체계 내에서 일어나는 것을 보다 명백하게 보게 해준다. 가족의 상호작용의 성질을 평가하고, 설명하여 그들이 자신의 상황을 다룰 수 있도록 돕는다. 왜냐하면 가족은 한 면에 치우쳐서 자신들의 사태를 바라보기 때문이다.

가족상담가는 위기 조정자 또는 조력자의 역할을 한다. 위기에 처한 긴급한 가족사태의 경우에 상담가는 생명을 구하고 행복을 보호하여야 한다. 또한 죄를 범하는 것을 방지하거나 혹은 법을 따르도록 하기 위하여 위기의 조정자 또는 조력자 역할을 해야 한다. 그러기 위해서는 조속한 행동을 취해야 한다.

가족상담가는 가족에게 알맞은 정보를 제공하고 학습이 일어날 수 있는 적절한 시기를 잘 조정할 수 있어야 한다.

<참고문헌>

오규영, 해결중심상담과 코칭(2010), 선문대학교출판부

_____, 상담기초와 해결중심상담(2008), 성지사

가족치료연구모임 역. (1995). Berg, I. K. & Miller, S. (저)
해결중심적 단기가족치료,서울: 하나의학사.

허남순 · 노혜련 역. (1998). DeJong, P. & Berg, I. K. (저)
해결을 위한 면접, 서울:학문사.

가족치료연구모임 역. (1996). Walter, J. & Peller, J. (저)
단기가족치료 : 해결중심으로 되어가기, 서울: 하나의학사.

김인수 · 송성자 · 정문자 · 이영분 · 김유숙. (1998)
무엇이 좋아졌는가, 서울: 동인.

최광현,『가족세우기치료』서울: 학지사, 2008.

_____,「청소년 내담자에 대한 가족세우기 치료의 적용사례연구」,『한국
가족치료학회지,』16(2)(2008):133－149.

_____,「부모상실의 트라우마에대한 트라우마가족세우기 사례연구」,『한
국가족치료학회지,』17(2)(2009):23－41.

Berger, D. M. (1987). Clinical empathy, Northvale, NJ: Jason Aronson

Bert Hellinger. 박이호역.『신의 생각들』, 서울 : 도서출판 히어나우시스
템, 2005.

_____, 박이호역.『충만된 존재』, 전주: 디자인흐름, 2008.

_____, 박이호역.『대장정』, 전주: 디자인흐름, 2007.

_____, 박이호역.『고마운 그리하여 평온한』,전주: 디자인흐름, 2006.

_____, 박이호역.『변하고 있는 진리』. 전주: 디자인흐름, 2006.

_____, 박이호역.『사랑과 운명』. 서울: 히어나우시스템, 2005.

Bert Hellinger · Gabriele ten Hoven .박이호역,『Bert Hellinger 와의 대화』
전주:디자인 흐름, 2002.

Mirianne Franke—Gricksch, 폴라 역 『가족세우기를 통한 교실혁명』, 서
울: 산티, 2011.

Oh, Kyu—young. "A Study of the Empathetic Experience of Heart." Journal
of Unification Thought 5, no. 2 (September 2007): 97—122.

Svagito R. Liebermeister. 박선영 · 김서미진역.『삶의 얽힘을 푸는 가족세
우기』, 서울: 도서출판 동연, 2009.

Verginia Satir 3인 저, 한국버지니아 연구회 역,『사티어모델』,서울: 김영
애가족치료연구소, 2000.

Anderson,S.A.,& Sabatelli,R.M.(2016).다세대 발달관점의 가족관계.(정문
자,정현숙,정혜정, 전영주,정유진 공역, 원서: Family interaction: A
multigenerational developmental perspective). 서울:학지사(원서출
판 2011년)

Becavar,D.S., & Becvar,R.J.(2016). 가족치료:체계론적 통합(제8판) . (정혜
정,이형실,윤경자,이동훈 옮김,원서:Family therapy: A systemic
Intergration, 8th ed.). 서울 시그마프레스 (원서출판 2013년).

Berg,I.K.,& Miller,S.D.(2001). 해결중심적 단기가족치료(가족피료연구모
임 역). 서울: 하나의학사 . (원저 1992년 출간)

Bowen,M.(1978) . Family therapy in clinical practice. New York : Jason

Aronson.

Braverman,S.(2008). 가계도의 활용. C.L.Storm & T.C.Todd(Ed.), 가족치료
슈퍼비전의 이론과 실제(한국가족치료학회 편역). 서울: 학지사.
(원저 2002년 출간)

Carter,B.,& McGoldrick, M. (1996). 가족생활주기와 가족치료 (정문자 역).
서울:중앙적성출판사. (원저 1989년 2판 출간)

Carter,B.,& McGoldrick, M. (2000). 가족생활주기와 치료적 개입 (정문자
역). 서울:중앙적성출판사. (원저 1989년 2판 출간)

Galvin,K.M., & Brommel, B. J.(2001).가족관계와 의사소통(노영주, 서동
인, 원효정, 공역). 서울:도서출판 하우. (원저 1986년 2판 출간)

Gildenberg,H.,&Goldenberg, H. (2002) . 가족치료 (김득성, 윤경자, 전영
자, 전영주, 조명희 , 현은민 공역). 서울: 시그마프레스. (원저 2000
년 5판출간)

Hoffman,L.(2004). 가족치료를 위한 재귀적 관점 . S. McNamee & K.J.
Gergen 편,심리치료와 사회구성주의 (pp. 23-56, 김유숙 역). 서울:
학지사 .(원저 1992년 출간)

McGoldrick M, & Giordano, J. (1996), Overview: Ethnicity and Family
therapy. In M. McGoldrick, J. Giordano, J. K. Pearce (Eds.),
Ethnicity and family therapy (2nd ed., pp. 1 - 27). New York:
Guilford Press.

McGoldrick M, Gerson, R, & Shellenberger, S. (2005). 가계도: 사정과 개입
(이영분, 김유숙, 정혜정 공역). 서울: 학지사. (원저 1992년 출간)

McNamee, S., & Gergen, K, J. (2004). 심리치료와 사회구성주의: 자기이야기의 새로운 구성 (김유숙 역). 서울:학지사. (원저 1992년 출판).

Minuchin, S., Nichols, M. P., & Lee, W. (2007). 부부 · 가족상담의 4단계 모델:증상에서 체계까지 상담사례의 적용.(오진미, 신희천, 유계식, 김만권 옮김. 원서: Assessig families and couples: From symptom to system). 서울: 시그마프레스(원서출판 2007년).

Nichols, M. P., & Schwartz, R. C. (2002). 가족치료: 개념과 방법(김영애, 정문자, 송성자, 제석봉, 심혜숙, 김정택, 정석환, 김계현, 이관직 공역). 서울: 시그마프레스. (원저 2001년 5판 출간)

Nichols, M. P., & Schwartz, R. C. (2004). 가족치료: 핵심개념과 실제적용(김영애, 김정택, 심혜숙, 정석환, 제석봉 공역). 서울: 시그마프레스. (원저 2002년 출간).

Nichols, M. P., & Schwartz, R. C. (2007). 가족치료: 개념과 방법(김영애, 정문자, 송성자, 제석봉, 심혜숙, 김정택, 정석환, 김계현 공역). 서울: 시그마프레스. (원저 2006년 7판 출간)

Satir,V. (1991). 가족의사소통의 새로운 기법: 사람만들기 (성민선, 송준 공역). 서울 : 홍익재 . (원저 1972년 출간)

Satir,V., Banmen, J., Gerber, J., & Gomori,M. (1991). The Satir Model : Family therapy and beyond . Palo Alto, CA: Science & Behavior Books.

Walter,J.L., & Peller,J.E. (1996) . 단기가족치료:해결중심으로 되어가기 (가족치료연구모임 역. 서울: 하나의학사 . (원저 1992 년 출간)

가족치료 이론과 실제

초판 1쇄 인쇄일	2018년 8월 27일
초판 1쇄 발행일	2018년 8월 31일

지은이	오규영
펴낸이	정진이
편집장	김효은
편집/디자인	우정민 박재원
마케팅	정찬용 이성국
영업관리	한선희 정구형
책임편집	우민지
인쇄처	국학인쇄사
펴낸곳	국학자료원 새미(주)
	등록일 2005 03 15 제 406-3240000251002005000008 호
	경기도 파주시 소라지로 228-2 (송촌동 579-4)
	Tel 442-4623 Fax 6499-3082
	www.kookhak.co.kr
	kookhak2001@hanmail.net

ISBN	979-11-88499-61-8 *03180
가격	21,000원